Algarve

Eva Missler

Gratis-Download: Updates & aktuelle Extratipps der Autorin

Unsere Autoren recherchieren auch nach Redaktionsschluss für Sie weiter. Auf unserer Homepage finden Sie Updates und persönliche Zusatztipps zu diesem Reiseführer.

Zum Ausdrucken und Mitnehmen oder als kostenloser Download für Smartphone, Tablet und E-Reader.
Besuchen Sie uns jetzt!
www.dumontreise.de/algarve

Reise-Taschenbuch

Inhalt

Algarve persönlich 6
Lieblingsorte 12
Schnellüberblick 14

Reiseinfos, Adressen, Websites

Informationsquellen	18
Wetter und Reisezeit	20
Rundreisen planen	23
Anreise und Verkehrsmittel	26
Übernachten	31
Essen und Trinken	34
Aktivurlaub und Sport	38
Feste und Veranstaltungen	42
Reiseinfos von A bis Z	45

Panorama – Daten, Essays, Hintergründe

Steckbrief Algarve	52
Geschichte im Überblick	54
Flamingos, Lagunen, Amphibien – Ökosysteme an der Algarve	58
Das große Bröckeln, Wandern und Schrumpfen – (Fels-)Küste in Gefahr	60
Wohlduftend und dekorativ – die Flora der Algarve	62
Birdwatching an der Küste	66
Das Ausbleiben der Sardinen	68
Ein Pflanzenrohstoff im Aufwind – Kork ist trendig	70
Algarvios, Urlauber, Promis und Zugezogene	73
Vom Fischerdorf zur Urlauberhochburg – Carvoeiro	75
Römer in Lusitania	77
Wo Europa endet – Cabo de São Vicente	79
Al-Gharb unter maurischer Herrschaft	81
Os Descobrimentos – Portugals Goldenes Zeitalter	84

Inhalt

Barocker Rausch – Talha Dourada	88
Markenzeichen Azulejo – Kunstwerke auf Fliesen	90
»Isto é triste, isto é fado« – Portugals trauriger Gesang	92
Português – romanische Sprache mit arabischen Einsprengseln	95
Die Schriftstellerin Lídia Jorge	97

Unterwegs an der Algarve

Die Westküste	100
Der Westen von Al-Gharb	102
Odeceixe	102
Aljezur	106
Carrapateira	109
Wanderung bei Carrapateira	110
Vila do Bispo	112
Wanderung bei Vila do Bispo	116
Sagres	117
Cabo de São Vicente	122
Die Felsalgarve im Südwesten	124
Spektakuläre Felsküste	126
Salema	127
Burgau und Luz	129
Lagos	130
Abstecher von Lagos · Alvor	139
Wanderung durch die Lagune der Ria de Alvor	143
Portimão	144
Strandorte bei Portimão	147
Lagoa · Carvoeiro und Umgebung	153
Wanderung an der Steilküste bei Benagil	154
Armação de Pêra	156
Albufeira	157
Von Albufeira ins Landesinnere	165
Östlich von Albufeira	166
Die Berge im Nordwesten	170
Kleines Algarve-Gebirge	172
Serra de Monchique	172
Monchique	174

Inhalt

Fóia	176
Caldas de Monchique	180

Faro und Umgebung — 182
Zwischen Meer und Hinterland — 184
Faro	185
Estói und Milreu	197
Santa Bárbara de Nexe · Loulé	199
Almancil	205
Vale do Lobo und Quinta do Lago, Spaziergang	209

Im Barrocal — 210
Kultur und Natur im Barrocal — 212
Silves	213
São Bartolomeu de Messines	221
Alte	222
Wanderung an der Rocha da Pena	224
Salir	226
Querença · Wanderung zur Fonte Benémola	227
Barranco do Velho	228
São Brás de Alportel	229

Die Sandalgarve im Osten — 232
Schmale Laguneninseln und lange Sandstrände — 234
Olhão	235
Die Laguneninseln und Fuseta	245
Im Hinterland von Olhão	246
Tavira	247
Mit dem Kajak durch die Ria Formosa	253
Ilha de Tavira	257
Die Lagunendörfer	260

Grenzfluss Guadiana — 262
Die ruhige Seite der Algarve — 264
Vila Real de Santo António	265
Monte Gordo · Castro Marim	267
Reserva Natural do Sapal de Castro Marim	274
Den Guadiana entlang	274
Wanderung bei Laranjeiras	275
Alcoutim	278
Abstecher in die Berge · Mértola im Alentejo	280

Sprachführer	284
Kulinarisches Lexikon	286
Register	288
Autorin/Abbildungsnachweis/Impressum	292

Inhalt

Auf Entdeckungstour

Im Westen – Heinrich dem Seefahrer auf der Spur	118
Manuelinisch dekoriert – Dorfkirche in Alvor	140
Mit der Santa Bernarda entlang der Felsküste	148
Natur pur – Wandern in der Serra de Monchique	178
Was Kirchenwände erzählen – Igreja São Lourenço in Almancil	206
Weine der Algarve – ein Besuch auf Weingütern bei Silves	216
Algarve früher und heute – Museum in São Brás de Alportel	230
Ein Labyrinth aus weißen Kuben – die Häuser von Olhão	236
Eintauchen in die Lagunenwelt – die Quinta de Marim	242
Flor de sal – durch die silbrigen Gärten von Castro Marim	270

Karten und Pläne

s. hintere Umschlagklappe

▶ Dieses Symbol im Buch verweist auf die Extra-Reisekarte Algarve

Das Klima im Blick

Reisen verbindet Menschen und Kulturen. Wer reist, erzeugt auch CO_2. Der Flugverkehr trägt mit bis zu 10 % zur globalen Erwärmung bei. Wer das Klima schützen will, sollte sich – wenn möglich – für eine schonendere Reiseform entscheiden. Oder Projekte von *atmosfair* unterstützen: Flugpassagiere spenden einen kilometerabhängigen Beitrag für die von ihnen verursachten Emissionen und finanzieren damit Projekte zur Verringerung des CO_2-Ausstoßes in Entwicklungsländern *(www.atmosfair.de)*. Auch der DuMont Reiseverlag fliegt mit *atmosfair*!

Liebe Leserin, lieber Leser,

als ich das letzte Mal an der Algarve war, lernte ich ein portugiesisches Ehepaar mittleren Alters kennen, das ein komfortables Leben in Lissabon aufgegeben hatte und hierher gezogen war. Beide hatten ihre gutbezahlten stressigen Jobs gekündigt, ihr luxuriöses Apartment verkauft und die hektische Großstadt verlassen, um in der Ruhe und Einfachheit der Algarve zu leben. Für eine derartige Entscheidung ist viel Optimismus, Mut und eine Portion Abenteuerlust nötig, im krisengeschüttelten Portugal mehr als anderswo. Es schien mir geradezu wie ein Lichtblick, dass so etwas hier derzeit überhaupt möglich ist.

Und etwas anderes überraschte mich noch dazu: Bisher hatte ich fast nur Lissabonner kennengelernt, die mit der Algarve nicht allzu viel am Hut hatten, die meinten, die Algarve sei nicht Portugal, die Küste sei verbaut und verschandelt. An einigen Stellen stimmt das natürlich, aber gleichzeitig gibt es so viele unglaublich schöne Plätze! Jenseits der trubeligen Touristenorte existiert eine andere Algarve, gibt es eine Ruhe im Hinterland und eine Ursprünglichkeit am Meer, die man so vielleicht nicht erwarten würde. Und genau diese Algarve war das Ziel der Lissabonner ›Aussteiger‹.

Neben all den großen und kleinen Sehenswürdigkeiten, den netten Städten mit Ferientrubel und Nachtleben, den fantastischen Stränden, an denen man baden, surfen und faulenzen oder im Strandlokal ein leckeres Fischgericht genießen kann, würde ich Ihnen gerne auch die stille, authentische Seite der Algarve zeigen. Sie können sie auf Wanderungen in der Serra und an den Küsten oder bei Touren durch die Lagunengewässer kennenlernen, aber auch in wunderbaren kleinen Hotels und einfachen Restaurants am Meer. Sie finden sie in den Dörfern – auf Kirchplätzen und in den Markthallen –, aber auch in manchen versteckten Gassen in den größeren Orten. Wenn man weiß, wo sie sich verbirgt, wird die Algarve zu einem ganz besonderen Erlebnis.

Ich wünsche Ihnen eine schöne Reise und hoffe, es wird Ihnen gefallen!

Ihre

Traumhafter Strand: Praia da Rocha

Leser fragen, Autoren antworten
Algarve persönlich – meine Tipps

Tolle Strände, nette Urlaubsorte – was bietet die Algarve?

Wem großartige Natur wichtig ist, wer wunderbare Strände finden möchte, der fährt am besten an die untouristische **Costa Vicentina** im Westen. Wer es gern lebhaft hat, ein bisschen Kultur dazu und sowohl lange Sandstrände als auch kleinere Buchten zwischen Felsen mag, der sollte sich in **Lagos** und Umgebung umsehen: Die kleine sympathische Stadt ist ein beliebtes Touristenziel, hat sich aber ein Eigenleben mit ruhigen Wohngassen und einem Fischerhafen. Zudem liegt sie in unmittelbarer Nähe zu den schönsten Stränden der berühmten **Felsalgarve**. Tagsüber also Strandleben, abends Shoppen, Restaurants, Bars und Kneipen, an Schlechtwettertagen ein wenig Kulturprogramm. Andere schöne Ziele sind **Faro** oder **Tavira** an der Ostalgarve, beide sehr angenehme ruhige Algarve-Städte mit einem lieblichen Hinterland. Hier gibt es viel anzusehen und auf den vorgelagerten Laguneninseln erstrecken sich über etliche Kilometer herrliche Sandstrände.

Was wäre ein guter Ausgangspunkt?

Wer weniger Strandurlaub machen, sondern vor allem verschiedene Orte besichtigen möchte, muss irgendwie in die Mitte, sonst sind die Entfernungen für Tagesausflüge etwas weit. **Albufeira** liegt günstig, ist vielen jedoch zu trubelig. Aber in der Umgebung von Albufeira gibt es relativ viele gute, größere Hotels in Strandnähe, die man problemlos als Standort wählen kann. Auch im zentralen **Hinterland** finden sich schöne kleinere Unterkünfte. **Faro** und Umgebung oder beispielsweise **Carvoeiro** sind ebenfalls möglich. Von **Tavira** in der Ostalgarve ist es schon ein Stückchen bis zum Südwestkap, aber in einer langen Tagestour ist auch das zu machen.

Algarve persönlich – meine Tipps

Was bietet die Algarve? – Strände, Städte, Shopping und Natur

Welche Sehenswürdigkeiten sollte man nicht verpassen?

Am südwestlichsten Zipfel Europas bei **Sagres** sollte man gewesen sein: ein mythenumwobenes Kap, **Cabo de São Vicente,** und gleich daneben eine geschichtsträchtige Stätte, in der portugiesische Seefahrts- und Entdeckungsgeschichte geschrieben wurde. **Silves** hat eine sehenswerte Burganlage, die auf die maurische Zeit zurückgeht, und eine bedeutende Kirche. In **Estói** bei Faro lohnt eine römische Ausgrabungsstätte, in **Almancil** ebenfalls bei Faro eine sagenhaft schöne Barockkirche, die bis unters Dach mit blauweißen Fliesen verkleidet ist, und in **Faro** selbst ist der ruhige historische Stadtkern mit der Sé wichtig. **Tavira** ist als Stadt ein kleines Algarve-Gesamtkunstwerk.

... und die Naturhighlights?

Spektakulär ist die Landschaft an der **Felsalgarve** mit ihren Steilküsten, Grotten und bizarr geformten Klippen. All dies findet man an der **Ponta da Piedade** bei Lagos. Ein vollkommen anderes Bild bietet der **Parque Natural da Ria Formosa** in der Ostalgarve, ein weites wattartiges Lagunensystem östlich von Faro. Eine idyllische Hügellandschaft erwartet Reisende am **Guadiana,** der die Algarve von Spanien trennt. Etliche Burganlagen lassen jedoch erahnen, dass hier nicht immer grenzenlose Ruhe herrschte.

Wo gibt es die besten Strände?

Surfer zieht es an die wilde Costa Vicentina, vor allem an die **Praia do Amado** bei Carrapateira. Sie wetteifert mit der **Praia do Castelejo** und **Praia de Odeceixe** um den Titel des schönsten Strandes im Westen. Wer baden und sonnen möchte, für den ist die kilometerlange flache **Meia Praia** bei Lagos genau richtig. Oder aber die Sandstrände auf den Laguneninseln im Osten, etwa auf der **Ilha de Tavira.** Berühmt ist auch die **Praia da Falésia** bei Albufeira, die von roten Felsen gerahmt wird.

Wie sind die Städte?

An der Algarve gibt es urbanes Leben nur in Maßen. Alles andere hängt von den eigenen Vorlieben und Interessen ab. **Albufeira** ist die Ausgehhochburg der Algarve, hier entkommt man dem Trubel nur schwer. **Lagos** ist ein Zwitter: Ausgehen ist ebenfalls groß geschrieben, vieles ist auf Tourismus ausgerichtet, aber das Städtchen ist auch originell und bietet etwas Kultur. **Faro** ist die kleine Algarve-Hauptstadt.

Algarve persönlich – meine Tipps

Hier liegt der Flughafen, hier sitzt die Verwaltung und es gibt eine Universität, was sich auch an der studentischen Kneipenszene ablesen lässt. **Portimão** ist eine richtige kleine Stadt – kein typisches Urlaubsziel, aber ein interessantes Museum, eingerichtet in einer ehemaligen Konservenfabrik, und ein recht gutes Kulturprogramm im städtischen Theater können sich sehen lassen. Im Hinterland überrascht z. B. **Silves** mit gutem Kulturangebot.

Wo kann man gut shoppen?
Faros unhektisches Zentrum ist sehr angenehm zum Einkaufen. Am Stadtrand lockt das Forum Algarve, ein portugiesisches Einkaufszentrum, wie es im Buche steht mit allen Markengeschäften, in denen man noch spät abends fündig werden kann. Viele kleine, recht urtümliche Geschäfte bilden in **Loulé** ein nettes Gegenprogramm zum großen europäischen Einheitsangebot. Das wiederum findet man im Algarveshopping bei **Guia** – ein wahrer Konsumtempel. Herkömmliche Souvenirs werden en masse in **Lagos** und **Albufeira** angeboten. Eine neue Art von Mitbringseln – schön verpacktes *flor de sal,* Weine, portugiesische Seifen, kultige Büchsensardinen – findet man überall in kleinen hübsch gestalteten Lädchen.

Die besten Markterlebnisse
In der Markthalle von **Loulé**, die von außen fast aussieht wie aus Tausendundeiner Nacht, werden neben Lebensmitteln für den täglichen Bedarf wie Obst, Gemüse, Fisch, Fleisch, Backwaren, auch kulinarische Mitbringsel aus regionaler Produktion angeboten, u. a. Weine, Öle, Mandeln, Trockenfrüchte, Gewürze. Eine schöne Markthalle besitzt auch **Olhão** – sie steht direkt am Lagunenwasser. In der Nachbarschaft gibt es viele kleine Cafés, Treffpunkte von Touristen und Einheimischen. Besonders schön ist es sonnabends, wenn um die Markthalle herum am Ufer ein Wochenmarkt aufgebaut wird, auf dem es fast alles für den Hausgebrauch gibt. Und dann sind auch die **Landmärkte** sehr zu empfehlen, mit besonderem An-

Beliebter Treffpunkt am Abend – Praça da República in Tavira

Algarve persönlich – meine Tipps

gebot und besonderer Atmosphäre, sie finden wöchentlich oder zweiwöchentlich, mitunter auch nur einmal im Monat meist an den Ortsrändern statt – einmal sollte man dort hingehen und das Spektakel miterleben.

Lohnen sich ›guided tours‹?
In Faro hat Formosamar ein gutes Angebot mit **naturkundlichen Führungen, Vogelbeobachtung** und **Kajaktouren** in der Lagune. Allerorten werden launige Spritztouren mit Jeepkonvois ins Hinterland organisiert – was nicht besonders zu empfehlen ist. Interessant kann eine **Jeeptour** aber sein, wenn man einen Anbieter findet, der nur wenige Teilnehmer mitnimmt und auf individuelle Wünsche eingehen kann – auf einer solchen Erkundungstour erfährt man garantiert eine Menge über die Algarve. In den Bergen, insbesondere in der Serra de Monchique, bieten Ortskundige **Wanderungen** an, teilweise auch auf Deutsch; dabei lernt man viel über die Natur und das Leben in der Einsamkeit der Berge. Die faszinierende Küste der Felsalgarve genießt man am besten vom Wasser aus, es werden **Paddeltouren** organisiert oder Fahrten auf größeren **Ausflugsbooten**. Ein schöner Spaß für die ganze Familie ist beispielsweise eine Tour mit der Santa Bernarda, einem ehemaligen Kutter, der von Portimão aus in See sticht (s. Entdeckungstour S. 148).

Die Algarve zu Fuß – Tipps für Wanderungen
Die **Serra de Monchique** eignet sich gut für geführte Wanderungen, Infos gibt es im Hauptort Monchique. Durch das gesamte Algarve-Hinterland verläuft von Ost nach West die **Via Algarviana**, ein markierter Wanderweg durch die entlegensten Regionen. Und ganz im Westen gibt es die **Rota Vicentina**. Alte Fischerpfade und Transportwege wurden markiert und bilden nun eine lange Wanderroute, die aus dem nördlich angrenzenden Alentejo kommt und parallel zur Küste bis zum Cabo de São Vicente führt. Wer gerne kleinere Wanderungen in der Ebene macht, kann schön die **Lagunengebiete** bei **Alvor**, **Armação de Pera** und **Faro** druchstreifen.

Wie kommt man mit öffentlichen Verkehrsmitteln zurecht?
Wenn man von einer Stadt in die andere fahren will, sind öffentliche Verkehrsmittel bestens. Vor allem Busse. Zugfahren macht Spaß, aber die Bahnhöfe liegen manchmal außerhalb der Orte halbwegs in der Landschaft, Busbahnhöfe sind dagegen immer im Zentrum. Wer in abgelegene kleine Orte oder Dörfer fahren möchte, stößt mit öffentlichen Verkehrsmitteln an Grenzen – bzw. muss sich einfach viel Zeit nehmen. Die meisten kleinen Orte werden nur ein- oder zweimal am Tag angefahren, da muss man gut planen.

Merkt man als Tourist etwas von der Krise?
Das hängt davon ab, wo man ist. In Touristenzentren merkt man quasi nichts, in Orten wie Albufeira oder

Wandergebiete an der Algarve

Olhão – weißes Städtchen an der Ostalgarve

Lagos muss man schon an den Stadtrand gehen, um etwas von der Krise mitzubekommen. Aber in normalen Städten wie Faro und Portimão ist nichts mehr, wie es war. Vor allem in dem schönen Faro muss man nur einmal ein paar Straßen aus der Fußgängerzone hinausgehen. Es gibt mittlerweile ganze Straßenzüge, die komplett leer stehen: Alle Geschäfte sind ausgezogen, selbst manche *pastelaria* musste aufgeben. Anfangs war nicht allzu viel zu spüren, aber in den letzten Jahren hat sich doch viel verändert, und wenn man durch die Straßen geht, hört man oft das Wort *crise*. Die Leute in Portugal helfen sich manchmal auch mit Galgenhumor und spotten über Senhora Merkel, als die meinte, die Portugiesen würden zu wenig arbeiten.

Und zum Schluss noch ein ganz persönlicher Tipp

Wenn Sie mit dem Flugzeug in Faro landen, das Hotel reserviert ist und Sie Zeit zum Ankommen haben, dann können Sie nichts Schöneres machen, als vom Flughafen aus direkt zum nahen Strand zu fahren und ihren ersten *galão* (Milchkaffee) mit Blick aufs Meer zu genießen. Das geht ganz schnell und ist nicht aufwendig – nur an Sommerwochenenden könnte zu viel Verkehr den netten Urlaubsstart zunichtemachen. Sie fahren am Flughafenkreisel nicht Richtung Faro, sondern folgen dem Schild ›Praia‹. In etwa fünf Minuten sind Sie an der Praia de Faro, halten sich hinter der einspurigen Lagunenbrücke links, und parken nach etwa 300 m Ihr Auto auf dem zweiten kleinen Parkplatz am Strandlokal **Paquete**. Das Paquete hat eine Terrasse direkt am Strand, es gibt Kaffee, Snacks und normale Gerichte – und den Willkommens-Meerblick gratis dazu!

NOCH FRAGEN?

Die können Sie gern per E-Mail stellen, wenn Sie die von Ihnen gesuchten Infos im Buch nicht finden:
missler@dumontreise.de
info@dumontreise.de
Auch über eine Lesermail von Ihnen nach der Reise mit Hinweisen, was Ihnen gefallen hat oder welche Korrekturen Sie anbringen möchten, würden wir uns freuen.

**Schönster Strand im Westen –
Praia do Castelejo, S. 114**

**Sympathisches Restaurant an der
Praia do Evaristo, S. 160**

Lieblingsorte!

**Sonnenuntergang an der
Praia de Odeceixe, S. 105**

**Blick über den Guadiana vom Jardim
do Quiosque in Alcoutim, S. 277**

In der Markthalle von Loulé,
S. 200

Ein Tag auf der Ilha de Tavira,
S. 258

Die Reiseführer von DuMont werden von Autoren geschrieben, die ihr Buch ständig aktualisieren und daher immer wieder dieselben Orte besuchen. Irgendwann entdeckt dabei jede Autorin und jeder Autor seine ganz persönlichen Lieblingsorte. Dörfer, die abseits des touristischen Mainstream liegen, eine ganz besondere Strandbucht, Plätze, die zum Entspannen einladen, ein Stückchen ursprüngliche Natur – eben Wohlfühlorte, an die man immer wieder zurückkehren möchte.

Ein Bummel durch die Cidade Velha
von Faro, S. 193

Zwischen Sand und roten Felsen –
Praia dos Tomates, S. 168

Schnellüberblick

Die Westküste
Ein rauer Landstrich mit felsiger Steilküste und atemberaubend schönen Stränden: z. B. die Praia de Odeceixe, die Praia da Arrifana oder die berühmte Praia do Amado bei Carrapateira. Außerdem Sagres und das legendenumwobene Cabo de São Vicente, wo Europa endet und die Weite des Atlantiks beginnt. S. 100

Die Berge im Nordwesten
Eine stille, einsame Bergwelt, in der warme Quellen sprudeln und immer mehr Wege für Wanderer erschlossen werden. Hier ragt die Fóia, der höchste Berg der Algarve auf. S. 170

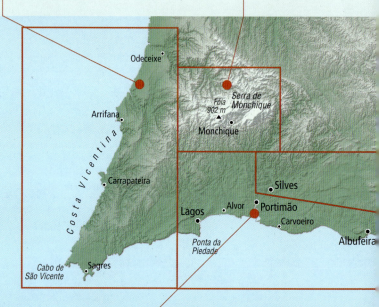

Im Die Felsalgarve im Südwesten
Spektakuläre Felslandschaften – wie die Ponta da Piedade – und einmalig schöne windgeschützte Badebuchten. Dazwischen quirlige Urlauberorte wie das geschichtsträchtige Lagos, das familiäre Carvoeiro oder Albufeira, das für sein geradezu legendäres Nightlife bekannt ist. Beschaulicher geht es in dem kleinen Fischerort Alvor zu. S. 124

Die Sandalgarve im Osten
Hier findet man nicht nur Wattenküste, sondern auch schmale Laguneninseln mit ewig langen Sandstränden sowie die Lagunenstädte Olhão, mit etwas eigenwilligem Charakter, und Tavira, das viel Sehenswertes bietet. S. 232

Grenzfluss Guadiana
Eine grenzlose Ruhe erlebt man hier. Am Fluss liegen das barocke Vila Real de Santo António und das malerische Alcoutim, ein Abstecher führt in den Alentejo. S. 262

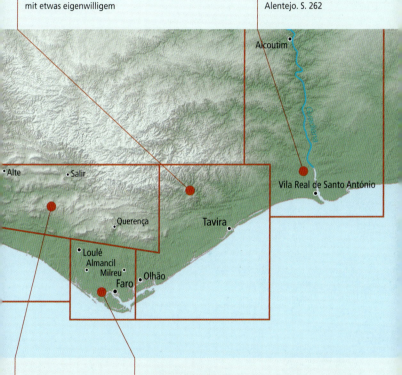

Barrocal
Gärten mit Orangen- und Zitronenbäumen, Mandeln und Korkeichen in sanft gewellter Landschaft. Darin verstreut liegen die alte Maurenhauptstadt Silves und nette Dörfer wie Alte, Salir und Querença. S. 210

Faro und Umgebung
Die Hauptstadt der Algarve bietet dem Besucher sympathische Alltagsatmosphäre und eine sehenswerte Altstadt. Aber auch im Hinterland locken einige kulturelle Highlights wie die Ausgrabungsstätte von Milreu, Loulé mit Resten einer Burg und wunderschöner neomaurischer Markthalle sowie die mit Azulejos ausgekleidete Kirche in Almancil. S. 182

Reiseinfos, Adressen, Websites

Strandleben an der Algarve – aufregend und entspannend zugleich

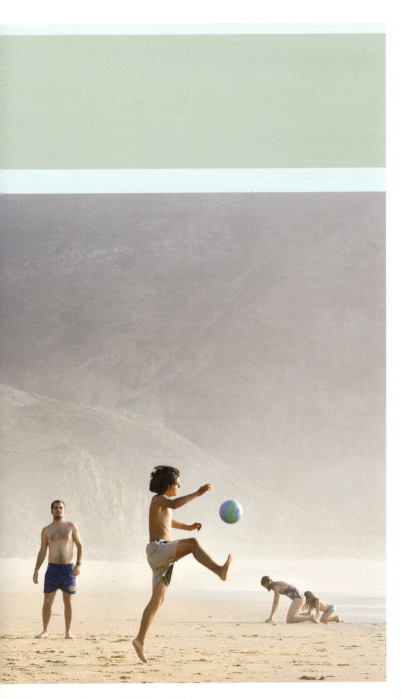

Informationsquellen

Infos im Internet

In Portugal besitzt noch nicht jede größere Einrichtung eine Website. Zudem sind einige Internetauftritte nur auf Portugiesisch.

www.visitportugal.com
Die Website von Turismo de Portugal informiert – leider nicht immer ganz aktuell – über alle Regionen in Portugal. Man kann sich zielsicher in jede kleinere und größere Algarve-Stadt hineinsuchen. Öffnungszeiten, Hotels, Sportmöglichkeiten und vieles mehr. Eher auflistend als anregend.

www.visitalgarve.pt
Offizielle Website der Algarve-Tourismusverbände, mit generellen Informationen zur Algarve, zu Ausflügen und Sportmöglichkeiten, Unterkunftsadressen etc.

www.portugal-links.de
Klickt man zur Algarve durch, so bekommt man diverse Algarve-Links mit Informationen u. a. für Touristen.

www.algarve-live.com
Gute allgemeine Infos auf Deutsch, viele Adressen, unter anderem auch Ausgeh-Adressen. Die Angaben sind teilweise nicht ganz aktuell.

www.algarve-reisen.com
Ein Online-Reiseführer. Mit aktuellen Algarve-News, dazu nicht immer ganz aktuelle Angaben zu fast allen Orten, Tipps für Ausflüge und Wanderungen, ausführliche Infos zu Stränden.

www.algarve-4you.de
Alles rund um die Algarve auf Deutsch und zum Stöbern: Infos zu Weinen, Ärzten, Diskotheken etc.; gute Links. Großes Angebot an Apartments und Häusern für Urlauber und Überwinterer.

www.algarve-portal.de
Ausführliche Infos zu touristischen Fragen wie Unterkünfte, Aktivitäten und Sport, Sehenswürdigkeiten, Veranstaltungen, Klima.

www.pousadas.pt
Die Website der portugiesischen Pousadas mit Beschreibung und Buchungsmöglichkeit. Dafür, dass man in den vielfach historischen Häusern wirklich schön und fürstlich nächtigen kann, ist der Internetauftritt ein wenig trocken geraten.

www.letztebratwurst.eu
Die Site der ›Letzten Bratwurst vor Amerika‹. Die buchstäblich letzte Bratwurst – Thüringer und Nürnberger – gibt's am Bratwurststand am Cabo de São Vicente, dem südwestlichsten Punkt Europas; so kultig wie die letzte Bratwurst mittlerweile ist, so viel Spaß macht das Stöbern auf der Website: Informationen zum Kap, zum Leuchtturm Santa Maria, Wetter, Ferienwohnungen und diverse weitere interessante Links.

www.cultugarve.com
Sehr detaillierter Veranstaltungskalender, von kleinen Ausstellungen über Karaoke bis zu großen Konzerten. Oft mit Links zu den Veranstaltungsorten.

www.algarveuncovered.com
Auf Englisch: aktuelle Veranstaltungshinweise, hauptsächlich für die Algarve-Städte. Dazu gibt es viele Informationen zur Algarve-Flora, zu Essen und

Informationsquellen

Trinken, Stränden etc., die allerdings nicht besonders ins Detail gehen.

www.journal123.com
Aktuelles über Land und Leute, außerdem Infos zur Algarve, auch einige Unterkünfte und Restaurants mit Beschreibungen und Links. Dazu immer ein paar aktuelle Themen.

Fremdenverkehrsämter, Informationsstellen

Deutschland
Turismo de Portugal
Portugiesisches Fremdenverkehrsamt
Zimmerstr. 56
D-10117 Berlin
Tel. 030 254 10 60
edt.berlin@turismodeportugal.pt
www.visitportugal.com

Österreich und Schweiz
Österreicher und Schweizer, die Auskünfte über Portugal bzw. die Algarve haben möchten, wenden sich bitte ebenfalls an die Informationsstelle von Turismo de Portugal in Berlin oder erhalten Auskünfte auf der Website von Turismo de Portugal (s. o.).

Algarve
Associação Turismo do Algarve
Av. 5 de Outubro 18
8000-076 Faro
Tel. 289 80 04 03
Fax 289 80 04 66
www.visitalgarve.pt

Turismo
In jeder Stadt, in jedem größeren Ort und in vielen kleineren Ortschaften, die touristisch interessant sind, gibt es einen Turismo, eine offizielle Touristeninformation, die alle wichtigen Adressen wie Hotels und Restaurants, Sehenswürdigkeiten und Öffnungszeiten sowie Ausflugs- und Sportmöglichkeiten parat hat. In manchen Orten findet man auch gute und engagierte private Informationsstellen.

Lesetipps

Lídia Jorge: Der Tag der Wunder, Frankfurt/M. 1996. Die Autorin beschreibt ein Dorf im Hinterland der Algarve in den 1970er-Jahren.
José Saramago: Als Lesetipp für den Urlaub seien die Bücher des portugiesischen Literaturnobelpreisträgers empfohlen, von denen einige ins Deutsche übersetzt wurden. Der Roman »Hoffnung im Alentejo« beschreibt das Leben von Landarbeitern im Alentejo.
Annegret Heinold: 111 Gründe Portugal zu lieben, Berlin 2014. Eine gute Lektüre, um die portugiesische Seele und Mentalität kennenzulernen. Es geht um Fußball, Filme, Feste, um leckere Pastéis de Nata und den unvermeidlichen Stockfisch …
Andreas Drouve, Sabine Lubenow: DuMont Bildatlas Algarve, Ostfildern 2016. Zu den Fotos von Sabine Lubenow hat Andreas Drouve informative Texte über die gesamte Algarve geschrieben, und über die angrenzenden Alentejo-Regionen.
Rolf Osang/João Pedro Costa: Algarve, München 2004. Die Algarve in Fotos (J. P. Costa) und Texten (R. Osang).

Der Verlag Editurismo gibt die deutschsprachige Monatszeitschrift »Entdecken Sie Algarve« heraus, die in erster Linie für Residenten gedacht, aber auch für Touristen sehr interessant ist. Auch der Online-Auftritt www.entdecken-sie-algarve.com ist sehr informativ, aktuell und übersichtlich gemacht.

Wetter und Reisezeit

Klima

Obwohl der Klimawandel in Südportugal, wie in anderen Ländern auch, dafür sorgt, dass kaum noch verlässliche Angaben über das Wetter in einzelnen Jahreszeiten zu machen sind, gilt weitgehend, dass es in den drei Hochsommermonaten tagsüber sehr heiß werden kann (bis 35 °C), allerdings meist mit einer wohltuenden Brise vom Atlantik her.

Der Winter kann an der Algarve wunderschön sein, aber eine Garantie für gutes Wetter gibt es hier nicht. Richtig kalt ist es nie – weniger als 10 °C sind eher selten –, allerdings sind viele Unterkünfte nicht beheizbar, weshalb es zu dieser Zeit drinnen oft unbehaglich ist. Sehr störend können massive Regenfälle sein. November, Dezember, Januar und März sind erfahrungsgemäß die regenreichsten Monate.

Nach einem Regen kann es aber selbst in den Wintermonaten sofort wieder sonnig und schön warm werden: T-Shirt-Wetter!

Reisezeit

Die Hauptsaison dauert von Anfang Juli bis Ende September – in diesen Monaten liegen die Preise für Unterkünfte deutlich höher als im restlichen Jahr. Außerhalb der Hauptsaison sind die Monate Mai, Juni und Oktober gute Reisemonate. Auch März und April können schon sehr angenehmes, warmes Wetter bringen.

Die beste Reisezeit für
... Badeurlauber

Mollig warm ist der Atlantik nie. Selbst im August und im September, wenn sich das Wasser etwas erwärmt hat, steigen die Temperaturen nicht über 22 °C, in den Wintermonaten fallen sie auf etwa 15 °C. Im Osten der Algarve zur spanischen Grenze hin ist der Atlantik ca. 2 °C wärmer als im Westen.

... Wanderer

Die Frühlingsmonate als Hauptblütezeit sind besonders schön, alles ist grün und frisch, ideal für ausgedehnte Wanderungen; in den Sommer- und Herbstmonaten zeigt sich die Natur dagegen trocken und ausgedörrt.

... Pflanzenliebhaber

Das milde Algarve-Klima sorgt für eine vielfältige Vegetation, die sich im Frühjahr von der schönsten Seite zeigt und sogar im Winter einiges zu bieten hat.

Klimadiagramm Faro

Das Hinterland der Algarve lädt zu Ausflügen abseits der Badestrände ein

Reiseinfos

Erfrischend: Orangenpracht im Sommer

Im Januar und Februar blühen als Erstes zartrosa die Mandelbäume, im Februar und März sieht man die kleinen gelben Blütenköpfe der Mimosen, und in den Monaten zwischen Februar und Juni legen die Blüten der Zitrusbäume einen intensiven Dufteppich über die Region, gleichzeitig tragen sie auch schon Früchte. Wer das Blau der Jacarandabäume liebt, sollte unbedingt im Mai/Juni kommen.

... Feierfreudige

Karneval wird im Februar in zahlreichen kleinen Orten an der Algarve gefeiert, an den Feiertagen zu Ostern gibt es mehrere Prozessionen, eine große und lohnende in Loulé. Im Hochsommer finden überall im Land Musikfestivals statt.

Was kommt in den Koffer?

In den Sommermonaten braucht man natürlich leichte Kleidung und Badesachen sowie Sonnenschutz mit einem hohen Lichtschutzfaktor. Auch ein Insektenschutz ist vor allem in der Dämmerung und nachts angebracht. Für die Abende sollte man selbst im Juli, August und September eine Jacke oder einen Pullover im Gepäck haben, da immer ein frischer Wind aufkommen kann. Ganz besonders gilt das für die Westküste, bei Ausflügen zum Cabo de São Vicente benötigt man oft sogar tagsüber etwas gegen kühleren Wind. Zwischen Oktober und April ist man zudem mit Regenkleidung und einem Paar Gummistiefel nicht schlecht beraten.

Rundreisen planen

Kurze Kulturtour

Wen es nicht so sehr an die Strände zieht, der könnte mit dieser Kulturtour gut bedient sein. Man sollte im Süden Portugals nicht die ganz große Kultur erwarten, aber wie so oft liegt das Feine im Kleinen. Diese Tour bietet einen kurzen Streifzug durch wichtige Stationen der Kulturgeschichte der Algarve. Zu besichtigen sind eine Megalithgrabanlage, Römisches, die alte Maurenmetropole, Stationen der Seefahrts- und Entdeckungsgeschichte und ihre kulturellen Zeugnisse, außerdem lernt man wunderbare Beispiele der vergoldeten Schnitzereien *(talha dourada)* und der bemalten Fliesen *(azulejos)* kennen, die charakteristisch für Portugal sind.

Die Tour beginnt in **Tavira,** der Stadt, die zu Recht von sich behauptet, die Algarve-Stadt mit den meisten Kirchen zu sein. Von hier geht es über die Autobahn nach **Estói,** wo man die römischen Ausgrabungen von Milreu besichtigt. In **Almancil** wartet die bekannte Kirche São Lourenço mit einer überaus beeindruckenden Wandverkleidung aus Fliesen – ein absolutes Besichtigungs-Muss! Dann geht es in die einstige Maurenhauptstadt Xelb, heute **Silves** – eine etwas längere Strecke, für die man am besten die Autobahn nimmt. In dem recht touristischen **Alvor** westlich von Portimão steht eine hübsche Dorfkirche, in der etliche Elemente der Manuelinik auszumachen sind. Schließlich bietet sich ein Abstecher nach **Alcalar** nördlich der N 125 an, wo es eine ca. 5000 Jahre alte Nekropole gibt. In **Lagos** ist eine Besichtigung der Igreja de Santo António dringend zu empfehlen. Sie ist dem Museu Municipal angegliedert – hier ist die für das portugiesische Barock typische *talha dourada* in schönster Form zu sehen.

Ganz zum Schluss geht es auf die N 125 nach **Sagres,** wo am Südwestende Europas die Stätte liegt, in der die Entdeckungen anderer Erdteile im 15. Jh. in die Wege geleitet wurde (Dauer: 2 Tage, Länge: ca. 180 km).

Reiseinfos

Eine ›Naturtour‹ zur wilden Atlantikküste

Man lernt die ruhige Seite der Algarve kennen, die Tour führt vom Grenzfluss Guadiana durch die Berge bis zum Atlantik. Die Route bietet sich zum Beispiel an, wenn man von Norden her über den Alentejo kommt und im Nordosten in die Algarve hineinfährt. Startpunkt ist **Alcoutim** am Grenzfluss Guadiana, ein wunderschöner kleiner Ort, der jedem, der möchte, sogar ein kleines Kulturprogramm bietet. Von Alcoutim aus geht es direkt in Richtung Westen in die Berge. Die Straße (N 124), auf der einem kaum ein Auto begegnet, führt durch Dörfer wie Pereiro, Martim Longo und Cachopo.

Von **Baranco do Velho** geht es weiter Richtung **Salir** und nun immer in Richtung Westen über **Alte,** das angeblich schönste Dorf der Algarve, **São Bartolomeu de Messines, Silves,** die einstige Hauptstadt der Mauren, und dann in die **Serra de Monchique** über Caldas de Monchique und den Ort **Monchique.** Wer mag, fährt bei Monchique auf den höchsten Gipfel, die **Fóia** (902 m), und genießt den Blick über den gesamten Westen der Algarve.

Zwischen Monchique und Caldas de Monchique zweigt die N 267 in Richtung Westen ab und führt auf einsamer Straße durch winzige Dörfer wie **Casais** und **Marmelete** nach **Aljezur.** Hier ändert sich alles schlagartig: Man lässt Hügel und Berge hinter sich, und die Landschaft wird etwas rauer. Auf der vergleichsweise viel befahrenen

Passende Übernachtung

Wer auf der Kulturtour auch ›kultiviert‹ übernachten möchte, mietet sich in Tavira in der **Pousada Convento da Graça** (s. S. 254), in der **Pousada de Estói** (s. S. 198) oder in der **Casa de Estói** (s. S. 199) bei Faro ein. Interessant könnte es auch sein, in einem ›neu gemachten‹ alten Algarvedorf in der Westalgarve zu übernachten (s. S. 112).

Rundreisen planen

N 120 und dann auf der N 268 fährt man ein Stück in Richtung Süden, dann kommt man bei **Carrapateira** an einen besonders schönen Küstenabschnitt, an dem die landschaftlich wundervollen Strände **Praia do Amado** und **Praia da Bordeira** liegen (Dauer: 2 Tage, Länge: 186 km).

Bahnfahrt von Lagos nach Vila Real de Santo António

Eine Bahnfahrt durch die Algarve zeigt den Landstrich aus einer Perspektive, wie sie kaum ein Tourist kennt – die meisten bewegen sich per Mietwagen oder Bus durch die Gegend.

Die einzige Bahnlinie der Algarve (außer jener, die nach Lissabon hinaufführt) verläuft in Ost-West-Richtung parallel zur Küste von Lagos nach Vila Real de Santo António kurz vor der spanischen Grenze. Der besondere Reiz der Zugfahrt liegt darin, dass man in dem stark zersiedelten Küstenstreifen größtenteils mitten durch die Landschaft fährt. Kurz hinter **Lagos** führt die Strecke unmittelbar an der kleinen Lagune von **Alvor** entlang und zwischen den Orten **Silves** und **Bouliqueime** durchquert sie leicht hügeliges Bergland. Bei **Faro** gelangt man wieder an die Küste. Ein besonders schöner Streckenabschnitt ist der zwischen Faro und Vila Real de Santo António, der am Rand der flachen Lagune **Ría Formosa** entlangführt – so erlebt man die Lagune sonst nie!

Etwa sechsmal am Tag fahren Züge von Lagos in Richtung Ostalgarve. In Faro muss man in der Regel umsteigen. Bei dieser Gelegenheit könnte man eine Besichtigung des Altstadtzentrums mit der Kathedrale einschieben. Wer diese Variante wählt, sollte für die Tour einen ganzen Tag einplanen (für Hin- und Rückfahrt und den Besuch von Faro). Ansonsten beträgt die reine Fahrzeit drei bis dreieinhalb Stunden.

Man kann auch nur einen Teilabschnitt der Gesamtstrecke fahren, zum Beispiel von Faro nach **Vila Real de Santo António** – was etwas mehr als eine Stunde dauert – oder auch von Faro nach **Tavira.** In den beiden schönen Städten sollte man sich für eine Besichtigung ausgiebig Zeit nehmen. In Tavira lohnt ein Besuch des Burggartens und der Kirche Santa Maria.

Anreise und Verkehrsmittel

Einreisebestimmungen

Bürger der Bundesrepublik Deutschland, Österreichs und der Schweiz brauchen einen gültigen Personalausweis bzw. eine Identitätskarte oder einen Reisepass. Kinder benötigen unabhängig vom Alter einen eigenen Ausweis. Autofahrer müssen den nationalen Führerschein und den Kfz-Schein mitführen, im Schadensfall ist die internationale grüne Versicherungskarte hilfreich, für Österreicher und Schweizer ist sie Pflicht. Ist der Fahrer des Wagens nicht mit dem Fahrzeughalter identisch, muss man im Ernstfall eine Vollmacht des Fahrzeugbesitzers vorzeigen können.

Zollbestimmungen

Für Deutsche und Österreicher ist die Ein- und Ausfuhr von Waren für den persönlichen Bedarf unterhalb bestimmter Höchstmengen zollfrei. Für Schweizer gelten geringere Freimengen. Auskünfte erhält man bei Turismo de Portugal (s. S. 19) bzw. bei den jeweiligen Zollbehörden.

Anreise und Ankunft

... mit dem Flugzeug

Von allen größeren Flughäfen in Deutschland werden Flüge nach Faro angeboten. In den Ferien muss man bis ca. 400 € für Hin- und Rückflug veranschlagen, in der übrigen Zeit oft auch weniger.

Der internationale Flughafen von Faro liegt 6 km außerhalb der Stadt. Ins Stadtzentrum, zum Bahnhof und zum Busbahnhof verkehren die Busse der Linie 16, die allerdings nur selten (im Schnitt ca. alle 50 Min.) fahren. Ein Taxi vom Flughafen ins Stadtzentrum kostet ca. 10–12 €, mit Gepäck ca. 14 €; am Wochenende und zwischen 22 und 6 Uhr zahlt man 20 % mehr. Am Flughafen gibt es eine Touristeninformation, Tel. 289 81 85 82.

... mit der Bahn

Die Anreise mit dem Zug ist für ausgesprochene Bahnfans zwar schön, aber relativ umständlich und auch nicht sonderlich preisgünstig. Die Verbindungen ändern sich oft. Die Fahrzeit z. B. von Köln in die Algarve beträgt derzeit ca. 30 Stunden.

Je nach Ausgangsort fährt man meist über Paris, wo man innerhalb der Stadt die Bahnhöfe wechseln muss. In Lissabon steigt man am Bahnhof Oriente in einen der Züge in Richtung Algarve um. Der Zugverkehr zwischen Lissabon und der Algarve wird auf der Ponte 25 de Abril über den Tejo geleitet – ein spektakulärer Teilabschnitt gleich nach Verlassen der Lissabonner Innenstadt! Es fahren IC-Züge und der schnellere Alfapendular in die Algarve.

... mit dem Bus

Die preisgünstigere Variante ist die Busfahrt. Die Deutsche Touring GmbH bietet dreimal in der Woche Busfahrten aus verschiedenen deutschen Städten nach Faro an. Die Fahrzeit von Frankfurt/M. beträgt ca. 39 Stunden, das Ticket kostet knapp 300 € (Hin- und Rückfahrt).
Information in Deutschland: Deutsche Touring GmbH, Eurolines Germany, Service-Hotline Tel. 069 790 35 01, www.eurolines.de.
Information in Faro (Intercentro): Busbahnhof, Av. da República 5, Tel.

Anreise und Verkehrsmittel

289 88 97 70, allgemeine Informationen unter Tel. 213 30 15 00.

... mit dem Auto
In die Fahrtkosten müssen neben Benzinkosten auch die Autobahngebühren in Frankreich, Spanien und Portugal eingerechnet werden. Angaben im Internet unter www.autoroutes.fr zu Frankreich, unter www.ace-online.de zu Spanien und Portugal. Verschiedene Routen sind möglich: Westlich geht es über Paris, Bordeaux, Salamanca, Lissabon oder über Paris, Bordeaux, Salamanca, Sevilla zur Algarve; weiter östlich fährt man über Lyon, Perpignan, Barcelona, Madrid und Sevilla.

Verkehrsmittel vor Ort

Bus
Innerhalb der Algarve gibt es ein gutes Busnetz, und die Busse der **EVA Transportes** sind das gängigste öffentliche Verkehrsmittel. Größere Orte und Städtchen sind mit den Bussen gut zu erreichen; die Busbahnhöfe liegen – anders als die Zugbahnhöfe – meist zentral. Abgelegene Orte werden aber nur selten angefahren, nur morgens und abends an Werktagen. EVA Transportes bietet einen Touristenpass *(passe turístico)* für drei und sieben Tage.

Verbindung nach Lissabon: Sehr gut ist die Busverbindung nach Lissabon. Von allen größeren Orten an der Algarve kommt man mit bequemen Schnellbussen in die portugiesische Hauptstadt – die Fahrzeit von Faro nach Lissabon beträgt ca. vier Stunden Angeboten werden Fahrten von EVA Transportes oder von Gesellschaften wie Renex und Rede Expressos, die ihre Schalter im oder unmittelbar in der Nähe der Busbahnhöfe haben – die Fahrpreise unterscheiden sich nicht sonderlich (meist ca. 20 €), die Fahrtdauer ist mitunter unterschiedlich. Gute Verbindungen gibt es auch nach Andalusien.

Bahn
Strecken: Für das Bahnfahren an der Algarve sprechen landschaftlich schöne Strecken – besonders im Osten zwischen Vila Real de Santo António und Faro – und die günstigen Fahrpreise. Es gibt aber nur eine Ost-West-Verbindung, die von Lagos nach Vila Real de Santo António führt. Die Fahrt dauert gut drei Stunden. Westlich von Lagos gibt es keinen Zugverkehr. Bei dem Ort Tunes zweigt eine Strecke in Richtung Norden nach Lissabon ab, die – wie auch die Busse – bei São Marcos de Serra die Algarve-Berge überquert. In Lissabon kommt man am Bahnhof Oriente oder dem kleineren Bahnhof Entrecampos an. Der Alfapendular (ICE) von Faro nach Lissabon benötigt drei Stunden Die Bahn bietet ein Touristenticket an (für einen Tag oder

---

Informationen rund um den Bus
EVA Tranportes: Av. da República 5, Faro, Tel. 289 89 97 30/31 und Tel. 289 58 90 55 (Reservierungen), www.eva-bus.com. Lokale und regionale Buslinien, Fahrpläne sowie Fahrtzeiten etc.
Rede Expressos: Service Tel. 707 22 33 44, www.rede-expressos.pt. Gute Verbindungen nach Lissabon und in fast alle anderen Orte Portugals.
Renex: Tel. 289 58 96 03, Tel. 800 22 42 20, www.renex.pt. Von Lagos, Loulé und Vila Real de Santo António regelmäßig nach Lissabon.
Zentrale Busbahnhöfe:
Faro: Av. da República 5;
Lagos: Rossio de São João;
Tavira: Rua dos Pelames.

Reiseinfos

Fähren verbinden die Küste mit vorgelagerten Inseln

drei Tage; beliebig viele Fahrten in der Algarve, www.cp.pt).
Bahnhöfe: Das große Manko am Zugfahren ist die Lage der Bahnhöfe, oft recht weit außerhalb der Orte. Selbst wenn auf dem Fahrplan Haltepunkte wie Albufeira oder Loulé angegeben sind, befinden sich diese Bahnhöfe ca. 5 km außerhalb, mitten in der Landschaft. Relativ günstig liegen die Bahnhöfe in Lagos, Portimão, Faro, Olhão, Fuseta, Tavira und Vila Real de Santo António. Man sollte sich vor Abfahrt also unbedingt eine Karte mit der eingezeichneten Bahnstrecke ansehen.
Zugkategorien: Sie entsprechen den deutschen. Es gibt den *Regional* (Regionalexpress), den *Interregional* (IR), den *Intercidades* (IC) und den *Alfapendular* (ICE).

Informationen: Portugiesische Eisenbahn, Caminhos de Ferro Portugueses, www.cp.pt.

Schiffe und Fähren

Der Schiffsverkehr an der Algarve besteht im Wesentlichen aus Ausflugsfahrten entlang der Küste bzw. Bootsfahrten von Faro, Olhão, Fuseta und Tavira zu den vorgelagerten Inseln. Ausflüge werden auch von Vila Real de Santo António den Guadiana hinauf angeboten sowie von Portimão aus auf dem Rio Arade nach Silves. Einen regelrechten Fährverkehr gibt es zwischen Vila Real de Santo António und Ayamonte in Andalusien.

Taxi

Es gibt festgelegte Tarife für Taxifahrten. Die Tarifübersichten müs-

Anreise und Verkehrsmittel

sen in jedem Wagen ausliegen. Am Wochenende sowie zwischen 22 und 6 Uhr zahlt man 20 % Aufschlag. Für die Beförderung von Gepäck zahlt man zusätzlich.

Mietfahrzeuge
Neben dem Flughafengebäude in Faro befinden sich die Stände zahlreicher nationaler und internationaler Mietwagenfirmen wie Avis, Europcar, Hertz, Sixt, Budget, Auto Jardim.

Autofahren

Verkehrsregeln
Portugal hat **Rechtsverkehr**. Die Verkehrsregeln und -schilder entsprechen denen in Deutschland, Österreich und der Schweiz. Kleinere **Vorfahrtsstraßen** sind nicht immer als solche beschildert, oft steht nur in der einmündenden Straßen ein Stoppschild – vorsichtshalber gilt immer rechts vor links. Es besteht **Gurtpflicht** sowie **Handyverbot** während der Fahrt, die **Promillegrenze** liegt bei 0,5. Kontrollen sind relativ häufig, und wer zum Beispiel mit erhöhter Geschwindigkeit erwischt wird, kann schnell 100 € loswerden. Wer eine **Panne** hat, muss außerhalb des Autos eine Warnweste tragen.
Höchstgeschwindigkeiten für Pkw: in Ortschaften 50 km/h, auf Landstraßen 90 km/h, auf Schnellstraßen 100 km/h, auf Autobahnen 120 km/h.
Höchstgeschwindigkeiten für Lkw: in Ortschaften 50 km/h, auf Landstraßen 80 km/h, auf Autobahnen 110 km/h.

Fahrweise
Portugiesen fahren oft ziemlich rasant. Man muss auf alle Eventualitäten gefasst sein, wobei sich die Situation in den letzten Jahren schon etwas verbessert hat. Defensive und vorausschauende Fahrweise ist aber nach wie vor angezeigt. Man muss immer damit rechnen, dass andere Autofahrer die Kurven schneiden und riskante Überholmanöver vornehmen. Im Dunkeln können immer und überall schlecht oder gar nicht beleuchtete Fahrzeuge auftauchen, Fahrräder und hin und wieder sogar Eselskarren.

Die N 125, die in Ost-West-Richtung parallel zur Küste verläuft, galt lange Zeit als eine der unfallträchtigsten Straßen Europas. Wer zügig und entspannt größere Strecken in Ost-West-Richtung zurücklegen möchte, sollte – auch unter Inkaufnahme eines Umwegs – die Autobahn A 22 (IP 1, E 01 oder auch Via do Infante) benutzen, die meist relativ leer ist, aber Autobahngebühr kostet.

Kleinere Straßen im Hinterland sind meistens kaum befahren – allerdings hat man es hier auch mal mit zu schnell fahrenden Autofahrern zu tun.

Tanken
An der N 125 findet man zahlreiche Tankmöglichkeiten. Einige Tankstellen *(postos de gasolina)* gibt es an der Autobahn, nur wenige jedoch an den Hauptstraßen an der Westküste (nur in Sagres und Aljezur) und im Osten sowie in den Bergregionen (im Nordosten der Algarve nur bei Alcoutim, Cachopo und Martim Longo beziehungsweise in Mértola im Alentejo).

Die Tankstellen in abgelegeneren Gebieten schließen meist gegen 21 Uhr, an der N 125 – teilweise aber auch im Hinterland – gibt es Tankstellen mit 24-Stunden-Service.

Verkauft werden Benzin *(gasolina)* und Diesel *(gasóleo)*. Benzin gibt es in der Regel als bleifreies Benzin *(gasolina sem chumbo* oder auch *gasolina s/ chumbo)* und zwar mit 95 Oktan und

Reiseinfos

98 Oktan *(gasolina s/chumbo 95 und gasolina s/chumbo 98)*.

Parken

Parken *(estacionamento)* ist in den größeren Städten ein echtes Problem. Man sollte bei Einfahrt in die Stadt rechtzeitig auf Parkplatzhinweisschilder achten oder relativ weit vom Zentrum entfernt schon anfangen, einen Parkplatz zu suchen.

Meistens sind Parkautomaten aufgestellt, Schilder am Straßenrand zeigen dann an, dass man sich in einer *zona pago* befindet, in der man also zahlen muss. Schwarzparken kann teuer werden – Parkgebühren belaufen sich meist nur auf 1,50 € oder weniger pro Stunde, ein Knöllchen dagegen kostet mindestens 65 €.

An den Automaten zieht man einen Parkschein *(título, talão, bilhete)*, den man hinter die Windschutzscheibe legt. Liest man ›*esta máquina não dá trocos*‹, muss man passend zahlen und kann alle *moedas aceitas* einwerfen, also alle Münzen, die angegeben sind.

Autobahngebühren

Auf einigen portugiesischen Autobahnen und so auch auf der **A 22** (Via do Infante), die in Ost-West-Richtung durch das Hinterland der Algarve verläuft, wurde die **elektronische Maut** für alle Benutzer eingeführt, konventionelle Mautstellen gibt es nicht mehr. Auf diesen Autobahnen werden alle Fahrzeuge an den Mautportalen automatisch erfasst, die Autobahngebühren können auf unterschiedliche Weise bezahlt werden.

Das elektronische Abrechnungssystem **Via Verde**, das bereits seit 1991 in Portugal in Gebrauch ist, lohnt nur bei Langzeitaufenthalten. Man mietet ein Gerät, das die mautpflichtigen Fahrten registriert, Gebühren werden automatisch vom Konto abgebucht. Die

Elektronische Maut

Detaillierte Infos auf Deutsch geben die Website www.maut-in-portugal.info, die portugiesische Botschaft (www.botschaftportugal.de/de; Suchbegriff ›Maut in Portugal‹) sowie www.visitportugal.com (›Nützliche Informationen‹).

meisten Mietwagen sind mit dem Via-Verde-Chip ausgestattet, Gebühren bucht die Mietwagenfirma direkt von der Kreditkarte des Mieters ab (www.viaverde.pt).

Ist der Mietwagen nicht mit einem Via-Verde-Chip ausgerüstet, müssen anfallende Gebühren bei der **Post – CTT** oder sogenannten Pay Shops (oftmals in Zeitungsläden) innerhalb von sieben Tagen bezahlt werden. Da die Zahlung aber frühestens nach 48 Stunden möglich ist, ist das System für Touristen nur bedingt geeignet (http://portagens.ctt.pt).

Wer mit dem eigenen Pkw kommt und max. 30 Tage im Land bleibt, kann sein Fahrzeug auch an einem Welcome Point von **EASYtoll**, z. B. bei Vila Real de Santo António, registrieren lassen. Dazu schiebt man lediglich seine Kreditkarte (Visa oder Mastercard) in einen Automaten (www.portugaltolls.pt, Tel. 00315 212 87 95 55 aus dem Ausland, Tel. 707 50 05 01 innerhalb Portugals).

Bei der **TOLL Card**, die man in Autobahntankstellen, bei der Post oder online vor Reiseantritt kauft, handelt es sich um eine Prepaid Card, die mit dem Handy per SMS freigeschaltet wird. Es gibt sie zu 5 €, 10 €, 20 € oder 40 € (https://www.ctt.pt).

TOLL Service lohnt nur, wenn man an drei aufeinanderfolgenden Tagen sehr häufig mautpflichtige Strecken befährt. Man zahlt pauschal 20 €, erhältlich an Tankstellen und online (http://www.ctt.pt).

Übernachten

Unterkunft buchen

Bei Unterkünften der mittleren und hohen Preisklasse sind Internetbuchungen oft günstiger als die direkte Buchung. Auch aktuelle Preise etc. erfährt man bei einigen Unterkünften am besten über Internet. Insofern lohnt auch unterwegs ein Blick ins Internet bzw. eine Online-Buchung für diejenigen, die im Land herumfahren und kurzfristig an der Algarve eine Unterkunft brauchen. Bei kleinen Unterkünften fragt man nach wie vor per Telefon an oder erkundigt sich direkt vor Ort nach freien Zimmern.

Nützliche Internetadressen für die Buchungen
www.maisturismo.pt: Die Website von Maisturismo, Portugals bekanntestem Hotelführer, mit aktuellen Angaben zu Unterkünften. Eher spärliche Infos zu kleineren Hotels und Pensionen, gute Auswahl an größeren Hotels.
www.hrs.de: Hat auch immer ein paar gute Last-Minute-Angebote an der Algarve-Küste und im Hinterland.
www.algarve-live.de: Auf dieser allgemeinen Website findet man auch mehrere gute Ferienhäuser.
www.homeaway.pt: Nur auf Portugiesisch, aber hier findet man gute Ferienhäuser und Apartments, auch in ungewöhnlichen Lagen – von ›jwd‹ im Hinterland bis zentral in der Stadt.
www.algarve-web.com: Hier wird man zwar auf diverse Buchungssysteme weitergeleitet, bekommt aber eine Vorstellung von den unterschiedlichsten Unterkünften.
www.1001-ferienhaus.de: Ferienhäuser überall, auch an der Algarve.
www.opodo.de: Günstige Angebote für Flüge und Hotels.

Hotels und Pensionen

Hotels werden in Kategorien von ein bis fünf Sterne unterteilt, wobei es innerhalb einer Kategorie teilweise große Unterschiede gibt. In der obersten Kategorie mit fünf Sternen findet man schöne Luxusadressen. Bei vier Sternen kann man normalerweise auch nichts falsch machen. Unter Hotels mit drei Sternen tummelt sich so alles Mögliche, hier sollte man versuchen, an Beurteilungen oder Empfehlungen anderer Gäste zu kommen.

Ein herkömmliches Hotel mit ein oder zwei Sternen ist in der Regel sehr simpel und nicht besonders gut. Seitdem sich aber immer mehr Pensionen in Hotels umbenennen, kann es sich bei einem Zwei-Sterne-Haus auch um eine ausgesprochen interessante und dennoch relativ günstige Unterkunft handeln. Diese Adressen waren zuvor meist Pensionen mit drei oder vier Sternen, also wirklich nette Unterkünfte mit angenehmer, persönlicher Atmosphäre. Sind im Hotelnamen

Mit und ohne Trubel
Hauptsaison ist von Juli bis September, dann ist es voll und laut an der Küste. Auch Portugiesen haben zu der Zeit Ferien und bevölkern die Strände. In diesen Monaten besteht daher eine große Nachfrage nach Hotelzimmern und die Preise liegen deutlich höher als in den übrigen Monaten.
Ruhesuchende kommen besser vor oder nach der Hauptsaison und finden dann sowohl im Hinterland als auch direkt an der Küste problemlos Unterkünfte, die zudem meist auch günstiger als in der Hauptreisezeit sind.

Reiseinfos

> **Zimmerpreise**
> Die Übernachtung im Doppelzimmer kostet ab 20 € aufwärts. Schlecht dran sind Einzelreisende, da es kaum Einbettzimmer gibt und für ein allein genutztes Zweibettzimmer normalerweise 70–80 %, mitunter sogar 100 % des Standardtarifs zu zahlen sind.

oder in der Beschreibung die Wörter ›Pensão‹, ›Residencial‹, ›Albergaria‹ oder ›Estalagem‹ enthalten, kann man sicher sein, es mit einem solchen Haus zu tun zu haben. **Residencial** steht für eine gute, gepflegte Pension oder ein kleines Hotel, oft ein Familienbetrieb. Eine **Albergaria** ist noch eine Kategorie besser, sie entspricht einer früheren 4-Sterne-Pension. Auch Albergarias sind meist Familienbetriebe und können sehr viel Atmosphäre haben. **Estalagens** – kleine ausgefallene Adressen, meist schön gelegen und immer empfehlenswert – gibt es leider kaum noch.

Pousadas

Pousadas sind luxuriöse Unterkünfte in alten Kastellen, ehemaligen Klöstern und Palästen, die früher staatlich waren und heute von der Hotelgruppe Pestana betrieben werden. Manche sind auch in neueren Gebäuden an Plätzen mit besonderer Aussicht eingerichtet. Für eine Nacht in einer Pousada muss man zu zweit je nach Saison 100–200 € zahlen. Es gibt aber günstige Last-Minute-Angebote, Frühbucherrabatte und Golden-Age-Rabatte (ab 55 Jahre).

Die Algarve bietet bisher drei dieser Häuser mit jeweils sehr guten Restaurants: In Sagres wohnt man in einem modernen Gebäude in herrlicher Lage hoch oben über dem Meer und trotzdem sehr nah am Ortszentrum. Die wunderschöne Pousada in Tavira ist in einem alten Kloster eingerichtet, das oben in der Nähe der Kirche Santa Maria do Castelo steht: zentral, aber sehr ruhig. Und in Estói wurde ein Rokokopalast in eine Pousada umgewandelt, man wohnt im Schloss oder in einem modernen Anbau. Vor allem Übernachtungen in den beiden alten Pousadas sind etwas ganz Besonderes. Wer durch Portugal reist und es irgendwie ermöglichen kann, sollte sich dieses Vergnügen wenigstens einmal leisten (www.pousadas.pt).

Urlaub auf dem Land

Wer auf einem schönen Landsitz oder in einem algarvischen Bauernhof wohnen möchte, sollte am Straßenrand nach Wegweisern mit den Begriffen **Turismo Rural, Agroturismo** oder **Turismo-de-Habitação** Ausschau halten. Speziell bei den Häusern des Turismo de Habitação ist man quasi zu Gast bei den Besitzern der jeweiligen Häuser und erfährt auf diese Weise auch noch etwas über Land und Leute. Die Preise sind unterschiedlich: Es gibt einfache Häuser, die immer aber sehr gepflegt sind und in denen ein Doppelzimmer manchmal nur 40 € kostet. Andererseits zahlt man mitunter über 150 €. (Info: Solares de Portugal/Casa no Campo, Praça da República, 4990-062 Ponte de Lima, Tel. 258 93 17 50, www.solaresdeportugal.pt, www.center.pt, www.casasnocampo.net).

Privatzimmer

In vielen Orten werden Gästezimmer (*quartos*) vermietet. In Orten mit viel Fremdenverkehr werden den Touristen Privatzimmer gleich bei Ankunft des Busses angeboten. Ansonsten erkennt man solche Unterkünfte an

Übernachten

quartos-Schildern an der Tür bzw. im Fenster eines Hauses. Oft sind sie auch überhaupt nicht gekennzeichnet, man kann aber in der Touristeninformation oder in Cafés fragen, oder man bekommt eine Alternative in einer Pension genannt, die voll besetzt ist. Normalerweise gibt es bei Privatunterkünften kein Frühstück.

Hostels

Überall in Portugal sind in den letzten Jahren Hostels entstanden, teilweise sehr gute, viele haben sogar Auszeichnungen erhalten. Und tatsächlich sind viele empfehlenswerte dabei. Man kann ein Bett im Mehrbettzimmer buchen, es gibt aber auch Familienzimmer und einfache, oft schöne Doppelzimmer.

Jugendherbergen

Pousadas de Juventude gibt es in Tavira, Alcoutim, Lagos, Portimão, Faro und Arrifana. Man benötigt einen internationalen Jugendherbergsausweis, den man ggf. auch in der jeweiligen Jugendherberge kaufen kann. Eine Übernachtung im Mehrbettzimmer kostet pro Person zwischen 10 € und 18 €. Viele Jugendherbergen haben auch Doppelzimmer (22–47 €), einige sogar mit Bad. In den Sommermonaten sollte man vorher reservieren – direkt vor Ort oder über die Lissabonner Zentrale Movijovem (Tel. +351 707 20 30 30, http://microsites.juventude.gov.pt/Portal/pt).

Camping

Es gibt einige recht schöne Campingplätze *(parques de campismo)* an der Algarve, insgesamt etwa 20 öffentliche Campingplätze mit ein bis vier Sternen (Federação de Campismo e Montanhismo de Portugal, Av. Coronel Eduardo Galhardo 24D, P-1199-007 Lisboa, Tel. 218 12 68 90, www.camping.info). In diesem Reiseführer ist bei den Campingplätzen die offizielle Sternzahl angegeben.

In einem Schatten spendenden Dünenwäldchen: Campingplatz auf der Ilha de Tavira

Essen und Trinken

Essen gehen

Frühstück

Schon das Frühstück *(pequeno almoço)* – es besteht aus einem Kaffee und einem Buttertoast *(torrada)*, Toast mit Käse und Schinken (tosta mista), Brötchen mit Käse *(sandes com queijo)* oder geräuchertem Schinken *(sandes com presunto)* oder einem süßen Teilchen – nehmen viele Portugiesen in einem einfachen Café ein. Generell hat das Frühstück eher eine untergeordnete Bedeutung, was der Tourist auch in Pensionen und kleineren Hotels rasch merkt. In größeren Hotels wird in der Regel ein internationales Frühstücksbuffet angeboten.

Mittag- und Abendessen

Restaurants öffnen ihre Türen mittags von ca. 12.30 bis 15 Uhr zum Mittagessen *(almoço)* und abends von ca. 19 bis 22 Uhr zum Abendessen *(jantar)*. Außer den normalen Gerichten stehen auf der Speisekarte *(ementa, lista)* mitunter Tagesgerichte *(prato do dia)* und Touristenmenüs *(ementa turística)*, die günstig und meist nicht schlecht sind. Außerdem sind manchmal Preise für eine halbe Portion *(meia dose)* angegeben, die für einen etwas kleineren Hunger absolut ausreichend ist.

In der Regel werden einem gleich zu Beginn Brot und Butter, manchmal dazu auch Käse, Sardinenpaste und Oliven auf den Tisch gestellt. Obwohl es wie ein Angebot des Hauses aussieht, muss man normalerweise einen geringfügigen Betrag dafür bezahlen. In Restaurants der gehobenen Kategorie kann aber auch eine Portion Scampi unaufgefordert auf dem Tisch landen. Die ist dann bedeutend teurer, und wenn man davon auch nur ein Stückchen probiert, zahlt man das Ganze. Wer das nicht möchte, sollte den Teller gleich wieder zurückgehen lassen.

Die meisten der im Reiseteil angegebenen Restaurants haben ein mittleres Preisniveau, d. h. man zahlt für ein Hauptgericht zwischen 9 und 15 €.

Die Küche in Portugals Süden

Portugals Küche ist einfach und schmackhaft. Man isst gut in schlichten Lokalen und zahlt nicht viel. Bleibt man längere Zeit an einem Ort, kann mitunter der Verdacht entstehen, dass die portugiesische Küche nicht die abwechslungsreichste ist. Es gibt relativ große Unterschiede zwischen Südportugal und Nordportugal, aber innerhalb einer Region findet sich immer wieder die gleichen Gerichte auf der Karte. An der Algarve gibt es allerdings auch relativ viele Restaurants der gehobenen Klasse, in denen die portugiesische Küche verfeinert wird und dadurch doch recht abwechslungsreich sein kann.

Und Sterneköche kochen an der Küste auch: Das Restaurant Vila Joya bei Galé (www.vilajoya.com) und The Ocean im Vila Vita Parc bei Armação de Pêra verzaubern die Gaumen ihrer Gäste, beide können sich rühmen, mit zwei Michelin-Sternen ausgezeichnet worden zu sein. Slow Food spielt bisher nur eine relativ kleine Rolle, aber hin und wieder findet man ein Restaurant mit entsprechendem Angebot.

Suppen

Vor einem Hauptgericht ist eine Suppe ein wirkliches ›Muss‹, denn Portugals

Essen und Trinken

Suppen sind bereits der Inbegriff des Einfachen und Schmackhaften. Es gibt gute Fischsuppen, garantiert leckere Gemüsesuppen und *caldo verde,* eine Art portugiesische Nationalsuppe auf einer Grünkohl-Kartoffel-Basis. Sie wird sehr unterschiedlich zubereitet – insbesondere was die Grünkohlverarbeitung anbetrifft –, enthält aber immer eine Scheibe *chouriço,* geräucherte Wurst vom Schwein.

Hauptgerichte

Bei den Hauptgerichten gibt es, wie es sich für eine Küstenregion gehört, viel Fisch. Man muss wörterbuchmäßig gut gerüstet sein, denn auf der Speisekarte finden sich diverse Fischarten. Sardinen *(sardinhas)* sind im ganzen Land Nationalgericht und waren einmal ausschließlich ein Arme-Leute-Essen. Immer noch sind sie relativ günstig zu haben, aber ganz so offensichtlich wie ehedem fallen sie nicht mehr aus dem Preisrahmen. Sardinen werden meistens nur mit Kartoffeln serviert, einen Salat sollte man extra dazubestellen. Das gilt im Übrigen fast immer für Fisch- und Fleischgerichte, denn Gemüsebeilagen oder frische Salate sind selten Bestandteil eines echten portugiesischen Essens.

Sehr leckere Fische, die man oft auf der Karte findet, sind *cherne* (Barsch), *peixe espada* oder *espadarte* (Schwertfisch), *lulas grelhadas* (kleine gegrillte Tintenfische), *salmão* (Lachs) und natürlich *bacalhau* (Stockfisch), früher ebenfalls ein Arme-Leute-Essen, das in angeblich exakt 365 Variationen existiert. Darunter sei auch für Skeptiker die Zubereitung *bacalhau à brás* empfohlen: Der Stockfisch wird in kleine Stücke zerteilt, mit gedünsteten Zwiebeln und Kartoffeln in der Pfanne gegart und zum Schluss mit verquirlten Eiern und Petersilie gemischt.

Amêijoas na cataplana – Herzmuscheln im Kupfertopf gegart und serviert

Reiseinfos

Mariscos sind Meeresfrüchte, und die werden an der Algarve-Küste natürlich in rauen Mengen angeboten. Günstiger bekommt man *camarões* (Krabben), *gambas* (Scampis), *sapateiras* (Krebse) oder *lagostas* (Langusten) selten einmal. *Arroz de marisco* ist ein Reistopf mit verschiedenen Meeresfrüchten. Typisch für die Algarve-Küche sind *cataplana*-Gerichte, die in einer geschlossenen Kupferpfanne gedünstet werden: *cataplana de mariscos*, eine Meeresfrüchtezubereitung, oder *amêijoas na cataplana*, Herzmuscheln im Topf.

Auch Fleisch steht immer auf der Karte – im Hinterland etwas häufiger als an der Küste. *Bife* ist ein mitunter etwas zähes Steak, das oft mit einem Spiegelei serviert wird. *Carne de porco* ist Schweinefleisch. Mit einigem Glück kommt es in der typischen Version des Alentejo als *carne de porco à Alentejana* auf den Tisch, das heißt die Schweinefleischstücke werden mit Herzmuscheln in einer köstlichen Sauce serviert.

Je nach Vorliebe kann man *borrego* (Lamm) oder *cabrito* (Zicklein) bestellen. Auch *leitão assado* (Spanferkel) wird immer wieder einmal angeboten. Eine Algarve-Spezialität ist *frango com piri-piri*, ein Hähnchen, das mit dem nordafrikanischen *piri-piri* scharf gewürzt wird.

Wer nur wenig Hunger hat, bestellt ein Omelett oder einen meist sehr guten Eintopf wie *feijoada* (Bohneneintopf), *caldeirada* (Fischeintopf) oder *cozido à portuguesa* (Gemüseeintopf mit etwas Fleisch).

Nachspeisen

Schließlich gibt es die portugiesischen Nachspeisen, wie die Suppen ein ›Muss‹. Im Angebot sind Ei-Zucker-Mandel-Variationen ohne Ende mit den fantasievollsten Namen. Auf der Karte stehen zum Beispiel *beijos de freiras* (Nonnenküsse), *barriga de freira* (Nonnenbauch), *toucinho do céu* (Himmelsspeck) – Namen, von denen man sich einfach überraschen lassen muss. Fast immer werden *pudim flan* (Karamellpudding), *pudim Molotov* (luftige Pudding-Eischnee-Masse), *arroz doce* (Milchreis) und *leite creme* (karamellisierte Creme aus Eiern, Zucker und Milch) angeboten. Wer auf Nummer sicher gehen möchte, bestellt *gelado* – ein Eis.

Getränke

Zum Abschluss des Essens gibt es einen kleinen starken Kaffee, der südlich von Lissabon unter dem Namen *bica* zu bekommen ist – *café* wird natürlich auch verstanden.

Und dann kann man noch einen *aguardente velha* (alten Weinbrand) bestellen oder man trinkt zum Abschluss einen *medronho* (den typischen Algarve-Schnaps aus Früchten des Erdbeerbaums) oder einen *bagaço* (Tresterschnaps).

Zum Essen selbst bestellt man Wein (*vinho tinto*, *branco* oder *verde*) oder Bier (*cerveja*) – ein kleines frisch gezapftes ist ein *imperial*, ein großes ein *caneca*. Wasser gibt es meistens ohne Kohlensäure (*água sem gás*), wer Wasser mit Kohlensäure möchte, fragt nach *água com gás*.

Typische Lokale

Restaurants

Es gibt viele einfache, aber gute Restaurants, die für den mitteleuropäischen Geschmack nicht allzu gemütlich eingerichtet und meist mit Neonlicht beleuchtet sind. Oben in einer Raumecke läuft oft der Fernseher, und irgendwo an der Seite gibt es ein Waschbecken zum Händewaschen. Besonders einfache, oftmals gute Lo-

Essen und Trinken

Kulinarische Souvenirs
Verschiedene Mandelprodukte, Honig, Marmeladen, Gebäck, Süßes aus Feigen, Trockenfrüchte und Liköre sowie Ziegenkäse, *chouriço* (Würste) und *flor de sal* (feines Meersalz) sind typische Produkte der Algarve. Eine hochprozentige Spezialität ist der *medronho*, ein Schnaps aus den Früchten des Erdbeerbaums.
Eine Fülle an Algarve-Delikatessen wird in der **Markthalle in Loulé** angeboten. Alles ist hübsch verpackt und als Mitbringsel gut geeignet. Auch auf den **Landmärkten** (Orte und Termine s. S. 46) findet man kulinarische Souvenirs, und für den sofortigen Genuss frisch zubereitetes Spritzgebäck *(farturas)*. In der **Serra**, z. B. in Alte oder Querença, verkaufen auch Cafés oder Restaurants Produkte aus der Nachbarschaft.
Ein typisch portugiesisches Getränk ist Portwein, der allerdings in Nordportugal erzeugt wird. Eine gute Auswahl gibt es in Faro (Supermercado Garrafeira Rui, Praça Ferreira de Almeida 28) wie auch in Loulé (Garrafeira Mestra, Rua José Fernandes Guerreiro). Weine der Algarve verkauft beispielsweise die **Única – Adega Cooperativa do Algarve** in Lagoa (s. S. 153).

kale tragen Bezeichnungen wie *casa de pasto* oder *tasca*. Etwas teurer sind *restaurantes* (Restaurants), außerdem gibt es *marisqueiras*, in denen neben Fischgerichten in erster Linie Meeresfrüchte und alle Arten von Schalentieren angeboten werden. In einer *churrasqueira* bekommt man vorwiegend Grillgerichte – hauptsächlich Fleisch. Manchmal findet man auch die Zusatzbezeichnung *grelhados*, was ebenfalls eine Spezialisierung auf Grillgerichte – auch gegrillten Fisch – zu erkennen gibt. In einer *cervejaria* (Bierhaus) bekommt man ebenfalls etwas zu essen.

Cafés
Außerhalb der Restaurantzeiten geht man in Cafés, die kleine süße Törtchen und mitunter auch leckere salzige Teile *(petiscos* oder auch *salgados)* und Sandwiches anbieten. Oft gibt es hier Selbstbedienung mit *pré-pagamento*, man muss sich überlegen, was man nehmen möchte, bezahlen und erst dann erhält man auf Kassenbon das Gewünschte.

Die kleinen portugiesischen Snacks sind außerhalb Portugals bisher noch wenig bekannt und sehr zu empfehlen: zum Beispiel *pasteis de bacalhau* (frittierte Bällchen aus Kartoffelbrei, Stockfischstückchen und Zwiebeln), *chamuças* (kleine dreieckige, frittierte Teigtaschen mit einer scharfen Hackfleischfüllung), *rissois de camarão* (Teigtaschen mit Krabbenfüllung) oder *empadas* (kleine Törtchen mit Krabben- oder Hühnchenfüllung). Für den kleinen Hunger zwischendurch bekommt man jederzeit auch belegte Brötchen *(sandes com queijo* – mit Käse, *sandes com fiambre* – mit gekochtem Schinken) oder einen *prego no pão*, eine Art ›Hamburger‹.

In den *pastelarias* und *gelaterias* gibt es eigentlich nur Süßes, hier treffen sich fast ausschließlich Frauen. Andererseits gibt es Cafés, in denen nur Männer sitzen. Man kann als Touristin zwar hineingehen, wird sich ohne männliche Begleitung aber fehl am Platze fühlen. In Touristenzentren spielen diese Traditionen allerdings keine Rolle mehr.

Aktivurlaub und Sport

Angeln

Die Algarve-Gewässer eignen sich hervorragend zum Angeln, nicht von ungefähr sieht man überall auf den Seebrücken oder auf hohen Klippen Portugiesen mit langen Angeln sitzen. Man benötigt keine Angellizenz. Besonders fischreich ist die Westküste, wo es über 100 Fischarten gibt. Ein bevorzugtes Angelgebiet sind die Gewässer bei Sagres.

An der Felsküste zwischen Sagres und Vilamoura werden vielerorts Angeltouren für Anfänger und Fortgeschrittene organisiert. In Sagres kann man Angelausflüge mit der ganzen Familie unternehmen. Zum Hochseefischen werden Fahrten mit größeren Booten hinaus aufs Meer veranstaltet. Auskünfte geben die jeweiligen Touristeninformationen vor Ort, oder man erkundigt sich direkt in den Häfen (z. B. Sagres, Vilamoura, Lagos oder Portimão), wo die Anbieter ihre Stände oft nebeneinander aufgereiht haben. Ihr Angebot lässt sich so gut vergleichen.

Golf

Golf gehört zu den wichtigsten Sportarten an der Algarve, der Golftourismus ist ein wesentlicher Wirtschaftsfaktor. Immer wieder erhält die Algarve Auszeichnungen für ihre Golfplätze. Von den derzeit rund 40 Plätzen werden sieben zu den Top 100 der Welt gezählt. Wurden die Anlagen anfangs fast ausschließlich an der Südküste westlich von Faro errichtet, gibt es heute auch Plätze östlich von Faro bei Tavira und Castro Marim, und in dieser Region sind noch weitere in Planung. Golfplätze für jeden Schwierigkeitsgrad stehen zur Verfügung, außerdem kann man die unterschiedlichsten Golfplatzlandschaften auswählen. Zu den schönsten zählen die Plätze bei Quinta do Lago. Für Anfänger werden auch Kurse angeboten. Informationen im Internet unter www.portugalgolf.pt und www.portugalgolf.de.

Organisierte Ausflüge

Mit Bus und Jeep

In vielen Hotels oder in kleinen Reisebüros kann man **Busfahrten** zu Zielen an der Algarve buchen. Mehrere Anbieter haben auch Ausflüge nach Lissabon, Fátima, Sevilla und Gibraltar im Programm. Die Reisebüros an der Küste vermitteln außerdem ›Jeepsafaris‹ in das Hinterland der Algarve. Diese Fahrten sind meist mit großem Spektakel verbunden und passen gar nicht in die ruhigen, abgeschiedenen Gegenden, in denen noch weitgehend intakte Naturräume erhalten sind.

Im Osten der Algarve werden in der Saison manchmal kombinierte Touren mit Jeep und Boot angeboten. Dabei geht es im Jeep durch das Naturschutzgebiet bei Castro Marim zum Guadiana und dann weiter mit dem Boot auf dem Fluss (www.riosultravel.com).

Mit dem Boot

In Albufeira, Portimão, Lagos, Carvoeiro und Armação de Pêra starten kleine Fischerboote oder Ausflugsschiffe zu Fahrten entlang der Felsküste. Verschiedene Anbieter organisieren auch einen Bus-Shuttle von Hotels an der Küste zum Bootsanleger. Auf dem Rio Arade kann man Flussfahrten von Portimão bis Silves machen,

Aktivurlaub und Sport

auf dem Guadiana von Vila Real de Santo António flussaufwärts. In der Ostalgarve werden ab Faro, Olhão und Tavira Bootstouren durch die Ria Formosa angeboten.

Radfahren

In fast allen Orten an der Küste werden mittlerweile Fahrräder und Mountainbikes vermietet und gleichzeitig auch organisierte Touren angeboten. Per Rad durch die Landschaft ist eine der schönsten Arten, die Algarve zu erkunden. Eine geradezu idyllische Strecke, auf der man es mit nur wenig Autoverkehr zu tun hat, ist die Straße am Guadiana entlang von Foz de Odeleite in Richtung Norden bis Alcoutim.

Insbesondere das Hinterland ist in den letzten Jahren auch von Radprofis entdeckt worden, viele bereiten sich hier auf Rennen und die Radsaison vor. Wer möchte, kann die Algarve also auch richtig sportlich erfahren. Zum Mountainbiken eignet sich u. a. auch die Via Algarviana, die von Ost nach West das Hinterland durchquert (s. S. 41).

Radwege gibt es nicht, und Autofahrer sind nicht wirklich auf Radfahrer im Straßenverkehr eingestellt. Auf jeden Fall sollte man die stark frequentierten Straßen Richtung Küste meiden. Überall findet man aber leere Nebenstraßen, und weiter nördlich im Hinterland gibt es ohnehin kaum noch Autoverkehr, allerdings wird es hier schnell hügelig, teils bergig.

Relativ befahren sind die Straßen hinauf durch die Serra de Monchique nach Monchique sowie die Straßen nach Silves – insgesamt hält sich aber auch hier der Verkehr in Grenzen. Generell muss man als Radfahrer in Portugal immer mit einer gewagten Fahrweise von Autofahrern rechnen.

Ecovia do Litoral

Die markierte Ecovia do Litoral führt von Vila Real de Santo António bis zum Cabo de São Vicente, meist über Nebenstrecken parallel zur Küste, manchmal aber auch über verkehrsreichere Straßen. Die Beschilderungen werden nicht immer ausreichend gepflegt; man sollte sich daher aktuell nach schönen und gut zu befahrenden Streckenabschnitte erkundigen.

Reiten

Ausritte durch das einsame Hinterland gehören zu den unvergesslichen Erlebnissen eines Algarve-Urlaubs. Sowohl in Küstennähe als auch im Hinterland gibt es verschiedene *centros de equitação* oder *centros hípicos*, Reitställe und Reitschulen. Meistens werden sowohl Unterricht als auch Ausritte angeboten. Auch einige Hotels haben Reiten im Programm, und den Gästen von ländlichen Unterkünften der gehobeneren Kategorie stehen mitunter auch Pferde zur Verfügung. Auskünfte über aktuelle Adressen von Reitställen geben die Touristeninformationen.

Internettipps für den Aktivurlaub
www.wandern-mit-uwe.de: Geführte Wanderungen in der Serra de Monchique.
www.outdoor-tours.com: Outdooraktivitäten in der Serra de Monchique.
www.fun-river.com: Aktivitäten in der Ostalgarve, Bootstouren auf dem Guadiana, Fahrrad- und Kajakvermietung.
www.marilimitado.com: Fische, Wale, Delfine und Vögel beobachten.
www.sagressurfcamp.com: Surf- und Bodyboardunterricht in Sagres, außerdem auch Surfcamps.

Reiseinfos

Segeltörns

Segeltörns werden vor allem entlang der Südküste angeboten. Die Veranstalter organisieren Halbtages- und Ganztagestouren, die in Armação de Pêra, Portimão, Alvor, Lagos, Sagres, Albufeira und Vilamoura ablegen.

Surfen und Windsurfen

Die Strände der Westküste sind ideal für erfahrene **Surfer.** Für Anfänger gibt es Schulen, u. a. an der Praia do Amado bei Carrapateira. Für Kinder ist diese Region ungeeignet. Sie können an der weniger wilden Südküste mit Buggyboards den Umgang mit Wellen üben. Die westliche Südküste ist gleichfalls zum Wellenreiten geeignet – und zum Lernen (www.surfing-algarve.com).

Gute Bedingungen zum **Windsurfen** gibt es insbesondere an der Meia Praia bei Lagos, an der Praia da Galé westlich von Albufeira und an der Praia da Falésia bei Vilamoura. Viele Hotels vermieten Bretter, an den großen Stränden gibt es auch Surfschulen mit Brettverleih.

Tauchen und Schnorcheln

Zum Tauchen und Schnorcheln eignet sich der westliche Abschnitt der Südküste am besten, besonders gut sind dafür windgeschützte Buchten, wie die Praia de Porto de Mós bei Lagos oder die Praia da Galé westlich von Albufeira. In allen größeren Orten gibt es Tauch- und Schnorchelschulen, mit deutschsprachigem Lehrer u. a. bei Lagos. An der Küste vor Portimão, auf der Höhe von Alvor, wurde mit dem **Ocean Revival** Europas größter Unterwasserpark angelegt. Hier wurden mehrere Schiffe versenkt, die man beim Wracktauchen erkunden kann (www.facebook.com/oceanrevival.org).

Wandern

Wandern wird an der Algarve immer beliebter. Viele Portugiesen haben das Wandern in der Natur für sich entdeckt und auch Algarve-Touristen kommen

Vor allem die Westküste ist ein beliebtes Revier der Wellenreiter

Aktivurlaub und Sport

zunehmend auf den Geschmack. Sowohl im Hinterland als auch an der Küste lassen sich kleinere oder auch ausgedehnte Wanderungen unternehmen. Mittlerweile gibt es relativ viele markierte Wege, ausgearbeitete Routen und Routenbeschreibungen, weitere sollen folgen. Die Touristeninformationen an der Algarve haben einen spiralgebundenen Wanderführer mit Routen, die das ganze Gebiet der Algarve abdecken.

Zuverlässig ausgeschildert sind die Wanderwege, die die Vereinigung Odiana beschreibt. Odiana hat im Osten der Algarve ein Wegenetz ausgearbeitet, auf dem man manchmal auch Infos über die Region erhält (Odiana, Castro Marim, www.odiana.pt).

Via Algarviana

Der Wanderweg von ca. 240 km Länge wurde auf Initiative des Naturschutzvereins Almargem auf bestehenden Landstraßen und Waldwegen angelegt. Die Via Algarviana verläuft durch das Hinterland der Algarve und führt vom Cabo de São Vicente im Westen bis zum Guadiana im Osten durch schöne Landschaften, vorbei an Aussichtspunkten und an kulturell bedeutsamen Orten. Der Weg ist in Abschnitte von je 15–30 km unterteilt, am Ende jeder Etappe sollen Pensionen und Restaurants entstehen, sodass man nicht mehr als 30 km am Tag wandern muss. Derzeit muss man selbst genügend Proviant mitnehmen (www.viaalgarviana.org.).

Rota Vicentina

Dieser Wanderweg führt größtenteils durch den nördlich an die Algarve angrenzenden Alentejo und weiter die gesamte Algarve-Westküste, von der Costa Vicentina über Odeceixe bis zum Cabo de São Vicente. Auf einer Gesamtlänge von 340 km wurden

Wanderführer für die Algarve
Ulrich Enzel: Algarve. Die schönsten Tal- und Höhenwanderungen, Ottobrunn 2004 (Rother Wanderführer).
Julie Statham: Lasst uns wandern! VIP 2002. Den Führer mit 20 leichten Wanderungen erhält man im Buchhandel an der Algarve.
www.algarveguide.de: Wanderempfehlungen im Internet.

historische Transportpfade und alte Fischerwege mit blau-grünen Querstrichen markiert und so für Wanderer kenntlich gemacht. Manche Streckenabschnitte verlaufen etwas von der Küste entfernt im Landesinnern, andere direkt auf der Steilküste über dem Meer. Man wandert durch fantastische Landschaften und hört unter sich das Meer, es geht durch kleine Wälder, durch grüne Flusstäler und Macchia. Für mehrtägige Touren stehen etliche Übernachtungsmöglichkeiten zur Verfügung, zumeist in schönen kleinen Häusern inmitten der Landschaft, Restaurants am Wegesrand laden zum Einkehren ein. Man kann eine lange Strecke von Haus zu Haus wandern oder sich in einer Unterkunft einmieten und von dort aus Wanderungen unternehmen (www.rotavicentina.com und www.casasbrancas.pt).

Eselwandern

Auch mit Eseln kann man die Westküste erkunden. Die Tiere tragen das Gepäck oder den Picknickkorb – oder Kinder, die nicht mehr gehen wollen. Die Touren verlaufen ebenfalls auf den alten Transport- und Fischerwegen der **Rota Vicentina**, auf der **Via Algarviana** und durch die **Serra de Monchique** (www.eselwandern-algarve.blogspot.com).

Feste und Veranstaltungen

Das Fest- und Veranstaltungsprogramm der Algarve ist überraschend umfangreich. Im Rahmen verschiedener Musikfestivals kommen auch weltweit bekannte Künstler auf die Algarve-Bühnen – hervorragende Jazz-, Rock-, Popmusiker treten auf, es gibt gute klassische Konzerte und auch solche namhafter brasilianischer und portugiesischer Musiker. Noch in der kleinsten Algarve-Stadt sind Open-Air-Bühnen und Veranstaltungsräume zu finden. Ein Blick in die aktuellen Veranstaltungsmagazine genügt, will man einen Eindruck von der kulturellen Vielfalt bekommen.

Feste und Traditionen

In jedem Monat stehen Feste an, oft im Sommer, aber auch schon in den ersten Monaten des Jahres finden zahlreiche traditionelle algarvische Dorffeste statt. Im Februar und März geht es mit **Karnevalsfestivitäten** los. Besonders bekannt sind die Straßenumzüge in Loulé mit fantastischen Kostümierungen und brasilianischen Sambagruppen. Im Februar gibt es in Loulé das **Mandelblütenfest**. Ebenfalls in Loulé wird am zweiten Sonntag nach Ostern Nossa Senhora da Piedade einen Prozessionsweg hinauf zu einer kleinen Wallfahrtskapelle getragen, danach wird die **Mãe Soberana** (Himmelskönigin) in einem schwungvollen Volksfest gefeiert. Zum Maibeginn gibt es in Alte die Festa da Grande Fonte mit Picknick, Umzügen und Tanz. Im Mai folgt in dem Bergdorf Salir ein **Ährenfest**.

Romarias

In den Sommermonaten finden Feiern zu Ehren der Schutzheiligen der Algarve-Städtchen statt. Zu allen diesen Festen gehören die *marchas populares* (Umzüge), Musik und Tänze der jeweiligen Gegend, außerdem regionstypisches Essen. Den Festen für die lokalen Heiligen liegen meist uralte Bräuche zugrunde, oft verstecken sich hinter Wallfahrten für einen katholischen Heiligen vorchristliche Kulte.

Portugal ist ein sehr katholisches Land, wobei Kirche und Staat allerdings voneinander getrennt sind, d. h. es wird keine Kirchensteuer abgeführt, Geistliche werden von der Gemeinde finanziert, Hochzeiten, Taufen und Begräbnisse größtenteils privat bezahlt. In Nordportugal hat die katholische Kirche eine wesentlich größere Bedeutung als in Lissabon, dem Alentejo oder der Algarve. Marienverehrung und Heiligenkult sind aber überall weit verbreitet. Die Schutzheiligen spielen auch heute noch im Alltag vieler Portu-

---

Infos zu Veranstaltungen
In dem deutschsprachigen Algarve-Magazin **»Entdecken Sie Algarve«** gibt es einen sehr übersichtlichen Veranstaltungskalender des laufenden Monats. Hier findet man die Termine von Festen, Fado- und Sportveranstaltungen, bis hin zu Märkten, Theater und Kino (in Zeitschriften- und Souvenirläden erhältlich).
Auf der Website **www.algarve-portal.com** werden diverse aktuelle Hinweise für den jeweiligen Monat und die nächste Woche gegeben. Auskünfte zu Veranstaltungen erhält man zudem in den Touristeninformationen, und auf **www.visitalgarve.pt** kann man die Veranstaltungsbroschüre **»Guia Algarve«** herunterladen.

Feste und Veranstaltungen

Brasilien an der Algarve: Karneval in Loulé

giesen eine Rolle. Man trifft häufig auf Kapellen mit einem Heiligenbildnis wie z. B. die Nossa Senhora dos Aflitos in Olhão, die um Genesung, Kindersegen und Schutz der Männer auf hoher See gebeten wird. Auch die Kapellen der Nossa Senhora da Piedade in Loulé und die der Nossa Senhora da Rocha bei Armação de Pêra werden häufig aufgesucht.

Festa dos Chouriços in Querença

Viele Algarve-Feste stehen im Zeichen eines typischen regionalen Produkts. So auch die Festa dos Chouriços, die im Januar auf dem hübschen Kirchplatz von Querença gefeiert wird. *Chouriço* ist eine leckere portugiesische Wurst und mit dem Wurstfest wird São Luís, der Schutzpatron der Tiere, geehrt. Bei dem Fest müssen die Bewohner dem Heiligen traditionsgemäß eine Wurst darbieten. Sie erbitten damit Schutz für ihre Tiere. Das Fest wird von einer Prozession durch Querença begleitet, anschließend gibt es Musik und Tanz.

Sardinhada

Im August wird in der Sardinenstadt Portimão eine *sardinhada*, ein großes Sardinenfestival – das größte der Algarve – gefeiert. Passenderweise spielt sich alles am Flussufer ab. In mehreren Restaurants werden Festivalmenüs angeboten: sechs Sardinen mit Salat und Brot. Sardinenfischer zeigen, wie die gefangenen Sardinen traditionell von den Fischerbooten über Körbe an Land geladen wurden. Auch ein Sardinenkönig wird gekrönt, der *Papa Sardinhas*, der sich dadurch

Reiseinfos

auszeichnet, dass er in kürzester Zeit große Mengen an Sardinen verspeisen kann. Um die 50 Sardinen in 15 Minuten müssen es schon sein, will man König werden.

Wobei für den Sardinenkönig wie für das gemeine Volk inklusive Touristen gilt: Sardinen darf man ohne Messer und Gabel essen – der Fisch wird auf ein Stück Brot gelegt, die Haut auf beiden Seiten mit Daumen und Zeigefinger vorsichtig abgezogen und das leckere Fleisch mit den Fingern abgenommen. Anschließend kann man das Brot mit dem Sardinensud verspeisen. Beiprogramm zum Sardinenfestival: Folkloredarbietungen, Kinderprogramme und Kunsthandwerksmarkt.

Nachtleben

Wer nicht gerade die Einsamkeit sucht und auch abends gern etwas unternimmt, sollte sich in dem mittleren Abschnitt der Südküste zwischen Faro und Lagos eine Unterkunft suchen. In Orten wie Lagos, Albufeira, Vilamoura, Armação de Pêra oder Praia da Rocha gibt es eine riesige Auswahl an Restaurants, Kneipen und Clubs. Bekannt für ihr ausgeprägtes Nachtleben sind vor allem Albufeira und Praia da Rocha. Portugiesische Nächte beginnen sehr spät, normalerweise erst gegen 23.20 Uhr, und ziehen sich bis in die frühen Morgenstunden.

Festkalender

Januar
Festa dos Chouriços (Wurstfest): Mitte Jan., in Querença (s. S. 43).

Februar/März:
Karneval: in Loulé mit einem großen Umzug, ebenso in Algoz, Alte, Castro Marim, Martinlongo, Moncarapacho, Monte Gordo, Paderne, Portimão, São Bartolomeu de Messines, Tavira und Vila Real de Santo António.
Mandelblütenfest: in Loulé (s. S. 205).

März/April
Osterprozession: in vielen Orten an der Algarve.
Mãe Soberana (Fest der Himmelskönigin): Ostersonntag und zweiter Sonntag nach Ostern in Loulé (s. S. 205).

Mai
Festa da Grande Fonte (Fest der großen Quelle): 1. Mai in Alte (s. S. 225).
Festa das Espigas (Ährenfest): in Salir.

Juni
Santo António: 13. Juni, in Faro.
São João: 24. Juni, in Castro Marim, Faro und Tavira.

Juli
Nossa Senhora do Carmo: 17. Juli, in Fuseta.
Bierfest: Mitte Juli, in Silves.

August
Festival do Marisco (Meeresfrüchtefest): erste Hälfte Aug., in Olhão (s. S. 241).
Sardinhada (Sardinenfestival): erste Hälfte Aug., in Portimão (s. S. 43).

September
São Miguel: 29. Sept., Fest zu Ehren des Schutzherrn der Feigen in Olhão.

Oktober
Nossa Senhora do Amparo: Anfang Okt., Fest in Portimão.

Reiseinfos von A bis Z

Apotheken

Reguläre Öffnungszeiten: Mo–Fr 9–13 und 15–19 Uhr, Sa 9–13 Uhr. Die Apotheken organisieren auch einen Notdienst rund um die Uhr. Welche Apotheke (*farmácia*) Notdienst hat, ist den Tageszeitungen oder den Aushängen an den Apotheken zu entnehmen.

Ärztliche Versorgung

In jedem größeren Ort gibt es ein Gesundheitszentrum (*centro de saúde*), Behandlungen müssen dort direkt bar bezahlt werden. Größere Krankenhäuser gibt es in Faro, Tavira, Lagos, Portimão und São Brás de Alportel. Das private Hospital Particular do Algarve mit Sitz u. a. in Faro, Albufeira und Vilamoura, Tel. 707 28 28 28, hat eine 24-Stunden-Ambulanz.

Deutschsprachige **Ärzte und Zahnärzte** gibt es in Albufeira, Quinta do Lago, Carvoeiro, Lagos, Loulé und Almancil (u. a. Deutsche Arztpraxis Carvoeiro, Rua do Barranco 2, 24-Std.-Notdienst: Tel. 962 61 85 88; Dr. Axel Geiger, Zahnarzt, Carvoeiro, Tel. 282 35 0300, Notdienst: Tel. 965 09 63 75). In jedem Fall muss man sich über bezahlte Behandlungen eine Quittung ausstellen lassen, um das Geld zu Hause von der Krankenversicherung erstattet zu bekommen.

Gesetzlich versicherten EU-Bürgern genügt im Allgemeinen die europäische **Krankenversicherungskarte** (EHIC), die man bei seiner Krankenkasse erhält. Wichtig ist eine zusätzliche private Auslandskrankenversicherung, die im Fall der Fälle die Kosten für einen Krankenrücktransport übernimmt, der bei der gesetzlichen Krankenkasse nicht inbegriffen ist.

Diplomatische Vertretungen

Deutsche Botschaft (in Lissabon)
Campo dos Mártires da Pátria 38
1169-043 Lisboa
Tel. 218 81 02 10
info@lissabon.diplo.de
www.lissabon.diplo.de

Deutsches Honorarkonsulat
Praceta Infante D. Henrique 4 B
8000-123 Faro
Tel. 289 80 31 48/81
Fax 289 80 13 46
www.honorarkonsul-faro.de

Österreichisches Honorarkonsulat
Beco de Gil Vicente 4 r/c
8200-009 Albufeira
Tel. 289 51 28 78
consul.austria.algarve@hotmail.com
www.bmeia.gv.at

Schweizer Botschaft
Travessa do Jardim 17
1350-185 Lisboa
Tel. 213 94 40 90
Fax 213 95 59 45
www.eda.admin.ch/lisbon

Elektrizität

Die Stromspannung beträgt 220 Volt. Normalerweise gibt es Euronorm-Stecker mit zwei runden Stiften, nur in ganz seltenen Fällen braucht man einen Adapter.

Feiertage

Aufgrund der Wirtschaftskrise wurden 2013 für zunächst fünf Jahre vier von insgesamt 14 Feiertagen gestrichen: der Dia da República (Tag der Repu-

Reiseinfos

blik, 5. Okt.) und der Unabhängigkeitstag (1. Dez.) sowie die kirchlichen Feiertage Fronleichnam (Mai/Juni) und Allerheiligen (1. Nov.).
1. Januar: Neujahrstag
Februar/März: Karnevalsdienstag
März/April: Karfreitag
25. April: Dia da Liberdade (Nationalfeiertag zum Gedenken an die Nelkenrevolution am 25. April 1974)
1. Mai: Tag der Arbeit
10. Juni: Dia de Portugal (Nationalfeiertag zum Todestag des Dichters Luís de Camões)
15. August: Mariä Himmelfahrt
8. Dezember: Fest der unbefleckten Empfängnis
25. Dezember: Weihnachten

Geld

Die portugiesische Währung ist der Euro.

Alle gängigen Kreditkarten werden in Portugal akzeptiert, verbreitet sind Visa, Diners Club und American Express. Mit Kreditkarte kann man in größeren Geschäften und Läden internationaler Ketten, in größeren Hotels, in Restaurants der gehobenen Kategorie und bei Autovermietern zahlen.

In den Städten und Touristenzentren gibt es Multibanco-Automaten, an denen man mit Kreditkarten und Girokarten Geld abheben kann, wofür normalerweise jedes Mal Gebühr berechnet wird, sodass man jeweils möglichst viel abheben sollte. Die Anweisungen in den Automaten sind mehrsprachig, in der Regel auch deutsch.

Bei Verlust der Geld- oder Kreditkarte kann man die Karte unter Tel. +49 116 116 sperren lassen. Unter dieser Telefonnummer lassen sich auch verloren gegangene Karten für Mobiltelefone sperren.

Internet

In Hotels sowie vielen Cafés und Restaurants gibt es WLAN (in Portugal meist WiFi). Reine Internetcafés sind seltener geworden, Adressen erfährt man in den Touristeninformationen.

Auch viele Kommunen bieten Internetzugang an, was günstiger ist, aber mit Wartezeiten verbunden sein kann.

Kinder

Die Algarve bietet sich für einen Familienurlaub schon allein wegen des hervorragenden Wetters an. Bei der Ortswahl ist allerdings einiges zu berücksichtigen: Die Westküste ist sehr rau, Baden ist für Kinder dort nur direkt am Wassersaum möglich und nur, wenn der Boden ganz sacht abfällt. Geeignet ist z. B. die Praia da Bordeira bei Carrapateira mit einer flachen Lagune. Der Atlantik ist für Kinder zum Baden gefährlich, aber es gibt genügend geeignete schöne Strände, z. B. auf Inseln wie der Ilha da Tavira, gut sind auch die weiten Sandstrände bei Monte Gordo oder die Strände von Luz und Salema.

Landmärkte

Die Landmärkte haben wechselnde Standorte, meist findet man sie am Ortsrand. Eine Auswahl:
1. Samstag im Monat: Lagos
1. Sonntag im Monat: Almancil, Moncarapacho
1. Montag im Monat: Portimão
1. Dienstag im Monat: Albufeira
1. Donnerstag im Monat: Fuseta
2. Sonntag im Monat: Estói
2. Freitag im Monat: Monchique
3. Samstag im Monat: Tavira
3. Montag im Monat: Silves, Aljezur
3. Donnerstag im Monat: Alte

4. Sonntag im Monat: Almancil, Pereiro (Alcoutim)
4. Montag im Monat: Odiáxere (Lagos), São Bartolomeu de Messines

Medien

Radio und TV
Das portugiesische Fernsehen hat die Programme des staatlichen Senders RTP (Rádio-Televisão Portuguesa) und die privaten bzw. halbprivaten TVI (Televisão Independente) und SIC (Sociedade Independente de Comunicação) und diverse kleinere private Sender. Via Satellit empfängt man in Hotels und vielen Pensionen ausländische Sender. Neben dem staatlichen Rundfunksender RDP (Rádiodifusão Portuguesa) mit Antena 1, 2 und 3 gibt es die privaten Sender RFM, Rádio Renascença und Rádio Comercial sowie etliche kleine lokale Sender. Deutsches Radio empfängt man über die Deutsche Welle, deren aktuelle Sendefrequenzen und Programme man bei der Deutschen Welle, 53113 Bonn, Tel. 0228 42 90, www.dw-world.de erfährt.

Zeitungen und Zeitschriften
Internationale und deutsche Zeitungen und Zeitschriften erhält man in den großen Ferienorten. Ein gutes deutschsprachiges Magazin über die Algarve ist »Entdecken Sie Algarve«, in dem auch aktuelle Veranstaltungshinweise gegeben werden. Die großen portugiesischen Tageszeitungen sind »Diário de Notícias«, »Público« und »Jornal de Notícias«, außerdem gibt es die Wochenzeitschriften »Expresso« und »Visão« sowie die Wochenmagazine der drei Tageszeitungen.

Notruf

Allgemeiner Notruf: Tel. 112 (Polizei, Krankenwagen, Feuerwehr)
Pannenhilfe: Euroscut Pannenhilfe auf der Via do Infante, Tel. 808 201 301
Kartensperrdienst: Tel. +49 116 116

Sightseeing an der Algarve – im Frühjahr, wenn alles blüht, besonders angenehm

Reiseinfos

Öffnungszeiten

Geschäfte: Die meisten Läden öffnen um 9 oder 9.30 Uhr, schließen über Mittag (12.30 bis 14.30/15 Uhr) und haben dann bis 19 Uhr geöffnet. Einkaufszentren haben durchgehend bis 21/22 Uhr geöffnet, Geschäfte in großen Shoppingzentren teilweise bis 24 Uhr.
Banken: Die Bankschalter sind meist zwischen 9 und 15 Uhr geöffnet.
Tourismusämter, Post und Museen: Die Öffnungszeiten sind ca. von 9.30 bis 12.30 und 15 bis 18 Uhr.
Cafés und Restaurants: Als Erstes öffnen morgens die kleinen Cafés, dort bekommt man etwa ab 8 Uhr einen Kaffee, und meist haben sie durchgängig bis 22 Uhr geöffnet. Restaurants haben etwa von 12.30 bis 15 Uhr und 19 bis 22 Uhr geöffnet.
Feiertage: An gesetzlichen Feiertagen bleiben in ganz Portugal Poststellen, Banken, viele Museen, häufig auch Touristeninformationen und die meisten Geschäfte geschlossen.

Post

Ein **Postamt** *(correio* oder *CTT)* gibt es in jedem etwas größeren Ort. Man bekommt hier Briefmarken *(selos)* für Postkarten *(postal,* pl.: *postais)* und Briefe *(carta);* von Postämtern aus kann man auch ein Fax *(fax)* schicken oder teilweise auch telefonieren und Telefonkarten *(cartão de telefone)* kaufen.

Briefmarken werden auch in Tabakläden, an Kiosken und in kleineren Geschäften mit dem Postzeichen verkauft. Die normale Post dauert innerhalb Europas 3–7 Tage, die teurere blaue Expresspost *correio azul* nur 2–3 Tage. Rote Briefkästen sind für Normalpost bestimmt, blaue Briefkästen für Expresspost.

Reisekasse und Preise

Portugal liegt im Schnitt etwas unter dem Preisniveau in Deutschland. Innerhalb der Algarve gibt es allerdings große Unterschiede – in den touristischen Zentren kann man mit mitteleuropäischen Preisen rechnen, in abgelegenen Gebieten liegen die Preise teilweise weit darunter.

Übernachtung

Wer möchte, kann einen Algarve-Urlaub günstig gestalten. Es gibt viele preiswerte und einfache Privatunterkünfte, in denen man ein Doppelzimmer ab 20 € bekommt. Preise und Komfort können ansonsten – je nach Wünschen – auch sehr hoch liegen.

Eintrittspreise

Seit einiger Zeit muss man an der Algarve für die Besichtigung interessanter Kirchen Eintritt bezahlen; dazu gehört beispielsweise die bekannte Kirche São Lourenço in Almancil. Oft hat man sich wirklich etwas einfallen lassen, um Eintrittsgelder für einen Sakralbau nehmen zu können, z. B. lässt sich manche Kirche nur in Verbindung mit einem Museumsbesuch besichtigen (Kirche Santo António/Museu Municipal in Lagos). Allerdings ist der Eintritt von ca. 2 € nicht besonders hoch. Auch ein Museumsticket kostet an der Algarve im Allgemeinen nicht mehr als 3 oder 4 €. Angesichts der insgesamt sehr niedrigen Eintrittspreise ist es verständlich, dass es – wenn überhaupt – nur in größeren Museen Kombitickets oder andere Vergünstigungen gibt. In den deutlich teureren Freizeit- und Badeparks sind Familienkarten erhältlich.

Lebensmittel und Restaurants

Essen zu gehen ist generell relativ preisgünstig. Selbstversorger, die im

Reiseinfos von A bis Z

supermercado oder in den großen *hipermercados* einkaufen, stehen sich nicht wesentlich besser. In den Geschäften findet man vielfach mitteleuropäische Preise. In guten einfachen Restaurants zahlt man für ein Hauptgericht ab 8 € aufwärts (ohne Vor- und Nachspeise und Getränk).

Öffentliche Verkehrsmittel
Sie sind allgemein sehr günstig, eine Fahrt mit dem Schnellbus von Faro nach Lissabon z. B. kostet um 20 €.

Reisen mit Handicap
Urlaub an der Algarve ist für Reisende mit Behinderungen nach wie vor mit einigen Schwierigkeiten verbunden. Nur wenige, meist teurere Hotels sind behindertengerecht gebaut. Straßen und Fußwege in den Orten sind oft uneben, Zugänge zu Stränden nicht behindertengerecht.

Sicherheit
Die Algarve ist generell eine sichere Reiseregion. Beim Parken sollte man allerdings darauf achten, dass nichts im Auto liegen bleibt, und das Handschuhfach offen lassen.

Telefonieren
Telefonieren kann man in Postämtern und in öffentlichen Telefonzellen. Die meisten Telefonzellen sind Credifone-Zellen, von denen man auch internationale Gespräche mit Telefonkarten führen kann. Telefonkarten *(cartão de telefone)* erhält man in Postämtern oder in Kiosken, Zeitungsläden und Cafés mit einem Postzeichen.
Mobil telefonieren: In Portugal gibt es mehrere Netzbetreiber, die wichtigsten sind MEO, Vodafone und

---

Reisekosten & Spartipps
Ausgehen: In einem normalen Stadtcafé kosten ein Espresso 0,55 €, ein Milchkaffee 1,20 €, ein frisch gepresster Orangensaft 2 €, eine Coca-Cola 1,40 €, ein kleines Bier 1,50 €.
Benzinpreise: Benzin – *gasolina s/chumbo 95* ca. 1,37 €, *s/chumbo 98* ca. 1,50 €.
Verkehrsmittel: EVA Transportes bietet ein Touristenticket für drei Tage oder sieben Tage an, mit dem man die gesamte Algarve abfahren kann (s. S. 27).
Übernachten: Doppelzimmer kann man ab 20 € bekommen.

NOS. Die Roaming-Gebühren richten sich nach der neu gefassten EU-Verordnung.
Vorwahlen: Nach Deutschland wählt man 0049, nach Österreich 0043, in die Schweiz 0041, danach entfällt die erste 0 der Ortskennzahl bzw. der Mobilfunknummer. Für Gespräche mit dem eigenen Mobiltelefon innerhalb Portugals wählt man zunächst die portugiesische Länderkennung 00351, gefolgt von der in Portugal üblichen neunstelligen Teilnehmernummer.

Trinkgeld
Ein Trinkgeld von 5–10 % gibt man im Restaurant, in Hotels, Gepäckträgern, Taxifahrern etc. In Cafés und Restaurants ist ein unkompliziertes Vorgehen üblich. Man legt den zu zahlenden Betrag auf den kleinen Teller mit der Rechnung, wartet auf das Wechselgeld und lässt dann vom Wechselgeld einen Restbetrag liegen oder legt noch etwas dazu. Wenn man im Café nur ein Getränk zu sich nimmt, lässt man beim Weggehen eine kleine Münze auf dem Tisch liegen.

Panorama – Daten, Essays, Hintergründe

Wind und Wellen haben aufregende Steinformationen an der Felsalgarve geschaffen

Steckbrief Algarve

Daten und Fakten
Lage: Die Algarve ist eine der elf historischen Provinzen Portugals. Sie liegt im Süden des Landes und ist die südwestlichste Region Europas. Im Norden grenzt sie an die Provinz Baixo Alentejo, im Osten an das spanische Andalusien, im Süden und Westen bildet der Atlantik die Grenze.
Geografische Daten: Portugal hat eine Fläche von 91 906 km², die Algarve nimmt 4988 km² ein. Von Ost nach West misst die Algarve ca. 135 km, die Nord-Süd-Ausdehnung liegt zwischen 27 und 50 km. Die Algarve-Küste ist insgesamt ca. 200 km lang. Der höchste Berg, die Fóia, ragt 902 m auf.
Einwohner: Rund 450 000 Menschen leben an der Algarve.
Ausländer: ca. 65 000
Größte Städte: Mit jeweils über 50 000 Einwohnern Faro und Portimão.
Amtssprache: Portugiesisch
Währung: Euro
Zeitzone: WEZ (MEZ −1 Std.)
Vorwahl: 00351
Name: Im Portugiesischen ist *o Algarve* männlich, **der** Algarve müsste es demnach also heißen. Im Deutschen ist die weibliche Form, **die** Algarve, üblich, und so wird es auch in diesem Reiseführer gehandhabt. Die Bezeichnung Algarve hat sich aus dem arabischen *al-gharb* (der Westen) entwickelt: Die Algarve lag vom 8. bis 13. Jh. im äußersten Westen des arabischen Reiches.

Geografie und Natur
Der westliche Teil der Algarve-Küste zwischen Faro (Quinta do Lago) und Sagres wird als Felsalgarve oder Barlavento (den Winden zugewandte Luvseite), der östliche Teil von Faro bis zur Guadiana-Mündung als Sandalgarve oder Sotavento (Leeseite) bezeichnet. Die Algarve ist in den Sommermonaten immer wieder von Wald- und Flächenbränden betroffen. Verheerende Brände gab es vor allem in den Jahren 2003 und 2004. Insbesondere im Monchique-Gebirge standen große Gebiete in Flammen.

Geschichte
An den Küsten der Algarve gründeten Phönizier Handelsniederlassungen. Im 2. Jh. v. Chr. wurde die Algarve Teil der römischen Provinz Hispania ulterior, im 5. Jh. n. Chr. richteten Westgoten einen christlichen Bischofssitz in Faro ein. 500 Jahre lang lag die Algarve unter maurischer Herrschaft. Die portugiesischen Entdeckungsreisen im 15./16. Jh. erhielten von der Algarve-Region wichtige Impulse.

Staat und Verwaltung
Die Algarve ist deckungsgleich mit dem Verwaltungsdistrikt Faro, einem von 18 Distrikten in Portugal. Distrikthauptstadt ist Faro. Der Distrikt Algarve ist in 16 Landkreise *(conselhos)* und 77 Gemeinden *(freguesias)* eingeteilt.

Die beiden wichtigsten Parteien sind PSD (Partido Social Democrático) und PS (Partido Socialista). Beide Bezeichnungen sind für Deutsche irreführend. Der PSD ist eine liberal-konservative, keine sozialdemokratische Partei, der PS eine sozialdemokratische und keine sozialistische. Der PS wurde 1973 von Mário Soares im deutschen Exil in Bad Münstereifel mit Unterstützung der SPD gegründet. Der Partido Popular (PP) verfolgt eine konservativ-populistische Politik. Portugals älteste Partei ist der Partido Comunista Português (PCP), 1921 gegründet und während der Salazar-Diktatur verboten. Seit 1982 gibt es eine grüne Partei, Partido Ecologista Os Verdes (PEV) oder einfach Os Verdes oder Partido Verde, die aus einer kommunistisch geprägten, ökologischen Bewegung hervorgegangen ist. Im portugiesischen Parlament ist außerdem der Bloco de Esquerda vertreten, ein Linksblock, der der Globalisierung und der Europäischen Union kritisch gegenübersteht.

Seit den Parlamentswahlen 2015 regiert eine Koalition aus PS, Bloco de Esquerda und CDU, einem Wahlbündnis aus Kommunisten und Grünen. Ministerpräsident ist António Costa (PS). Staatspräsident ist seit 2016 der Jura-Professor und Publizist Marcelo Rebelo de Sousa (PSD).

Wirtschaft und Tourismus

Die wichtigsten Wirtschaftszweige sind Tourismus, Fischerei, Land- und Forstwirtschaft. Bis in die 1960er-Jahre lebte man an der Küste vom Fischfang. Heute ist der Tourismus Haupteinnahmequelle.

Tourismus: Von den etwa 2 Mio. Touristen, die pro Jahr Urlaub in der Algarve machen, kommen rund 280 000 aus Deutschland; Deutsche sind hier nach Briten und Spaniern am häufigsten anzutreffen. Gäste aus Großbritannien machen traditionell mehr als die Hälfte der Urlauber aus, Spanier kommen oft als Tagestouristen in den östlichen Teil der Algarve.

Agrarprodukte: Die Produktion von Oliven, Feigen und Mandeln ist zurückgegangen. Heute werden hauptsächlich Zitrusfrüchte, Johannisbrot, Eukalyptus und Kork produziert. 90 % aller portugiesischen Zitrusfrüchte kommen aus der Algarve. Johannisbrot wird nach Japan, Holland und in die USA exportiert.

Fischerei: An den Küsten der Algarve vollzieht sich ca. 30 % des portugiesischen Fischfangs. Während früher hauptsächlich Thunfisch und Sardinen gefangen wurden, hat man sich nach dem Ausbleiben der Thunfischströme vor allem auf Sardinen beschränkt.

Bevölkerung, Sprache und Religion

Die Bevölkerungsdichte beträgt im Schnitt 89 Einw./km² (in Gesamt-Portugal 114,5 Einw./km², in Deutschland 231 Einw./km²). Die Unterschiede sind allerdings beträchtlich: An der Südküste und in den Städten ist die Dichte hoch (Olhão 345 Einw./km², Faro 310 Einw./km², Vila Real de Santo António 311 Einw./km², Portimão 303 Einw./km²), in abgelegenen Regionen wesentlich geringer (in Alcoutim 4,8 Einw./km², in Aljezur 17,8 Einw./km² und in Monchique 14,7 Einw./km²).

An der Algarve wird das sogenannte *algarvio* gesprochen, das etwas breiter klingt als das in Lissabon und Coimbra gesprochene Portugiesisch.

94,5 % der Bevölkerung sind römisch-katholisch. Anders als in Nordportugal wird der Katholizismus nur in Maßen praktiziert. Eine große Rolle spielt jedoch die Verehrung von Schutz- und Ortsheiligen.

Geschichte im Überblick

Frühgeschichte

Ab 5000 Früheste kulturelle Spuren sind Zeugnisse der Megalithkultur. Ein paar Dolmen, die bisher kaum erforscht sind, gibt es in den Bergregionen der Algarve. Am Fuß der Serra de Monchique ist mit den Túmulos de Alcalar eine 5000 Jahre alte Nekropole erhalten.

3. Jt. v. Chr Iberer aus Nordafrika setzen auf die Iberische Halbinsel über und lassen sich im Süden nieder.

1. Jt. v. Chr. Um 700 erreichen von Norden kommende keltische Stämme die Iberische Halbinsel. Allmählich vermischen sich die keltischen und iberischen Siedler – knapp 40 keltiberische Stämme, die als Lusitanier bezeichnet werden, bevölkern die Iberische Halbinsel. Im 1. Jt. dringen phönizische Seefahrer und Händler an die südportugiesische Küste vor und treiben Handel mit Zinn und Bernstein. Einige Küstenorte der Algarve gehen auf kleine Niederlassungen zurück, die die Phönizier an geschützten Stellen gründen. Ab 500 kommen auch Griechen, um 450 Karthager an die Küsten der Iberischen Halbinsel.

Von den Römern bis zur Völkerwanderung

218 v. Chr. Die Römer fallen auf der Iberischen Halbinsel ein. Die Lusitanier werden besiegt, ihr Gebiet wird in die römische Provinz Hispania ulterior eingegliedert. Unter der Führung des Lusitaniers Viriatus setzen sie sich gegen die römische Fremdherrschaft zur Wehr. Viriatus, der bis heute als Nationalheld Portugals gilt, wird 139 v. Chr. ermordet.

27 v. Chr. Unter Kaiser Augustus wird Hispania ulterior in die Provinzen Lusitania und Baetica geteilt. Baetica entspricht in etwa dem heutigen Andalusien, Lusitania dem heutigen Portugal bis zum Fluss Douro in Nordportugal.

ab 411 n. Chr. Sueben, Vandalen und Alanen dringen in die römische Provinz ein, Alanen und Vandalen ziehen bis an die Algarve. In der ersten Hälfte des 5. Jh. werden sie von den Westgoten vertrieben. Die Westgoten errichten einen ersten christlichen Bischofssitz in Faro und nennen die Stadt Santa Maria de Ossonoba. Hauptstadt der Westgoten ist Toledo. Mitte des 6. Jh. kann Justinian für kurze Zeit das byzantinische Reich bis nach Südportugal ausdehnen.

Maurische Herrschaft

711 Berberische und arabische Heere besetzen große Teile der Iberischen Halbinsel. Lediglich der Norden der Península bleibt westgotisch, also christlich. Portugal gehört zum Emirat Córdoba, das später Kalifat wird. Südportugal wird als Al-Gharb (der Westen) eine Provinz mit der

	Hauptstadt Xelb oder Shilb (Silves). Der Fluss Wadi Ana (Guadiana) bildet die Grenze zur Nachbarprovinz Al-Andalus. Die Algarve entwickelt sich unter maurischer Herrschaft zu einer blühenden Region.
922	Die Normannen segeln den Fluss Arade hinauf, um die reiche Hauptstadt der Provinz Al-Gharb zu überfallen, können aber rechtzeitig aufgehalten werden.
11.–12. Jh.	Die Reconquista, die Rückeroberung durch die Christen, wird im Norden von León-Kastilien aus eingeleitet. Afonso Henriques gelingt die Ablösung der Grafschaft Portucália von León-Kastilien. 1139 ernennt er sich zum König von Portugal, 1147 erobert er Lissabon aus maurischer Hand. Über 100 Jahre vergehen, bis auch Südportugal befreit ist. Sancho I. unternimmt an der Westalgarve Vorstöße gegen die Mauren. 1249 erobern die Portugiesen Faro als letzte große Stadt zurück.
1250	Die Algarve wird dem Königreich Portugal eingegliedert.

Entdeckungen und Eroberungen

1385	Die Herrschaft der Dynastie Aviz beginnt. Portugiesen und Spanier entdecken Länder und Kontinente, die in Europa bisher unbekannt sind. Viele der Seereisen starten von der Algarve-Küste aus. Entscheidenden Anteil an den Entdeckungs- und Eroberungsfahrten hat der Christusritterorden, der 1319 in Castro Marim als Nachfolger des Templerordens gegründet worden ist. Heinrich der Seefahrer richtet bei Sagres eine Art wissenschaftliches Zentrum ein.
1444	Nachdem die Portugiesen bis zur Mündung des Senegal vorgestoßen sind, also schwarzafrikanisches Gebiet erreicht haben, verschleppen sie Einheimische nach Portugal.
1485–1521	In der Regierungszeit von Manuel I. erlebt Portugal sein Goldenes Zeitalter. 1498 erreicht Vasco da Gama als erster Europäer per Schiff Indien. Im Jahr 1500 landet Pedro Álvares Cabral in Brasilien. Handelsniederlassungen in Asien, Afrika und Brasilien werden gegründet.
1577	Lagos wird Hauptstadt der Algarve.
3. 8. 1578	Marokkanische und portugiesische Truppen treffen bei Ksar el Kébir aufeinander. Im Jahr 1574 war der marokkanische Sultan Mohammed el Moutaouakil von seinem Onkel Abd al Malik vom Thron gestoßen worden. Mit Waffengewalt will er die Macht wiedererlangen und bittet die Portugiesen 1578 um militärische Hilfe im Kampf gegen die Heere seines Onkels. Diese Schlacht geht als eine der verheerendsten

Schlachten in die portugiesische wie auch in die marokkanische Geschichte ein: 20 000 portugiesische Soldaten unter König Sebastião treffen auf 50 000 Männer des Abd el Malik. Allein 8000 Portugiesen lassen das Leben, insgesamt kommen 25 000 Männer um. Mohammed el Moutaouakil wird von einem Pfeil tödlich getroffen, Abd el Malik kommt durch eine Gewehrkugel um, und Sebastião ertrinkt im Oued Makhazine. Diejenigen Portugiesen, die die Dreikönigsschlacht überleben, werden als Sklaven gefangen gehalten, später freigekauft.

Niedergang

1580–1640 Spanien regiert in der Algarve. Nachdem Dom Sebastião 1578 bei dem Versuch, Marokko einzunehmen, in der Schlacht von Ksar el Kébir gefallen ist, besetzt der spanische König Philip II., Enkel von Manuel I., Portugal, da es keinen rechtmäßigen Thronfolger gibt. Der Herzog von Bragança zettelt einen Aufstand gegen Spanien an, durch den Portugal sich letztlich wieder vom Nachbarland lösen kann. Allerdings dauern die Kämpfe noch bis 1668 an. In die sogenannten Restaurationskriege sind die kleinen Algarve-Städte am Guadiana verwickelt.

1706–1750 In der portugiesischen Kolonie Brasilien werden nach langer Suche Goldminen entdeckt. Mit den neuen Reichtümern wird nicht investiert, stattdessen verschwendet der prunksüchtige João V. das Gold in repräsentativen Bauten.

1755 Ein schweres Erdbeben mit Epizentrum ca. 250 km südwestlich der Algarve im Atlantik erschüttert die Küsten von Portugal und Marokko. In den Algarve-Städten gibt es schwere Zerstörungen. Das Erdbeben legt auch Portugals Hauptstadt Lissabon in Schutt und Asche.

Wiederaufbau und Industrialisierung

1756 Faro wird Hauptstadt der Algarve. Der Marquês de Pombal, der den Lissabonner Wiederaufbau entscheidend vorangetrieben hat, lässt 1774 die Stadt Vila Real de Santo António nahe der Guadiana-Mündung neu bauen.

1807 Der Besetzung Portugals durch Truppen Napoleons stellen sich die Algarvios teilweise entschieden entgegen. 1808 gibt es einen erfolgreichen Aufstand der Fischer in Olhão.

um 1850 Mitte des 19. Jh. macht sich die Industrialisierung auch an der Algarve-Küste bemerkbar. In den Küstenstädten werden Konservenfabriken, im Hinterland Korkfabriken in Betrieb genommen. 1889 wird die Eisenbahnlinie von Lissabon nach Faro eröffnet. 230 000 Einwohner werden in der Algarve gezählt, gut 100 Jahre zuvor nur 85 000.

20. Jahrhundert und jüngste Entwicklungen

1908 — In Lissabon werden König Carlos I. und der Thronfolger Luís Filipe bei einem Attentat ermordet. Eine republikanische Bewegung, die sowohl von Arbeitern als auch von Großgrundbesitzern getragen wird, mündet 1910 nach der Ermordung eines republikanischen Führers in der Revolution von Militär und Zivilisten. Am 5. Okt. 1910 wird die Republik ausgerufen. In den folgenden 16 Jahren gibt es zahlreiche Regierungswechsel.

1926–1974 — Ein Putsch am 28. Mai 1926 läutet die Diktatur ein. 1933 beginnt die Zeit des faschistischen Estado Novo. António Salazar gründet die Einheitspartei União Nacional, die Opposition wird verboten. Während des Zweiten Weltkriegs bewahrt Portugal weitgehend Neutralität. 1961 beginnen die umstrittenen Kriege in den afrikanischen Kolonien. 1968 stirbt Salazar, Nachfolger wid Marcello Caetano. Am 25. April 1974 kommt es zur Nelkenrevolution – linksgerichtete Militärs stürzen die Diktatur, die Bevölkerung unterstützt den Putsch. Es gibt eine sozialistische Verfassung.

nach 1974 — Nach der Nelkenrevolution blickt das westeuropäische Ausland argwöhnisch auf Portugal, schließlich ist die erste Amtshandlung der neuen Machthaber das Ausarbeiten einer sozialistischen Verfassung. Zunächst wechseln sich zahlreiche Koalitionen in der Regierung ab, dann konsolidiert sich das politische System allmählich. Die politische Entwicklung ist pro-westlich. Die wichtigsten Politiker dieser Phase sind der Sozialdemokrat Mário Soares (PS) und der liberal-konservative Cavaco Silva (PSD). Bereits 1982 werden wesentliche sozialistische Elemente der Verfassung abgemildert, 1990 völlig gestrichen.

1986 — Portugal wird EU-Mitglied.

2003/2004 — Wald- und Flächenbrände wüten in diesen Jahren besonders schlimm.

2011 — Portugals wirtschaftliche und finanzielle Situation wird immer schwieriger. Die Wirtschaftskrise erfasst zunehmend auch die Algarve, viele Geschäfte schließen, die Arbeitslosenzahlen sind hoch. Im Tourismus werden dagegen höhere Urlauberzahlen verzeichnet.

2015 — Bei Parlamentswahlen verliert Ministerpräsident Pedro Passos Coelho (PSD) die absolute Mehrheit, stattdessen kommt eine Koalition aus PS, Bloco de Esquerda, Kommunisten und Grünen unter António Costa (PS) an die Regierung.

2016 — Marcelo Rebelo de Sousa (PSD) wird Staatspräsident.

Flamingos, Lagunen, Amphibien – Ökosysteme an der Algarve

Knapp 20 größere und kleinere unter Schutz gestellte Flächen gibt es an der Algarve. Um die Belange des Natur- und Landschaftsschutzes kümmern sich vielfach nichtstaatliche Umweltschutzverbände wie Almargem oder Quercus. Drei besonders interessante Biotope sollen hier kurz vorgestellt werden.

Ganz im Osten nahe der spanischen Grenze liegt die Reserva Natural do Sapal de Castro Marim, ein fruchtbares Feuchtgebiet von ca. 20 km² mit einem großen Salinenbereich. Die Reserva Natural do Sapal de Castro Marim wurde 1975 unter Schutz gestellt und ist das älteste Naturschutzgebiet Portugals. Sie ist bekannt für ihren Vogelreichtum, neben Reihern, Rohrweihen und Stelzenläufern kann man auch Flamingos beobachten, die hier überwintern.

Zwischen Land und Meer

Etwas weiter westlich ist die grandiose Lagunenlandschaft des Parque Natural da Ria Formosa dem Küstenstrei-

Flamingos finden in den flachen Lagunengewässern reichlich Nahrung

fen vorgelagert. 1987 wurden 184 km² zum Naturschutzgebiet erklärt. Auf einer Länge von 60 km zieht sich ein schmaler Streifen aus Sandinseln an der Küste entlang, die nur durch einige künstlich geschaffene und einige natürliche Verbindungen zwischen Lagune und offenem Meer voneinander getrennt sind. Die Gezeiten sorgen für einen ständigen Wasseraustausch in der Lagune. Da nur wenig Süßwasser aus dem Landesinnern in die Ria Formosa einfließt, ist der Salzgehalt hoch – einer der Gründe für die vielen Salinenbecken in der Region.

Das flache Wasser über lehmigem Boden, Salzwiesen und Muschelbänke sind der Lebensraum für eine große Vielfalt an seltenen Pflanzen, Vögeln und Mollusken. Damit die Lagune nicht versandet, werden die Verbindungsarme zwischen den Inseln laufend freigebaggert.

In erster Linie bedroht allerdings fortschreitende Bebauung die Ria Formosa. Die Situation ist durchaus alarmierend, denn Golfplätze, Sporthäfen und neue Ansiedlungen – vor allem zwischen Tavira und Olhão – sind errichtet worden oder noch in Planung. Die Leitung des Naturparks ist dieser Entwicklung gegenüber machtlos (s. S. 76). Politik und Wirtschaft treffen ihre Entscheidungen nach ökonomischen und nicht nach ökologischen Gesichtspunkten. Die Parkleitung wird in Entscheidungsprozesse meist nicht mit einbezogen oder zu spät informiert.

Intakte Küstenlandschaft

Das größte Naturschutzgebiet der Algarve liegt an der Westküste und reicht noch weit nach Norden in den Alentejo hinein. Zwischen Sagres und

Informationen zu den Naturparks
Die Agenturen **Lands** (www.lands.pt), **Formosamar** (www.formosamar.com) und **Animaris** (http://ilha-deserta.com) sind auf Naturtourismus und Ausflüge spezialisiert. Von Faro, Tavira und Olhão aus starten Bootstouren der Veranstalter in die Ria Formosa (s. S. 196).
Odiana: Castro Marim, Rua 25 de Abril 1, Tel. 281 53 11 71, www.odiana.pt; Pläne und Beschreibungen für Wanderungen in den Naturschutzgebieten.
Parque Natural da Ria Formosa: Informationsstelle auf dem Gelände der Quinta de Marim bei Olhão (s. S. 242).
Reserva Natural do Sapal de Castro Marim: Informationsstelle ca. 4 km nördlich von Castro Marim, Tel. 281 51 06 80 (s. S. 274).

Sines (Alentejo) wurden im Jahr 1988 rund 90 km Küstenzone als Parque Natural do Sudoeste Alentejano e Costa Vicentina unter Schutz gestellt. 60 % aller Reptilien- und 65 % der Amphibienarten Portugals leben in dem Küstenbereich, und in den Gewässern sind weit über 100 verschiedene Fischarten gezählt worden.

Während die Bevölkerung – vor allem im Alentejo – auf mehr Tourismus und neue Projekte an diesem Küstenabschnitt hofft, weisen Umweltschützer darauf hin, dass hier noch eines der letzten großen Ökosysteme Europas erhalten ist. Die Costa Vicentina gilt als eine der intaktesten Küstenregionen in ganz Europa. Derzeit gibt es nur wenig Bade- und Wandertourismus.

Das große Bröckeln, Wandern und Schrumpfen – (Fels-)Küste in Gefahr

Auch die Felsen an der Praia da Falésia sind von Erosion bedroht

Verschwinden Portugals Strände allmählich? Ganz so schlimm wird es nicht werden. Aber Meldungen der letzten Jahre zufolge ist es um die Küsten des iberischen Landes nicht allzu gut bestellt. Sand- und Felsküsten sind betroffen. Natürliche Erosion und auch ein sorgloser Umgang mit der Natur spielen dabei eine Rolle.

Portugals Küste hat eine Länge von 850 km, davon liegen etwa 200 km an der Algarve – und die gehören zu den schönsten und touristisch ›ertragreichsten‹. Man kann es lesen, man kann es aber auch selbst erleben: Mancher Strand, an dem man im letzten Sommer noch sein Strandlaken ausgebreitet und sich den ganzen Tag dem Nichtstun hingegeben hat, ist ein Jahr später nicht mehr da – er ist wie ausgelöscht.

Praia do Castelejo im Wandel

An der Praia do Castelejo an der Algarve-Westküste, nordwestlich von Vila do Bispo, konnte man solch einen Wandel vor ein paar Jahren überraschend erleben. Ein tristes Meer von groben grauen Steinen breitete sich am Ende des Weges aus, der zum Strand hinunterführt. Der feinkörnige

Sand, der die Steine einst bedeckte, war schlicht weggespült worden. Die beliebte Strandbar lag verwaist da. Fast verwaist. Ein einsamer Gast saß auf der Terrasse, trank einen *galão* und schaute in die *tristeza*.

Immerhin – das Strandlokal wurde bewirtschaftet, das sprach für einen gewissen Optimismus, aber auch für die Erfahrung der Besitzer. Denn die Praia do Castelejo ›kommt und geht‹ immer mal wieder. Und tatsächlich: Einige Zeit später wurde mit der enormen Strömung wieder Sand angespült und das Strandleben in diesem Küstenabschnitt kam erneut in Gang, so als wäre nichts gewesen.

Ein hausgemachtes Problem?

Allerdings geht es nicht immer so glimpflich ab, denn tatsächlich wurden schon ganze Strandabschnitte von bis zu 40 m Breite zerstört. Besonders betroffen ist die portugiesische Westküste weiter nördlich, an der die ungeheuren Kräfte des Atlantiks, Wind und Wetter wirken. Erosion hat es immer schon gegeben, auch das Verlagern großer Sandmassen von einem Küstenabschnitt an einen anderen und damit die Veränderung von Stränden.

Momentan ist man jedoch wegen der Dimensionen dieser Erosion sehr beunruhigt. Dabei scheint mancher Schaden hausgemacht, denn teilweise wird Meersand direkt vor den Stränden von Baufirmen abgetragen, und der Sandstrand rutscht gewissermaßen ins Wasser ab. Klimaänderungen, die hin und wieder längere Winter mit ausgiebigen Regenfällen bringen, scheinen auch ihren Teil beizutragen.

An der Felsalgarve hat man noch ein anderes Küstenproblem: Der Fels bröckelt. Zum Schutz der Steilküste werden ganze Abschnitte mit Zement befestigt. Es ist damit zu rechnen, dass in etwa 40 Jahren gut die Hälfte der Felsküste auf diese Weise verstärkt sein wird. Natürliche Prozesse tragen zu der Erosion bei, aber die ausufernde Bebauung der Felsen und Klippenränder sorgt offenbar für ein schnelleres Fortschreiten. Die rötlichen Klippen der Praia da Falésia sind sehr weich und daher besonders gefährdet. Das Betreten dieser Klippenlandschaft sollte man zum Schutz der Felsen tunlichst unterlassen.

Ein historisches Bauwerk, das der natürlichen Erosion zum Opfer fallen wird und das man mittlerweile nicht mehr vor dem Absturz retten kann, ist die Fortaleza de Beliche, in der außer einer alten Kapelle eine Dependance der Pousada von Sagres untergebracht war. Sie ist an der Straße von Sagres zum Cabo de São Vicente kurz vor dem Kap gelegen.

Wohlduftend und dekorativ – die Flora der Algarve

Wer sich für eine üppig blühende Pflanzenwelt begeistern kann, kommt an der Algarve vor allem im Frühjahr auf seine Kosten. Aufgrund des Klimas gibt es hier viele Gewächse, die in nördlicheren Gefilden als kleine Pflänzchen ein mühsames Leben in Blumentöpfen fristen, hier dagegen als große Büsche geradezu verschwenderisch Straßenränder und Gärten zieren.

Die klimatischen Bedingungen sorgen aber nicht nur für imposante Pflanzengröße und Blütenreichtum. Hier im Süden Portugals herrschen in den Sommermonaten Hitze und Trockenheit, warme Winde dörren die Böden aus. An diese Situation passen sich die Pflanzen durch vielfältige biologische Mechanismen an. Sukkulenten beispielsweise entwickeln Stängel und Blätter, die die Fähigkeit haben, über lange Zeiträume Wasser zu speichern. Und bei den im Hinterland wachsenden Korkeichen verhindert die dicke Korkschicht das Austreten von Wasser durch Verdunsten, wenn es sehr heiß ist.

Wald ist rar

Ursprünglich gab es in den Bergregionen der Algarve größere Flächen von atlanto-mediterranen Laubwäldern, auch in der Serra de Monchique. Speziell dort wurde der Wald durch Abholzung für den Bootsbau großenteils vernichtet, – insbesondere im 15./16. Jh., als in Lagos die Schiffe für die Erkundung der Weltmeere gebaut wurden. Die letzten Waldbestände sind heute immer wieder durch Brände bedroht, die Jahr für Jahr im Sommer schwere Schäden anrichten.

Auch Nadelbäume sieht man nicht allzu häufig: hin und wieder Pinien, mitunter eine einzeln stehende Schirmpinie mit ausladender Krone. Kleinbauern verdienen sich mit dem Verkauf von Pinienharz und Pinienzapfen, die gern zum Feueranzünden genommen werden, ein Zubrot. Auf den Märkten kann man manchmal auch die Samen, Pignolen oder Pinienkerne genannt, kaufen.

Macchia mit würzigem Duft

Weite Teile des Hinterlandes und der Küstenregion im Westen sind von immergrünen Macchiasträuchern überzogen, von denen Baumheide und Steineiche am bekanntesten sind. Zur algarvischen Macchia gehört auch der Erdbeerbaum, ein Erikagewächs, aus dessen Früchten, die hellroten Erdbeeren ähneln, der *medronho,* ein hochprozentiger Schnaps, gewonnen wird.

Im Frühjahr überzieht ein blühender Blumenteppich die Böden

Unter den niedrigen Straucharten findet man besonders häufig Zistrosen, die von April bis Ende Juni weißgelb blühen und ganze Hänge in ein glitzerndes Blütenmeer verwandeln. Aus der Nähe sehen die Blüten völlig zerknittert aus. Und schließlich die Kräuter: Ähnlich wie auch im Mittelmeerraum wachsen vor allem Lavendel, Rosmarin, Salbei, Thymian und Melisse.

Von wirtschaftlichem Nutzen

Die systematische Anlage von Baumplantagen hat für die Algarve-Wirtschaft eine große Bedeutung. Vor allem Korkeichen, Eukalyptus, Oliven und Feigen – alles immergrüne Laubbäume – spielen eine große Rolle. Olivenbäume werden bis zu 2000 Jahre alt. Sie benötigen eine lange Trockenperiode im Sommer, in der die extrem ölhaltigen Früchte zur Reifung gelangen. Die Erntezeit liegt zwischen November und März – die größeren Speiseoliven werden abgepflückt, die Öloliven abgeschüttelt und in Netzen aufgefangen.

Ausgedehnte Orangen- und Zitronenhaine sieht man insbesondere in der Ostalgarve – im Frühjahr liegt der intensive Duft der Blüten über dem ganzen Landstrich. Ein Charakteristikum der Zitruspflanzen ist das gleichzeitige Tragen von Blüten und Früchten. Das heute noch übliche Bewässerungssystem, das die systematische Pflanzung und Nutzung überhaupt erst möglich machte, geht auf die Araber zurück.

Auch Mandelplantagen und Kulturen von Johannisbrotbäumen sind aus der Algarve-Landschaft nicht wegzudenken. Die berühmte Mandelblüte im Januar und Februar wird in einigen Orten ausgiebig mit Volksfesten gefeiert; besonders bekannt sind die farbenprächtigen Mandelblütenfeste in Loulé und Vilamoura. Johannisbrotbäume brauchen sehr viel Sonne und haben in Südportugal hervorragende Bedingungen. Die nährstoffreichen Schoten werden als Viehfutter verwendet.

In den Bergen ragen mitunter alte Eukalyptusbäume auf, oft stehen sie auch noch an den alten Landstraßen. Eukalyptus, der – vor allem nach Regenfällen – einen so angenehm frischen Duft verströmt, ist keine einheimische Pflanze. Er stammt ursprünglich aus Australien und wurde erst vor gut 150 Jahren in Portugal eingeführt. Das Holz wird zur Papierherstellung benötigt und vor allem weiter nördlich in Portugal großflächig angebaut. Die Bäume wachsen sehr schnell in die Höhe, brauchen aber sehr viel Wasser, das sie mit langen Wurzeln tief aus der Erde holen. In direkter Umgebung von Eukalyp-

> **Rund um die Pflanzen**
> **Mandelblütenfest:** Febr./März in Loulé – Umzug mit Wagen, die mit Mandelblüten aus Papier geschmückt sind.
> **Früchte:** Eine gute Auswahl an Mandeln und Mandelprodukten, Oliven, getrockneten Feigen, Orangen, Pinienkernen u. a. findet man in der Markthalle in Loulé (s. S. 200).
> **Wanderungen:** Geführte Wanderungen durch die Serra mit Informationen zur Pflanzenwelt bieten Uwe Schemionek (www.wandern-mit-uwe.de, s. S. 174) und ProActiveTur (www.proactivetur.pt).

tus-Monokulturen trocknen die Böden daher massiv aus, – ein Problem, das von Umweltverbänden und betroffenen Landwirten immer wieder thematisiert wird.

Üppige Blüte

In den Städten fallen insbesondere in den Frühlingsmonaten Judas- und Jacarandabäume auf. Judasbäume sind im April mit Unmengen von kleinen rosa- oder purpurroten Blüten übersät, bevor ihre herz- bzw. nierenförmigen Blätter austreiben. Später erkennt man sie an ihren großen braunen Schoten. Angeblich hat sich Judas an einem solchen Baum erhängt, daher der Name. Im Mai blühen dann die Jacarandabäume ausgiebig in einem wunderschönen hellen Fliederblau. Jacarandabäume gehören zu den zahlreichen Pflanzen, die die Portugiesen in ihrer Kolonialzeit aus anderen Erdteilen mitbrachten und hier kultivierten – ursprünglich sind sie in Brasilien beheimatet.

Wie in anderen südeuropäischen Ländern gedeiht auch in der Algarve die Bougainvillea besonders prächtig. Die weitverbreitete Kletterpflanze blüht den ganzen Sommer über in den unterschiedlichsten Rotabstufungen. In Gärten und Parks findet man oft üppige Hibiskus-, Oleander- und Wandelröschenbüsche sowie Agapanthus, die Liebesblume. Dieses Liliengewächs fällt durch einen langen Schaft und den blauen Blütenball aus zahlreichen trichterförmigen Blüten auf.

Dekorative Fremde

Palmen gedeihen normalerweise im Algarve-Klima sehr gut, aber nur die stammlosen Zwergpalmen sind portugiesischen Ursprungs und in der freien Natur zu finden. Auf die gedrungenen, kräftigen Kanarischen Dattelpalmen, die durch die Spanier nach Südeuropa kamen, oder die bis zu 30 m hoch wachsenden Echten Dattelpalmen aus dem arabischen Raum trifft man in erster Linie in den Städten, in Parks, auf Plätzen und an Straßen. Häufig sieht man auch Washingtonien, man erkennt sie an den abgestorbenen Palmwedeln, die nicht abfallen, sondern unter der Krone hängen bleiben. In den letzten Jahren hat ein aus Asien stammender Rüsselkäfer den Kanarischen Dattelpalmen stark zugesetzt und einen Großteil des Bestands vernichtet – überall in der Algarve sind abgesägte Stümpfe von Palmenstämmen als Zeugnis dieses Palmensterbens zu sehen.

Aus Südamerika stammt die Araukarie oder Norfolktanne, die oft in öffentlichen Gärten und Parks angepflanzt wird. Sie ist gut an ihrer charakteristischen Form zu erkennen: Ihre nadelförmigen Blätter sind nach oben aufgestellt, wodurch der Eindruck mehrerer übereinandergeschichteter Handfeger entsteht.

Charakteristisch für das Landschaftsbild – vor allem in der Küstenregion – sind Agaven. Auch die Agave brachten die Spanier von ihren Überseefahrten mit, Ende des 15. Jh. wurde sie aus Südamerika eingeführt. Die lanzettförmigen blaugrünen Blätter bilden eine bodennahe Blattrosette, aus der oft erst nach vielen Jahren eine eindrucksvolle, bis zu 8 m hohe Rispe mit Blüten emporwächst. Nach der Fruchtbildung stirbt die sichtbare Agavenpflanze ab, bildet allerdings aus der Wurzel heraus wieder neue Triebe.

Birdwatching an der Küste

Störche suchen sich bisweilen ausgefallene Nistplätze

In Europas äußerstem Südwesten tummelt sich eine Vogelwelt, die Vogelliebhaber in Entzücken versetzt. An steilen Felsküsten, sandigen Dünenstreifen oder Flussufern, in flachen Lagunen oder in den Bergen, in Dörfern und Städten leben die verschiedensten Vogelarten unter ausgesprochen unterschiedlichen Bedingungen.

Wer im Frühjahr nach Faro kommt und eine Besichtigungstour durchs Centro Histórico macht, hat garantiert das Vergnügen, über der Altstadt Störche kreisen zu sehen und auf dem alten Stadttor ein oder mehrere Storchennester, die von den Eltern bewacht werden – und vielleicht ragt sogar der Schnabel des Nachwuchses sichtbar in die Höhe. Jedes Jahr nisten die Störche hier und lassen sich von den Menschen und Autos unten in den Gassen nicht stören. Wer durch Portugal fährt, wird die ausgefallensten Nistplätze von Störchen sehen: alte Burgen, Kirchtürme und die kleinsten Mauervorsprünge oder auch Hochspannungsmasten. Weltweit einmalig ist ein Storchennistplatz etwas nördlich der Algarve am Cabo Sardão an der Costa Alentejana, wo Weißstörche ihre Nester hoch oben über der Meeresbrandung in den Küstenfelsen haben – ein fast irritierender Anblick.

Vogelzug an der Westküste

Die gesamte Westküste bei und nördlich von Sagres eignet sich hervorragend zur Vogelbeobachtung. Zu sehen sind verschiedene Möwenarten und andere Seevögel wie Seeschwalben und Sturmtaucher, die an der Steilküste mit Leichtigkeit ihr tägliches Flugprogramm absolvieren. Im Herbst und Frühjahr aber ist es noch einmal spannender, dann ziehen hier etliche Zugvögel durch. Die Region ist eine der wichtigen Vogelfluglinien, von BirdLife International wurde sie daher zur Important Bird Area erklärt. Auf ihrem Zug vom Sommer- zum Winterquartier in Afrika und wieder zurück sind Störche, Kraniche und Greifvögel auszumachen, darunter verschiedene Falkenarten wie Turm- und Rötelfalken oder Eleonora-Falken. Auch Adler wie Fischadler, Steinadler und Schlangenadler sind zu sehen, seltener Mäusebussarde oder Wespenbussarde. Auf den Herbstzügen von Anfang Oktober bis Dezember sind auch die Jungvögel dabei.

Ein besonderes Spektakel ist der Zug der Basstölpel, die zumeist von den Küsten Schottlands – viele vom berühmten Bass Rock an der schottischen Ostküste – und Großbritanniens kommen und an der Atlantikküste entlang nach Nordafrika, manchmal auch weiter nach Nordwestafrika ziehen. Mitunter sieht man Basstölpel in Gruppen hoch über dem Meer kreisen. Und dann und wann einen Vogel, der fast senkrecht im Sturzflug aus 10–20 m Höhe ins Wasser abtaucht, um auf dem Rückweg an die Oberfläche seine anvisierte Fischbeute zu schlucken.

Purpurhuhn als Symbol

Zur IBA (Important Bird Area) wurde auch die Lagoa dos Salgados bei Armação de Pêra ernannt, die allerdings durch touristische Projekte massiv gefährdet ist und teilweise schon bebaut wurde. Hier – wie auch in den anderen flachen Lagunen der Algarve, der Ria de Alvor und der großen Ria Formosa –, leben zahlreiche Wasser- und Wattvögel. Außerdem machen Zugvögel auf ihrem Weg nach Afrika hier Station. Man kann Störche, Kuh- und Seidenreiher, verschiedene Entenarten – vor allem Löffel- und Stockenten –, Teich- und Blässhühner beobachten.

Und wer Glück hat, bekommt ein Purpurhuhn zu sehen. Diese Vögel sind in Europa eine echte Rarität und nur in der Algarve und im benachbarten Andalusien zu finden. Der Naturpark Ria Formosa hat sie daher als Signum gewählt. Man erkennt die Purpurhühner an ihrem dunkelblauen, violett schimmernden Gefieder. Mit etwa einem halben Meter Höhe sind sie recht groß und gut zu sehen.

In den Algarve-Lagunen kann man auch Flamingos beobachten. Die Farbe ihres Gefieders ist abhängig von der Nahrung, die häufige Rosafärbung kommt durch die Aufnahme von Carotinoiden, meist durch planktonische Algen und rote Krebstiere, zustande. Fehlen diese Bestandteile in der Nahrung, sind die Federn der Flamingos eher weißgrau – wie sie von Natur aus sind – und so sehen sie hier in der Algarve aus.

Birdwatching-Festival
Anfang Oktober organisieren die SEPA, der portugiesische Partner des deutschen NABU, und der Naturschutzverein Almargem bei Sagres Veranstaltungen für Naturliebhaber und Vogelbeobachter (www.birdwatchingsagres.com). Vogelkundliche Wanderungen führt ProActiveTur (www.proactivetur.pt) durch.

Das Ausbleiben der Sardinen

Folgen die Sardinen in ihrem Kommen und Gehen einem bestimmten Muster oder ist ihr derzeitiger Rückzug Zeichen für einen gravierenden Wandel ihrer Lebensbedingungen? Das hätte zur Folge, dass sich die Situation für die Fischer auch auf längere Sicht weiter verschlechtert.

Sardinen sind seit dem Altertum überall an den Küsten Südeuropas der beliebteste Fisch. Von den Römern haben sich sogar ein paar Rezepte für Sardinengerichte erhalten. Auch die Algarve-Fischer holten und holen in erster Linie verschiedene Sardinenarten aus dem Meer. Fischfang war hier immer der wichtigste Wirtschaftszweig, im 19. Jh. kam die industrielle Fischverarbeitung hinzu. Aber an der Algarve-Küste wie andernorts zeichnen sich deutliche Veränderungen ab. Eine rapide Abnahme des heutigen Fischbestands wird vorausgesagt. Weltweit ist er in den Meeren in den letzten 100 Jahren um 90 % zurückgegangen. Gründe dafür sind offenbar in der Erwärmung und Übersäuerung des Meerwassers zu suchen – und außerdem im exzessiven Fischfang. Das Fangmaximum an Seezungen ist auf 6–7 kg pro Fahrt beschränkt. Beim Fangminimum ist die Skala nach unten hin offen. Es spielt jedoch sicher auch eine Rolle, dass lediglich 0,1 % der Lebewesen im Meer geschützt sind.

Rund um den Fischfang
Fischverarbeitende Industrie:
Die beiden großen Fischereihäfen an der Algarve sind Olhão und Portimão, alle anderen Häfen sind bedeutend kleiner. In beiden Häfen war auch die Fischkonservenindustrie lange Zeit ein wichtiger Wirtschaftsfaktor. Heute gibt es nur noch zwei oder drei Konservenfabriken an der Algarve.
Fakten: Die Fischernetze sind 2 km lang, 2 m hoch. Sie werden senkrecht im Wasser gespannt und mit Gewichten unten und Schwimmkörpern oben gehalten. Meist werden sie frühabends gesetzt und nachts wieder herausgenommen.

Forschungsergebnisse

Nun scheinen auch die Sardinen auf dem Rückzug zu sein. Warum genau, liegt momentan noch im Bereich der Spekulation. Beim Erforschen von Sardinenschwärmen wurde festgestellt, dass sie offenbar seit jeher mit Temperaturschwankungen im Meerwasser kommen und gehen. Wasser von 22 °C bis 23 °C ist ihnen zu warm – Temperaturen, auf die sich das Meer nahe der Oberfläche in langen warmen Sommern durchaus erwärmt. Unter diesen Umständen bevorzugen sie es, Kaltwasserströmen zu folgen und in kühlere Bereiche abzutauchen. Im Lauf der Zeiten hat man beobachtet, dass Sardinen etwa alle 50 Jahre verstärkt vor der Küste auftreten und ihre Zahl dann wieder abnimmt.

Umstellung des Speiseplans

Warum auch immer Sardinen in etwa diesem Rhythmus kamen und wieder verschwanden – mit den Veränderungen, die in den letzten Jahrzehnten beobachtet wurden, könnten sie sich von der Algarve-Küste mehr und mehr und eventuell sogar für immer verabschieden. Zumindest wenn es ihnen dort generell zu warm wird und sie nicht nur einem bestimmten Muster folgen, das sie nach etwa fünf Jahrzehnten wieder verstärkt auftauchen lässt.

Auf jeden Fall mehren sich die Anzeichen, dass in kommenden Zeiten knapp werdende Arten besser geschützt werden müssen. Auch eine Umstellung im Speiseplan könnte vonnöten sein. Vielleicht, so überlegen die Fachleute, werden sich in Zukunft irgendwann solche Fische, die bisher nur in wärmeren Gewässern leben, auch vor der Algarve-Küste tummeln. Dann fände man nicht mehr *sardinhas*, sondern vielmehr exotische Fischarten auf den Speisekarten der Restaurants.

Rolle des Tourismus

Bis dahin wird aber die Zahl der Fischerboote mit neuem Anstrich, die malerisch und sauber am Strand liegen, noch zunehmen. Denn schon seit geraumer Zeit werben Schilder an den einstigen Fischerbooten für Ausflugsfahrten entlang der Küste – kein Zweifel, der Tourismus ist momentan das lukrativere Unternehmen.

Nur noch auf Zeit? Sardinenschwarm vor der Küste

Ein Pflanzenrohstoff im Aufwind – Kork ist trendig

Dünn geschnitten wird Kork zu Taschen und anderen Accessoires verarbeitet

Portugal ist weltweit der größte Korkproduzent. Korkeichenwälder bedecken etwa ein Drittel Portugals und ein Prozent der arbeitenden Bevölkerung ist in der Korkproduktion beschäftigt. Lange Zeit wurden pro Tag etwa 30 Mio. Korken hergestellt, 500 Mio. Champagnerkorken im Jahr. Heute konzentriert man sich zunehmend auf andere Produkte.

Korkeichen, die man von Ferne leicht mit Olivenbäumen verwechseln kann, gibt es in der Algarve und vor allem im nördlich angrenzenden Alentejo. Die Bäume bilden um den Stamm eine Schicht aus abgestorbenen Zellen, die den Wasserverlust reduzieren und Temperaturschwankungen ausgleichen. Diese etwa 3 cm dicke Schicht kann abgenommen werden und wächst anschließend wieder nach.

Nichts für Ungeduldige

Korkeichen werden 160 bis 200 Jahre alt, mitunter auch noch älter, und können nach 20 bis 25 Jahren erstmals geschält werden. Diese erste Ernte ist noch von minderer Qualität, eine für die Korkindustrie wirklich interessante Qualität wird erst nach weiteren 30 Jahren erreicht. Nach der Schälung wächst die Rinde bis zu 4 mm im Jahr nach. Acht bis zehn Jahre später kann sie erneut geerntet werden, im Lauf seines Lebens kann ein Baum bis zu 20-mal geschält werden.

Das Abtragen der Korkschicht, das mit einem speziell geformten Beil erfolgt, muss mit äußerster Sorgfalt und viel Erfahrung vonstatten gehen, da die Mutterrinde nicht beschädigt werden darf. Auf den freigelegten Teil des Baums, der hellrot oder hellbraun ist, wird die letzte Ziffer des Erntejahres geschrieben, also beispielsweise 9 für das Jahr 2009 oder 4 für das Jahr 2014.

Vom Baum in den Flaschenhals

In den Korkfabriken in Südportugal fanden einst Tausende von Menschen Arbeit, und auch heute noch ernährt die Korkindustrie einen Teil der Landbevölkerung. In der Fabrik wird die Korkrinde an Rollbändern zunächst nach Qualität, d. h. nach Anzahl der Poren, Stärke und Farbe, sortiert. Der Kork wird dann ca. eine Stunde lang gekocht, dadurch werden Insekten abgetötet. Außerdem vergrößert sich sein Volumen, das Material wird flexibler und elastischer und eignet sich so besser zur Verarbeitung. Durch das Kochen und anschließende Pressen erhält man Korkplatten, aus denen sich verschiedene Produkte herstellen lassen.

Für die Korkenproduktion werden die Platten in Streifen geschnitten, deren Breite etwa der Länge des späteren Korkens entspricht. Lange wurden die Korken manuell ausgestochen, eine Arbeit, die Kraft in den Händen, Fingerspitzengefühl und eine hohe Konzentration erfordert. Ein ausgebildeter Korkenmacher konnte bis zu 1500 Korken am Tag rein handwerklich produzieren. Die besten ihres Faches wurden zum Anfertigen von Sektkorken eingesetzt.

Nach wie vor wird der größte Teil des abgeschälten Korks zu Flaschenkorken verarbeitet, aber Weinverschlüsse aus Plastik oder aus synthetischem Kork sind eine fatale Konkurrenz. Mehr und mehr Weinproduzenten bezweifeln, dass es für guten Wein keinen besseren Verschluss als Naturkorken gibt.

Alles über Kork
Im **Museu do Trajo** in São Brás de Alportel sind alte Maschinen ausgestellt, die bei der Korkernte eingesetzt wurden (s. S. 230).
Wer mehr über Kork und die Weiterverarbeitung erfahren möchte, kann Führungen entlang der **Rota da Cortiça** buchen (s. S. 229).

Korkige Accessoires

Aufgrund dieser Entwicklung musste man sich ernsthaft Gedanken über eine neue Nutzung von Kork machen. Immer schon wurde Kork auch zu anderen Produkten verarbeitet: zu Korkscheiben in Kronkorken, zu Fußböden, Schuhsohlen, Isolier- und Dichtungsmaterial, zu Bojen und Rettungsringen. Selbst die Flugzeugindustrie setzt Kork ein. Früher wurden sogar Tropenhelme aus Kork hergestellt, außerdem Korkpapier zum Umwickeln von Zigarettenfiltern.

Gerade bei Letzterem wird deutlich, wie fein Kork verarbeitet, wie dünn er geschnitten werden kann. Diese Möglichkeit macht man sich heute zunutze, indem man Kork quasi als Stoff verwendet und Krawatten, Westen und Regenschirme herstellt. Aus der Not geboren werden so diverse Mode- und Wohnaccessoires produziert, und der Fantasie scheinen dabei kaum Grenzen gesetzt. Taschen, Portemonnaies, Schuhe, aber auch Möbel wie Hocker und kleine Tische werden entworfen. In den Algarve-Städten sind Geschäfte wie Pilze aus dem Boden geschossen, die Korkprodukte vertreiben. Es gibt mittlerweile auch Nobelmarken, die Wert auf edles Design legen und eigene Läden in der Algarve, aber auch in Lissabon unterhalten.

Algarvios, Urlauber, Promis und Zugezogene

Für die Algarvios, wie die Einwohner des südportugiesischen Landstrichs heißen, war die zweite Hälfte des 20. Jh. die Zeit eines rasanten Umbruchs. Zumindest was die Küste betrifft, ist hier nichts mehr, wie es einmal war. Feriengäste, darunter auch Prominenz, kamen in Scharen, und einige ließen sich für immer an der sonnigen Küste nieder.

Über Jahrhunderte lebte man an der Küste der Algarve vom Fischfang und von der Fischverarbeitung, außerdem in Maßen von der Salzgewinnung. Die Küste war im 19. Jh. und in der ersten Hälfte des 20. Jh. eine arme Region, zu Wohlstand brachten es die die wenigsten – reich wurden nur die Besitzer von Fischkonservenfabriken. Der Tourismus aber brachte Wohlstand in dieses Gebiet. Seit den frühen 1960er-Jahren gibt es einen starken Zuzug aus anderen Teilen des Landes, und viele Leute kamen aus den Bergen der Algarve an die Küste hinunter, die Bergregionen sind entsprechend von Abwanderung geprägt.

Lebendige Gegensätze

Im Hinterland lebten die Leute als Handwerker oder von der Landwirtschaft – genauer gesagt, von der Trockenfrüchteproduktion, dem

Für die Algarvios hat sich vieles geändert

Weinanbau oder von Obstplantagen. Viele ältere Algarvios tun das bis heute, jüngere verdienen ihr Geld unten an der Küste leichter. Die Unterschiede zwischen Bergland und Küste, Alt und Jung, Arm und Reich sind selbst für außenstehende Reisende deutlich sichtbar. Früheres und modernes Algarve-Leben existieren noch nebeneinander. Die soziale Struktur ist an der Küste eine völlig andere als nur wenige Kilometer weiter in den Bergen.

Aussteigerparadies?

Die Algarvios mussten sich an die vielen Fremden gewöhnen. Touristen, Zivilisationsmüde, Sonnenhungrige, Aussteiger und Senioren bevölkern seit einigen Jahrzehnten den vom Klima verwöhnten Landstrich. Durch den ständigen Kontakt mit Mittel- und Nordeuropäern gab es natürlich auch soziale und kulturelle Änderungen im Alltagsleben der Algarvios. Bei Deutschen galt Südportugal – die Algarve und die nördlich angrenzende Provinz Alentejo – lange noch als das letzte Refugium für Aussteiger: In Portugal, dem lange Zeit ärmsten Land der EU, lebte man billig, und in dem warmen Klima braucht man sowieso nicht viel. Die Aussteiger mit alternativen Lebensvorstellungen lebten genügsam irgendwo an der Costa Vicentina, bei Aljezur oder am Fuß der Serra de Monchique – manche tun das auch heute noch. Sie halten sich mit selbst gefertigten Produkten über Wasser, die auf Märkten verkauft werden. Manche haben vielleicht ein kleines abgelegenes Häuschen bezogen. Vorzugsweise im Westen, der wegen des rauen Klimas und des ewigen Windes für den Tourismus nicht so profitabel ist wie alle anderen Algarve-Gegenden. Hier sind die Grundstückspreise nach wie vor vergleichsweise niedrig.

Andere deutsche Aussteiger haben ihre gesicherte Existenz in Deutschland aufgegeben und sind mit einem immerhin kleinen Vermögen hierhergekommen, um einen Platz an der Sonne zu ergattern. Sie sind braun gebrannt, ferienmäßig gekleidet und haben Kneipen, Bäckereien oder Immobilienbüros eröffnet. Diese Leute versuchen sich an der Felsalgarve einzurichten – in Carvoeiro zum Beispiel, einer Hochburg der Deutschen. Manchen gelang der Aufbau einer neuen Existenz, anderen nicht. Einige leben hier ohne irgendeine Versicherung. Und natürlich gibt es auch viele Altersruhesitzler an der Algarve-Küste – ebenfalls vor allem Engländer und Deutsche.

Küsten- versus Bergregion

Aussagekräftig hinsichtlich der Veränderungen an der Algarve sind die Unterschiede zwischen Küsten- und Bergregionen in der Bevölkerungsdichte: An vielen Küstenabschnitten leben weitaus mehr als 200 Menschen auf einem Quadratkilometer, in manchen Bergregionen im Nordosten oder an der Westküste dagegen oft weniger als 20. Von den knapp 3000 Einwohnern in Carvoeiro sind etwa 800 Deutsche.

Promis unter südlicher Sonne

Viele sehr wohlhabende, teils auch prominente Deutsche sind im Besitz einer der Villen in und um Carvoeiro oder anderswo an der Küste. Aber nicht nur diese zieht es in Portugals sonnigen Süden. Berühmten Musikern aus aller Welt, Sportlern, Schauspielern und Stars aus anderen Bereichen kann man an der Algarve begegnen. Die spanische Königsfamilie verbringt hier ihren Urlaub und natürlich auch Portugals Politikprominenz. Ex-Beatle Paul Mc Cartney hat eine Sommerresidenz an der Algarve. Cliff Richard betätigt sich als Winzer auf seinem Weingut Quinta do Moinho bei Guia und er besitzt seinen eigenen Weinkeller: Adega do Cantor – die Adega des Sängers.

Diverse Fußballmannschaften aus der deutschen Bundesliga verlegen ihr Training in der Winterpause an die Algarve-Küste: Aus dem deutschen Schmuddelwetter flohen schon die Eintracht Frankfurt, der VfL Wolfsburg, der 1. FC Nürnberg ...

In den überwiegend von Ausländern bewohnten Orten sind die Kosten erheblich in die Höhe gegangen, Mieten und Lebenshaltungskosten sind längst so hoch wie in Deutschland und für portugiesische Normalverdiener gar nicht mehr zu tragen. Ein Gutes bringt die Einwanderung für die Region allerdings sicherlich mit sich: In verlasseneren Gegenden im Hinterland, die von Landflucht bedroht sind, wird durch die reichen Fremden an manchen Orten alte Bausubstanz erhalten. Die Zugezogenen übernehmen die Häuser, bauen sie aus oder renovieren sie. Selbst aus Ruinen entstehen wieder bewohnbare Häuser.

Vom Fischerdorf zur Urlauberhochburg – Carvoeiro

Carvoeiro lockt mit Sonne, Strand und Meer

Wie sich der Tourismus an der Algarve-Küste entwickelte, lässt sich am Beispiel von Carvoeiro bestens nachvollziehen. Aus dem hübschen kleinen Fischerdorf wurde eine beliebte Sommerresidenz, und schließlich entstand um das Dorf herum ein weitläufiger Touristenort.

Zuerst wählten reiche Weinbauern aus dem landeinwärts gelegenen Lagoa den Küstenort Carvoeiro als Sommersitz. Sechs große Kellereien produzierten noch Anfang der 1960er-Jahre gute Rotweine, auch für den Export. In Carvoeiro selbst wohnten etwa 1000 Leute. Sie lebten vom Fischfang oder fanden Arbeit in der Fischfabrik. Dann reisten einige Engländer hierher und entdeckten das kleine Fischerdorf, danach wurden Deutsche auf den Ort aufmerksam. Manche von ihnen kamen immer wieder, andere wollten gleich ganz bleiben. Grundstücke wurden plötzlich mit anderen Augen betrachtet als all die Jahrhunderte zuvor. Ihr Wert machte Quantensprünge. Weinbauern witterten ihre Chance, sie erhielten für ihre Ländereien nun sehr hohe Preise. Niemand kümmerte sich mehr um den Wein, es wurden keine neuen Reben gepflanzt, Ernte und Qualität gingen zurück – schließlich wurde sogar Wein für den eigenen Bedarf eingekauft.

Abschreibeobjekte

Zu Beginn der 1980er-Jahre fanden sich in den Sommermonaten 16 000 Touristen in Carvoeiro ein, der Ort platzte aus allen Nähten. Mitunter wurde die Wasserversorgung proble-

Beliebtes Ziel
Zurzeit gibt es an der Algarve rund 110 000 Betten für Urlauber – im Vergleich: Anfang der 1980er-Jahre waren es 75 000. Pro Jahr kommen etwa 2 Mio. Urlauber an die Algarve, darunter vor allem Briten, Holländer, Deutsche, Spanier und Portugiesen. 1965 wurde in Faro ein internationaler Flughafen eröffnet, der 1989 und 2001 wesentlich vergrößert wurde. 1989 benutzten etwa 2,5 Mio. Flugreisende den Aeroporto de Faro, jetzt können bis zu 8 Mio. abgefertigt werden.

matisch. Um den Ort herum waren die Grundstücke mittlerweile zugebaut. Immerhin hatte ein Hochhaus-Desaster vermieden werden können. Der Preis dafür: ein Ort voller reicher Ausländer, die hier Abschreibeobjekte in Form von Villen hingesetzt hatten. Carvoeiro war einmal umgekrempelt.

Auf die Tourismuskarte gesetzt

Dies aber ist nur einer von vielen Orten an der Algarve, die ihr Gesicht verloren haben. 50 % aller Portugal-Touristen reisen an die Algarve. Der Fremdenverkehr ist mit weitem Abstand der wichtigste Wirtschaftszweig im einst armen äußersten Süden Portugals. Vor allem der Golftourismus wurde gefördert, an der gesamten Küste sind Plätze entstanden, zunächst nur im mittleren Küstenabschnitt, dann auch im Osten bei Tavira. Die Bewässerung erfolgt durch wiederaufbereitetes Brauchwasser, außerdem macht man sich Gedanken über Meerwasserentsalzung. Probleme mit der Wasserversorgung gibt es nicht mehr – die Algarve ist samt und sonders auf Tourismus eingestellt. Mehr oder weniger vordergründig wird seit einiger Zeit auf Qualität – das heißt Individualreisende und kleinere Reisegruppen – statt auf Masse gesetzt. Aber auch eine Abkehr vom Massentourismus kann die Entwicklung nicht mehr rückgängig machen. Weite Abschnitte der Küste sind zugebaut – und immer noch gibt es Gewinn versprechende Baulücken, die es zu schließen gilt ...

Naturschutz: ein Thema

Bislang haben allein die Naturschutzverbände ein Auge auf die Entwicklung. Alarmierend sind die Zustände nicht nur an der Küste, sondern auch im Hinterland. Mehrere Naturschutzgebiete sind massiv durch touristische Projekte bedroht, auch ein wenig umweltgerechter Abenteuer- und Jeep-Tourismus wächst. Die Naturschutzverbände werden zum Teil über Planungen gar nicht in Kenntnis gesetzt. »Wir bräuchten fünf oder sechs Almargems, um für die Belange der Naturschutzgebiete zu kämpfen«, sagt ein Mitglied des Naturschutzvereins Almargem, der sich aktiv für die Erhaltung der Natur an der Algarve einsetzt.

Römer in Lusitania

Unter Augustus wurde 27 v. Chr. der iberische Raum in zwei Verwaltungsbezirke aufgeteilt: Aus Hispania ulterior wurden die römischen Provinzen Baetica und Lusitania. Lusitania deckte sich teilweise mit dem heutigen Portugal.

Über die Ausdehnung der Provinz Lusitania sind sich die Historiker nicht ganz einig. Jedenfalls entsprach Lusitania nicht genau dem heutigen Portugal, wie häufig behauptet wird, sondern war vermutlich kleiner. Als südöstliche Begrenzung wird der Guadiana genannt, als nördliche der Douro.

Die West-Ost-Ausdehnung war aber größer als heute, denn Hauptstadt von Lusitania war Emerita Augusta, das heute spanische Mérida. Größere Städte an der Algarve waren Ossonoba (Faro), Silibis (Silves), Portus Magnus (Portimão), Lacóbriga (Lagos) und Balsa (Luz de Tavira). Die Römer teilten die Algarve verwaltungstechnisch in drei *civitates* auf: Ossonoba, Balsa und Lacóbriga.

Die Ruinen von Milreu: Zeugnisse der römischen Kultur

Ausgrabungsstätten
Ruinen von Milreu:
An der ehemals römischen Straße westlich von Estói hat man eine Villa mit großer Thermalbadeanlage und Tempel freigelegt. Die wichtigsten Fundstücke, die zum Vorschein kamen, waren eine Büste der Agrippina Minor, die Darstellung des Kopfes einer Römerin, eine Hadrian-Büste und eine des Kaisers Gallienus (Di–So ab 9.30–12.30, 14–18, im Winter bis 17 Uhr, s. S. 198).
Vilamoura:
In Cerro da Vila findet sich eine römische Ansiedlung, die mit einem Hafen Zugang zum Meer hatte (Av. Cerro da Vila, Di–So 9.30–12.30, 14–17, im Sommer bis 18 Uhr, s. S. 167).

Götterverehrung

Zum Römischen Reich gehörte damals auch der südwestlichste Punkt Europas, der für die Römer Fixpunkt des großen Seeweges war, der aus dem Mittelmeer hinaus- und am Kap in Richtung Norden führte. Das Kap nannten sie Promontorium Sacrum, heiliges Vorgebirge – es galt als Sitz der Götter. Unter den Römern vollzog sich im portugiesischen Raum der Wandlung der Religionen: Während die Keltiberer zuvor ihre Gottheiten in Wäldern und Flüssen, an Quellen und Felsen verehrt hatten, kam mit den Römern der Tempelbau ins Land. Über Jahrhunderte verehrte die römische Bevölkerung hier ihre Göttinnen und Götter. Schon relativ bald nach Christi Geburt setzte die Christianisierung ein, erste christliche Gemeinden gab es ab dem 3. Jh..

Das Erbe der Römer

Die iberische Bevölkerung wurde von den Römern unterdrückt, soziale Missstände und Elend waren gängige Begleiterscheinungen. Heute aber zeugen zahlreiche Spuren von dem kulturellen Einfluss, den die Römer ausübten.

Zuallererst natürlich in der Sprache. Das Vulgärlatein wurde zur Grundlage des Portugiesischen und Spanischen. Auch ein Teil des Straßensystems ist Erbe der Römer: Entsprechend der heutigen N 125 verlief eine wichtige Via Romana parallel zur Küste, von Faro über Tavira und weiter in Richtung Norden über Mértola nach Beja im Alentejo. In Tavira ist noch eine Brücke erhalten, die auf römische Zeit zurückgeht. Der Fluss Anas (Guadiana) war ebenfalls ein wichtiger Verkehrsweg, auf dem unter anderem Kupfer aus den Minen bei Mértola und Alcoutim transportiert wurde.

Reiche Römer bauten sich prächtige Privathäuser, wie man sie in Milreu ausgegraben hat. Säulenhöfe, Badeanlagen mit Caldarien und Frigidarien (Warm- und Kaltbädern), Wohn-, Ess- und Schlafräumen zeugen von hohem Wohnkomfort.

Die Römer führten heute aus der Landschaft nicht mehr wegzudenkende Pflanzen wie den Weinstock und den Olivenbaum ein, die sie zu kultivieren begannen. An der Küste legten sie Salinenbecken an, in denen Meersalz gewonnen wurde. Mit dem Salz war es möglich, Fisch zu konservieren, was in regelrechten kleinen Fischpökelfabriken vonstatten ging. Aus gepökelten Makrelen und Thunfisch stellten sie *garum* her, eine scharfe Sauce, die in Amphoren gefüllt und mit Schiffen ins gesamte Römische Reich transportiert wurde.

Wo Europa endet – Cabo de São Vicente

Ein Leuchtturm wacht am ›Ende der Welt‹

Ein Ort, an dem man sich aus der Welt herausgehoben fühlt: das südwestlichste Kap Europas, an dem die europäische Landmasse jäh abbricht und man 60 m tief auf die bewegte Meeresoberfläche hinuntersieht.

Hier endet Europa, und die unendliche Weite des Atlantiks beginnt – Cabo de São Vicente. Ein Kap mit dem Namen eines Heiligen. Braucht man Beistand aus höheren Gefilden an diesem extremen Ort? Wenn man an einem Herbstabend allein hier steht, wünscht man ihn tatsächlich fast ein wenig herbei. Denn ein bisschen verloren kann man sich hier am Ende der Welt schon fühlen. Kein Wunder also, dass der Schutzpatron der Fischer um Beistand gerufen wurde und wird.

Der Legende nach wurde der Leichnam des hl. Vinzenz im 8. Jh. an eben diesem Kap angetrieben, und zwar in einem führerlosen Boot, in dem nur zwei Raben mit an Bord waren. Nun war der Heilige zu jenem Zeitpunkt aber schon vor geraumer Zeit verstorben; soweit man weiß, waren 400 Jahre seither vergangen.

Vinzenz hatte im 3./4. Jh. in Saragossa als Diakon des Bischofs Valerius gelebt. Es heißt, dass er während der Christenverfolgung dem damaligen römischen Statthalter vorgeführt, nach Valencia gebracht und eingekerkert wurde. Im Jahr 304 wurde er zum Tode verurteilt und lebendig auf einen glühenden Rost oder ein Nagelbrett gelegt – in den Überlieferungen herrscht Uneinigkeit über die Art seines Martyriums. Die Legende sagt, dass der Raum im Moment seines Todes hell geworden sei, und der Fußboden soll sich in ein Blütenmeer

Das Kap in Zahlen
Höhe der Felswände: 60 m. Höhe des Leuchtturms: 22 m. Reichweite des Leuchtsignals: ca. 60 km. Allerlei Interessantes über die Region um das südwestlichste Kap Europas im Internet unter www.letztebratwurst.eu.

verwandelt haben. Vinzenz wurde im spanischen Valencia beigesetzt.

Über sein Leben herrscht wenig Klarheit, was aber nach seinem Tod folgte, sorgt für noch mehr Verwirrung: Neben der eingangs genannten Version seiner Legende wird einer anderen zufolge sein Leichnam hier am Kap in ein Boot gelegt, das man den Wellen überlässt. Noch rätselhafter aber erscheinen die Umstände, wenn man hört, dass der hl. Vinzenz auch in Spanien verehrt wird und dass es auch dort ein Grab des Heiligen gibt, in Avilà.

Historischer Hintergrund

Wahrscheinlich lässt sich die Legende aus folgenden Begebenheiten der damaligen Zeit erklären: Als Berberheere im 8. Jh. aus Nordafrika nach Südspanien übersetzten und schließlich nach Valencia kamen, flüchteten Christen mit den Überresten des inzwischen Heiliggesprochenen in einem Boot in Richtung Westen und gingen am hinreichend abgelegenen Kap an Land. Die Christen errichteten an der exponierten Stelle eine Kapelle, die sie dem hl. Vinzenz weihten und die zu Zeiten der maurischen Herrschaft eine wichtige christliche Pilgerstätte war.

Als die Christen unter Portugals erstem König, Afonso Henriques, Lissabon im 12. Jh. aus maurischer Hand zurückerobert hatten, ließ dieser die Überreste des hl. Vinzenz nach Lissabon bringen, denn die kleine Kapelle am südwestlichsten Kap Europas war mittlerweile von fanatischen maurischen Almohaden zerstört worden. Die Gebeine wurden zunächst in der Kirche São Vicente de Fora aufbewahrt, heute steht ein Reliquienschrein in der Sakristei der Kathedrale von Lissabon. São Vicente wurde zum Schutzheiligen der portugiesischen Hauptstadt erklärt. Das Stadtwappen zeigt ein Schiff mit zwei schwarzen Raben.

Ein bedeutender Ort

Zur Zeit der maurischen Herrschaft wurde die Kapelle des hl. Vinzenz auf dem Kap Rabenkirche genannt und das Kap selbst Rabenkap, was die enge Verbindung zwischen dem Heiligen und den Raben noch unterstreicht. Die Rabenkirche muss damals immerhin so bedeutend gewesen sein, dass sie auf alten Karten neben Xelb (Silves), der arabischen Hauptstadt der Algarve, als einziger Ort an der Küste eingetragen ist. Möglicherweise sind die Raben als Attribute des hl. Vinzenz auf die Rabenkrähen zurückzuführen, die es auch heute noch in der Region des Cabo de São Vicente gibt.

Al-Gharb unter maurischer Herrschaft

Von 711 n. Chr. bis 1242 herrschten die Araber an der Algarve. Wer die Städte des benachbarten Andalusien kennt, wird sich jedoch über die vergleichsweise raren arabischen Kulturschätze in Südportugal wundern.

Zu Beginn des 8. Jh. eroberten arabische Heere von Osten kommend das gesamte nordwestafrikanische Gebiet zwischen Mittelmeer, Atlantik und Sahara – den Maghreb. Als *Maghreb* (das im Westen gelegene Land) bezeichneten sie den Landstrich, denn für sie war er der westliche Rand der arabischen Welt, das Land des Sonnenuntergangs vor dem Atlantik. Die ›heiligen Krieger‹ unterwarfen die in Nordafrika lebenden Berber, welche die Römer *mauri* nannten, und bekehrten sie zum islamischen Glauben. Sie hatten in den Berbern eisern kämpfende Gegner gefunden und setzten nun Berberheere ein, um über die Straße von Gibraltar auf die Iberische Halbinsel vorzustoßen. Das dortige Westgotenreich unter Roderich war in sich zersplittert und leistete keinen organisierten Widerstand. Der Siegeszug in Spanien und Portugal ging infolgedessen zwischen 711 und 714 sehr rasch vonstatten. Den Großteil der Arbeit leisteten Berberheere unter der Führung des wahrscheinlich berberischen Târik Ibn Ziyâd; die eigentliche Inbesitznahme des heutigen Portugal erfolgte vermutlich durch Abd al-'Aziz. Eroberte Gebiete fielen an das Omajadenreich, das aus zwei Teilen westlich und östlich des Roten Meeres bestand: dem afrikanisch-spanischen mit der Hauptstadt Córdoba und dem asiatischen mit der Hauptstadt Damaskus.

Blühende Hauptstadt: Xelb

Der Stadt Silves kam eine besondere Bedeutung zu: Sie wurde vermutlich von jemenitischen Stämmen besetzt und um 1027 als Xelb oder Shilb Hauptstadt von Al-Gharb und Hauptsitz eines unabhängigen Fürstentums. Xelb entwickelte sich zu einer blühenden Stadt, die an Schönheit und Größe selbst Lissabon in den Schatten gestellt haben soll. Sie wurde besungen und in Dichtungen gepriesen, es muss sich ein bedeutendes kulturelles Zentrum entwickelt haben. Die Zeit des unabhängigen Fürstentums endete, als der größte Teil der Iberischen Halbinsel ab 1061 von aus Nordafrika kommenden berberischen Almoraviden besetzt wurde. Silves fiel politisch in die zweite Reihe zurück. Weiterhin aber kamen bedeutende Wissenschaftler, Juristen, Dichter und Historiker hierher.

Reiche arabische Kultur

Die Araber brachten eine weit fortgeschrittene Kultur mit auf die Iberische Halbinsel, von der die dortige Bevölkerung in hohem Maß profitierte. In den Burgen wurden große Zisternen und Speicher für Lebensmittel angelegt. Profitable Fischfangmethoden wie die *arte xávega,* bei der lange Netze direkt vor dem Strand gespannt wurden, wurden eingeführt.

Im Schiffsbau und in der Schifffahrt waren die Araber den Bewohnern der Iberischen Halbinsel weit voraus, ebenso in der Medizin. Die Landwirtschaft veränderte sich völlig. Zitrus-, Mandel- und Johannisbrotbäume wurden in das Land gebracht und kultiviert. Dazu bediente man sich eines ausgeklügelten Bewässerungssystems, mit dem heute noch Orangen- und Zitronenhaine versorgt werden. Die *nora* (arab.: *noria),* das Wasserschöpfrad, stammt aus jener Zeit. Die Produktion von Oliven und Olivenöl wurde unter den Mauren ausgebaut – daher sind die Bezeichnungen *azeitona* (Olive) und *azeite* (Olivenöl) auch arabischen Ursprungs, während der Name für den Olivenbaum selbst, der von den Römern eingeführt worden war, *oliveira* lautet und lateinischen Ursprungs ist.

Über den Rio Arade konnte ein immenser Handel zwischen Silves und dem Mittelmeerraum abgewickelt werden. Waren aus dem Orient wurden per Schiff nach Silves geliefert und gegen lokale Anbauprodukte eingetauscht. Kein Wunder, dass die Normannen schon früh ein Auge auf Silves geworfen hatten und sogar versuchten, über den Arade in der Stadt einzufallen. Auch Lissabon und Sevilla müssen damals argwöhnisch auf Xelb geschielt haben.

Bauliche Spuren der Mauren finden sich insbesondere an der Burg von Silves

Zeit des Niedergangs

Mitte des 12. Jh. entwickelte sich auf der Pyrenäenhalbinsel wie auch in Nordafrika Widerstand gegen die zunehmend dekadente, in ihrem Innern aber geschwächte Almoravidenherrschaft. Die Almohaden, ein Zusammenschluss strenggläubiger Berber, nutzten die Schwäche der Almoraviden und eroberten mit ihren Heeren die Herrschaft in Nordafrika und auf der Iberischen Halbinsel. Almohaden regierten nun auch in Silves.

In dieser Zeit waren die Christen im Zuge ihrer Reconquista von Norden her bereits bis nach Lissabon vorgedrungen. 1189 fiel Sancho I. mit Unterstützung von Kreuzrittern – darunter auch Richard Löwenherz und Friedrich Barbarossa – in Xelb ein. Zwei Jahre später mussten die Christen die Stadt aber nochmals den Almohaden für weitere 51 Jahre überlassen. 1242 konnten die Silves dann endgültig in ihren Besitz bringen. Auch die christlichen Eroberer wussten, was sie mit einer völligen Vertreibung der Mauren kulturell verlieren würden. Um sie im Land zu halten, wurden außerhalb der Stadtmauern maurische Viertel, die mourarias, angelegt, in denen die bleibenden Mauren unbehelligt wohnen konnten.

Minimale Hinterlassenschaften

Obwohl die Mauren die Algarve wie Andalusien über Jahrhunderte geprägt haben, sind die Hinterlassenschaften in Südspanien bedeutend eindrucksvoller als an der Algarve. Wie kann das sein? Einer der Gründe ist vermutlich, dass Al-Gharb eher ein Randgebiet für die Mauren war, ein zweiter, dass die Nordafrikaner schon Mitte des 13. Jh.

> **Maurische Spuren**
> **... in der Sprache:**
> Algarve (der Westen); der Flussname Guadiana (Wadi Ana); Ortsnamen wie Albufeira, Alcoutim, Aljezur, Almancil; Begriffe wie *almoço* (Mittagessen), *alecrim* (Rosmarin), *aldeia* (Dorf) *alcachofra* (Artischocke), *alcavaria* (Kümmel).
> **... in Bauten:**
> Silves Castelo: tgl. 9–19, Okt.– Mai bis 17.30 Uhr;
> Silves Museu Municipal de Arqueologia: tgl. 10–18 Uhr;
> Mértola Kirche und Museum: Di–So 9.15–12.30 und 14–17.15 Uhr.

komplett aus der Algarve vertrieben waren, während sie in Andalusien 250 Jahre länger herrschten. Ihre Baukunst ist in Andalusien voll zur Entfaltung gekommen und wurde anschließend offenbar als solche auch gewürdigt und erhalten. In Portugal dagegen war man zum Zeitpunkt der endgültigen Vertreibung der Mauren noch vollkommen in mittelalterlichem Denken befangen und hatte nichts Eiligeres zu tun, als kulturelle Zeugnisse der Fremdherrschaft zu zerstören und dem Land den eigenen Stempel des Christentums aufzudrücken. Zu diesen Zerstörungen kamen zahlreiche Erdbeben, denn die Algarve ist oft schwer erschüttert worden. Das schlimmste Beben ereignete sich 1755, aus der Zeit davor sind daher die Reste nur spärlich: Zisternen, Burgmauern oder -fundamente in Maßen – bei Paderne, in Salir, in Silves, in Faro sind sie zu sehen. Bei einem Ausflug nach Mértola im Alentejo kann man sich eine Kirche anschauen, die deutliche Anklänge an eine Moschee trägt.

Os Descobrimentos – Portugals Goldenes Zeitalter

Zur Zeit der Dynastie Aviz, also zwischen 1385 und 1580, entwickelte sich Portugal zu einer bedeutenden Seehandelsmacht. In diese zwei Jahrhunderte fielen die wichtigsten Seefahrten, Entdeckungs- und Eroberungsreisen, durch die das Land zu einem ungeheuren Reichtum kam. Die Algarve war – neben Lissabon – Mittelpunkt des Geschehens: Mit dem Holz aus den Algarve-Bergen wurden in den Werften an der Küste die Karavellen gebaut, die im Hafen von Lagos in See stachen.

Nautisches und astronomisches Wissen und geografische Kenntnisse waren im 14. Jh. in Europa noch mittelalterlich geprägt: Man glaubte, dass das Meer nur bis zum Kap Bojador an der nordwestafrikanischen Küste auf Höhe der Kanarischen Inseln zu befahren sei. Dahinter würde das Wasser zähflüssiger, nahm man an, und heißer und schließlich in eine brodelnde Masse übergehen, in der Ungeheuer lebten. Oder man stellte sich vor, das Wasser würde an einem bestimmten Punkt hinter dem Kap einfach über eine riesige Kante hinunterstürzen. Vorsichtshalber wurde immer in Sichtweite der Küste gesegelt, wo wiederum bei gefährlichen Wind- und Wetterlagen Felswände und Riffe drohten.

Arabische Lehrer

Die Araber hatten bereits seit Jahrhunderten ein Schifffahrts- und Handelssystem mit dem Fernen Osten aufgebaut, über das sie aber eisern wachten und an dem Europa keinesfalls teilhaben sollte. Gleiches galt für ihre herausragenden

nautischen und astronomischen Kenntnisse, die die groß angelegten Seereisen überhaupt erst ermöglichten. Vom reichen Erfahrungsschatz der Araber hatte die Algarve profitiert – etwa in der Landwirtschaft –, aber zu Zeiten, als mit João I. die Dynastie Aviz begann und sein Sohn Heinrich Gouverneur der Algarve wurde, war viel Wissen noch ungenutzt.

Christliche Mission und wirtschaftliches Interesse

Dann aber begann Heinrich der Seefahrer (1394–1460) geradezu visionär die Erkundung der Weltmeere voranzutreiben, um fremde Erdteile zu erreichen. Er leitete damit für Portugal und letztlich für die ganze Welt eine neue Epoche ein; auch wenn die portugiesischen Seefahrer zu seinen Lebzeiten gerade einmal die Senegalmündung erreichten. 1418 wurde er Großmeister des Christusritterordens. Der Missionsgedanke und die Bekämpfung des Islam waren für Heinrich sicherlich ein treibender Faktor, und sein Christusritterorden finanzierte einen Großteil der Forschung. Ein kaum weniger wichtiger Faktor waren die Geschäfte. Soweit man weiß, war Heinrich an einer Handelsgesellschaft in Lagos beteiligt, die sich ein Monopol auf alle erstmals in Portugal ankommenden Waren gesichert hatte.

Die Entdeckung der Welt

Da sich Sagres, wo Heinrich seinen Sitz hatte, nicht als Hafenplatz eignete, stachen die Karavellen – ein damals nach modernsten Kriterien entwickelter, äußerst wendiger Schiffstyp – von Lagos aus in See. Im Laufe des 15. Jh. wurden Madeira, die Azoren und die Länder entlang der afrikanischen Westküste nach und nach entdeckt. 1497 brach Vasco da Gama vom Lissabonner Hafen aus auf und landete 1498 in Indien, er war der erste Europäer, der Indien auf dem Seeweg erreichte.

Portugals König Manuel I. war der ›Glückliche König‹ dieser Epoche, die bis heute als das Goldene Zeitalter gefeiert wird. In seine Regierungszeit (1495–1521) fielen die wichtigsten Seefahrten, Entdeckungen und Eroberungen. Er gründete ein riesiges Handelsimperium mit Niederlassungen in Brasilien, Indien und Südafrika. Immense Reichtümer kamen ins Land, die unter anderem in repräsentativen Bauten ihren Ausdruck fanden.

Die Blütezeit hatte in der zweiten Hälfte des 16. Jh. ein Ende. Schon unter Manuels Nachfolger João III. verfiel das Kolonialreich mehr und mehr. Als der so junge wie später legendäre König Sebastião von einem Feldzug nach Marokko im Jahr 1578 nicht mehr zurückkam, fiel Portugal dadurch, dass es keinen männlichen Thronfolger mehr gab, für 60 Jahre an Spanien – das endgültige Aus des Goldenen Zeitalters.

Kehrseite der Medaille – Sklavenhandel

Dass die portugiesischen Karavellen 1444 die Senegalmündung erreichten, hatte dort verheerende Konsequenzen: Damit setzte der Sklavenhandel ein. Zur Beute der portugiesischen Seeleute gehörten schwarze Afrikaner, die noch im selben Jahr in Lagos

Die Entdeckungsfahrten zogen den Sklavenhandel nach sich

Sklavenhandel
Zwischen 15 und 25 Mio. Schwarzafrikaner wurden aus ihrem Lebensumfeld gerissen und unter unmenschlichen Bedingungen zumeist über die Kapverdischen Inseln nach Südamerika verfrachtet. Bis zu 25 % überlebten den Transport über den Atlantik nicht.

als Sklaven versteigert wurden. Es entstand ein erster offizieller Sklavenmarkt. Lagos entwickelte sich zum Zentrum des internationalen Sklavenhandels. Getauscht wurden beispielsweise ein Mensch gegen zehn Pferde, wobei der Wert der Schwarzen unterschiedlich war: Christlich getaufte Afrikaner zum Beispiel waren wertvoller als nicht getaufte. Im 16. Jh. finanzierte Portugal seine Expansion zu einem Drittel durch den Sklavenhandel.

Die strategisch günstig gelegene Inselgruppe der Kapverden wurde zu einem Hauptumschlagplatz des Menschenhandels zwischen Afrika und Südamerika. Die Karavellen waren in der Regel völlig überbesetzt, und wegen mangelnder Hygiene, Lebensmittelknappheit, Überanstrengung und Krankheiten an Bord wurden die Menschen reihenweise dahingerafft. Unzählige Aufstände wurden brutal niedergeschlagen.

Sklaven in Portugal

Portugal selbst bediente sich der Sklaven auch im eigenen Land. Unter anderem wurde die relativ dünn besiedelte Algarve-Region mit Schwarzafrikanern bevölkert und von ihnen bewirtschaftet. Arbeitskräfte wurden damals auf der Iberischen Halbinsel dringend benötigt. Die Männer fuhren in dieser Zeit überwiegend zur See, und viele ließen dabei ihr Leben. Manche suchten neue Arbeitsmöglichkeiten in den neu entdeckten Ländern. Einige Landstriche in Portugal waren wie leergefegt, die Landwirtschaft lag stellenweise brach. Sklaven wurden vor allem für haus- und landwirtschaftliche Arbeiten eingesetzt.

Kritik an der Sklaverei

In der abendländischen Welt waren englische Quäker die Ersten, die Kritik an dem menschenverachtenden Handel übten und auf die brutalen Vorkommnisse öffentlich aufmerksam machten. Bereits 1724 forderten sie offiziell die Abschaffung des Sklavenhandels und der Sklaverei. In Portugal gehörten Jesuiten zu den Kritikern. 1815 wurde auf dem Wiener Kongress die Abschaffung des Handels beschlossen. Portugal willigte unter der Bedingung ein, in einem geringeren Umfang weiterhin Sklaven verkaufen zu dürfen. Auf den Kapverden wurde der Sklavenhandel erst 1878 verboten. Ehemalige Sklaven erhielten in Portugal erst um 1900 portugiesische Bürgerrechte.

Entdeckungen
1415 wurde Ceuta in Marokko besetzt, 1419 Madeira entdeckt, 1427 die Azoren. 1434 erreichte Gil Eanes das Kap Bojador, wo nach damaligen Vorstellungen das befahrbare Meer endete. Pedro Álvares Cabral segelte im Jahr 1500 als erster Europäer nach Brasilien. 1522 gelang die erste Weltumsegelung.

Barocker Rausch – Talha Dourada

Ende des 17. Jh. wurden in Brasilien – damals portugiesische Kolonie – endlich die Goldminen gefunden, nach denen so lange gesucht worden war, und nun gab es in Portugal kein Halten mehr. Unter dem als verschwenderisch bekannten João V. entstanden die prächtigsten Bauten, die, soweit es irgend ging, mit Gold versehen wurden.

Portugal hat in der Barockzeit eine extravagante Besonderheit hervorgebracht, die in ihrer Art einzigartig ist: *talha dourada* (vergoldetes Schnitzwerk) findet man im ganzen Land vor allem in Kirchen, mitunter auch in profanen Räumen. Für die Schnitzarbeiten wurde Eichenholz genommen, oftmals Eiche aus Brasilien, das fein geschnitzte Holz überzog man mit Blattgold.

Entwicklung des Stils

Bereits in der Gotik war *talha dourada* ein beliebtes Mittel zur Dekoration gewesen, jedoch war die Gestaltung damals wesentlich schlichter. Schlicht begann man zunächst auch im 17. und 18. Jh.: Anfangs wurden überhaupt nur Gemälde etwas auffälliger gerahmt. Aber dann ging man daran, Kanzeln und Altäre, sogar ganze Hochaltäre aus vergoldetem Schnitzwerk zu gestalten. Schließlich geriet es regelrecht zu einem Rausch. Noch nachträglich wurden Wände in gotischen und aus der Renaissance stammenden Kirchen mit einer wohlduftenden Holzschicht überzogen, der man anschließend Blattgold auflegte.

An der Algarve ist in der Kirche Santo António in Lagos eine der üppigsten *Talha-dourada*-Dekorationen Portugals erhalten. Und in der Kirche São Lourenço in Almancil schließlich lernt man eine weitere, ebenfalls übliche Verfeinerung kennen: die Kombination von goldener *talha dourada* mit blau-weißen Fliesen. Ein herrlicher Warm-Kalt-Kontrast.

Überbordender Luxus

Eigentlich hätte man das Geld, das ins Land sprudelte, besser verwenden können. Bezahlt wurden mit den neuen Reichtümern zum einen riesige, überdimensional angelegte Repräsentationsbauten, zum anderen finanzierte man mit den Geldern auch Importe aus England. Für andere Ausgaben dagegen, die bitter nötig gewesen wären, ›fehlte das Gold‹. Zum Beispiel für die Wasserversorgung der Lissabonner. Ihr Aquädukt mussten sie mit Steuerabgaben finanzieren – der Hof badete in Gold, die Bevölkerung wurde immer ärmer.

Mit großartigen Verzierungen: Altar der Kathedrale in Faro

Markenzeichen Azulejo – Kunstwerke auf Fliesen

Von ›azzelij‹, dem arabischen Wort für einen flachen Mosaikstein, leitet sich die Bezeichnung Azulejo ab. Die ersten portugiesischen Azulejos stammen aus maurischer Zeit. In den folgenden Jahrhunderten entwickelte sich eine ganz eigene Art von Wandfliesen. Sie sind heute als so etwas wie ein Markenzeichen des Landes zu bezeichnen.

Im 15. Jh. gab es Azulejos mit geometrischen Mustern in den Farben Rotbraun, Dunkelgrün sowie Dunkelblau und darüber hinaus in Schwarz und Weiß. Die Farben wurden in Vertiefungen der Reliefoberfläche gegeben und so gebrannt. Auf diese Weise verhinderte man ihr Zusammenlaufen. Diese Art von Fliesen sind heute eine echte Rarität in Portugal. Sie kamen aus Sevilla und sind in Nordafrika ebenfalls zu finden – sie sind mithin maurischen Ursprungs.

Majolika und Delfter Kacheln

Außer maurischen sind auch andere Einflüsse nachweisbar. Zu Beginn des 16. Jh. gelangte das Majolika-Verfahren aus Italien nach Portugal: Nun konnten größere Flächen bemalt werden, ohne dass ein Ineinanderlaufen der Farben zu befürchten war. Man begann zu experimentieren, löste sich von den Italienern und übernahm im 17. Jh. Stilelemente von chinesischem Porzellan, das mittlerweile im Südwesten der Iberischen Halbinsel bekannt geworden war. Auch die sogenannte Delfter Kachel war prägend – allerdings hatte auch sie chinesisches Porzellan zum Vorbild. Nun dominierte Blau-Weiß.

Aus einzelnen Fliesen entstanden Bilder von erheblichen Dimensionen. Groß angelegte historische Szenen wurden in Blau-Weiß gebannt. Nicht immer historisch korrekt, aber ausgesprochen eindrucksvoll. Doch auch Fliesen mit winzigen Einzelmotiven entstanden – ein Hase, eine Lilie, ein Segelschiff. Festgelegte Muster, denen man in Portugal immer wieder begegnet, wurden kreiert. Das schönste ist die Ponta de Diamante in Blau-Weiß-Gelb, die die Illusion eines geschliffenen Diamanten gibt. Großflächige Ornamentgebilde in Blau-Weiß-Gelb hat es zu jener Zeit, d. h. im 17. Jh. und in der ersten Hälfte des 18. Jh., ebenfalls gegeben.

Kurioses und Hilfreiches

Das Erdbeben von 1755 machte auch vor den Azulejos nicht halt, hat aber zu so mancher Kuriosität geführt. Man versuchte nämlich, zerstörte Bilder wie ein Puzzle wieder zusammenzusetzen, und ging dabei nicht immer sorgfältig und mit Sachverstand vor. So wurden manche zusammengepuzzelten Azulejo-Bilder vollkommen unkenntlich: Ein Schwein stand dann beispielsweise auf einem Kirchendach und der Kopf des Schweinehirten saß verkehrt herum auf seinem Fuß. Aber die blau-weißen Fliesenbilder brachten nach dem Erdbeben auch ungeahnte Hilfe: Viele Fassaden zerstörter historischer Gebäude konnten anhand von Stadtansichten auf Azulejo-Bildern rekonstruiert werden.

In den Jahrhunderten nach dem Erdbeben hat man auch viele Privathäuser mit Fliesen verkleidet – wenig aufwendig und meistens nur aus praktischen Gründen zum Schutz der Hauswände vor Feuchtigkeit. Lediglich der Jugendstil brachte noch einmal eine Renaissance der künstlerisch gestalteten Fliese. Und eine weitere Renaissance folgte im letzten Jahrzehnt des 20. Jh. – fast überall im Land, wo etwas Neues gebaut wurde, ist mit modernen Azulejos gearbeitet worden.

Die schönsten Werke aus Azulejos an der Algarve befinden sich in der Kirche São Lourenço in Almancil, in der Ermida de Santo Cristo in Moncarapacho und am Largo 1° de Dezembro in Portimão, dort stehen Bänke mit schönen Fliesenbildern.

Highlights und Infos
Almancil: São Lourenço, Mo 15–18, Di–Sa 10–13, 15–18 Uhr, s. S. 206.
Moncarapacho: Ermida de Santo Cristo, Mo–Fr 11–13, 14–17 Uhr, s. S. 246.
Literaturtipp: R. Sabo und J. N. Falcato, Azulejos in Portugal – Fliesendekor in Palästen, Gärten und Kirchen, München 1998.

»Isto é triste, isto é fado« – Portugals trauriger Gesang

Wer nach Portugal reist, bekommt es unweigerlich mit dem Fado zu tun, einer Musik, die es tatsächlich nur hier gibt, ähnlich dem griechischen Rembetiko, der außerhalb seines Ursprungslandes genauso wenig existiert – allenfalls einmal auf einer Konzertbühne.

Was aber ist Fado überhaupt und was macht ihn so typisch portugiesisch – und so wenig algarvisch? Angeblich leitet sich das Wort *fado* vom lateinischen *fatum* (Schicksal) ab, und wahrscheinlich wird der Gesang deshalb immer wieder als schicksalsschwanger bezeichnet – eines der Klischees, die den Fado begleiten. Melancholisch sei er, so heißt es, in Molltonarten klagend gesungen. Fado wird oft in engem Zusammenhang mit der sogenannten *saudade* gesehen, einem als typisch portugiesisch bezeichneten Phänomen, das eine Sehnsucht nach besseren Zeiten, nach der verlorenen Liebe, nach einem verlorenen Zuhause benennt.

Wegen dieser rückwärtsgewandten, wenig aktiv anpackenden Grundstimmung, die den Gesängen vermeintlich innewohnt, wurde Fado während der Diktatur von António Salazar sogar verboten. Aber Salazar irrte in gewisser Weise, denn Fado kann melancholisch sein und kann in klagenden Molltönen die unerreichbare Liebe besingen, Fado kann aber auch ausgesprochen heiter sein und ganz im Gegenteil in Dur die neue, vielversprechende Bekanntschaft von nebenan zum Thema haben.

Mysteriöse Ursprünge

Bis heute weiß man nicht genau, wo die Ursprünge des Fado liegen – vielleicht ist er aus einem angolanischen Tanz entstanden, der durch Sklaven nach Brasilien und von dort nach Portugal kam und mit Texten versehen wurde. Oder er entwickelte sich aus der frivolen brasilianischen *modinha*, gelangte mit den von ihrer Reise zurückkehrenden Seeleuten nach Portugal und erhielt hier statt der anrüchigen nun sehnsüchtige Texte. Wie auch immer – Anfang des 19. Jh. ist er in den Hafenvierteln Lissabons aufgetaucht. Seine Anhänger fand der Fado in den sozial schwächsten Kreisen. Fadosänger, die *fadistas*, waren meist kleine Gauner, mitunter auch Zuhälter. Fado wurde in den *casas de fado* gesungen, die eine Mischung aus Bordell und Unterhaltungslokal darstellten. Zunehmend sangen auch Frauen.

In dieses Milieu geriet Mitte des 19. Jh. ein Graf, der sich in die hochgeschätzte Fadosängerin A Severa verliebt hatte – eine Legende schon zu Lebzeiten, die nur 26 Jahre alt wurde. Mit dem Grafen nahm der Fado seinen Weg in die gutbürgerlichen Kreise. Außer in Lissabon spielt Fado auch in der portugiesischen Universitätsstadt

Coimbra eine Rolle, wo er eine Wendung ins Akademische genommen hat und bis heute in Studentenkreisen gesungen und gehört wird.

Ländliche Algarve-Tänze

Fado ist also eine durch und durch städtische Musik, entstanden und groß geworden in einem urbanen Umfeld. Auf dem Land waren dagegen immer andere Klänge zu hören: Ursprünglich hatte in Portugal jede kleine Region ihre eigene Musik, dazu typische Tänze in typischen Kleidern. Mittlerweile ist vieles für den Tourismus leicht verfälscht oder verändert worden. Einige Instrumente hört man immer wieder: *pipas* (Tonflöten), *gaitas de foles* (Dudelsack) und *adufes* (eckiges Tamburin) und Gitarren. Alles das hat mit Fado nichts zu tun. Musik der Algarve kann man heute noch als Folklore bei vielen Festivitäten hören. Meistens wird zum Tanz aufgespielt. Der häufigste Tanz der Algarve ist der *corridinho* – eine Polka, eine schwungvolle, sehr schnelle Angelegenheit, bei der gute Kondition gefragt ist.

Guitarra Portuguesa und Fadista

Zum klassischen Lissabonner Fado spielt eine Gitarre einfache Akkorde, sie legt den Rhythmus zugrunde. Dazu kommt eine spezielle Fado-Gitarre, die *guitarra portuguesa*, die im Dialog mit der Gesangsstimme steht. Sie umspielt die gesungene Melodie oder übernimmt in Gesangspausen die Stimmführung. Die *guitarra portuguesa* ist lautenförmig, ihre zwölf Saiten erzeugen einen metallisch vibrierenden Klang. Das Eindrucksvollste am Fado ist aber der Gesang der Fadistas. Sänger oder Sängerin scheinen mit ihrer gesamten Vortragsweise die Inhalte ihrer Gesänge zu verkörpern. Frauen haben oft ein schwarzes Tuch

Ergreifend melancholisch: der Fado

umgeschlungen, das, wenn sie einen Fado ertönen lassen, fast eine Art Schutzhülle gegen die Härten des Lebens darstellen könnte. Die Klage ertönt als melismatischer Gesang, der an Musik aus dem arabischen Raum erinnert. Für Mitteleuropäer ist mitunter auch die Art und Weise ungewöhnlich, mit der Portugiesen den Gesängen zuhören: sehr konzentriert, versunken in dem besungenen Leiden und Weltschmerz. Andererseits sorgt ein witziger und etwas frivoler Fado beim Publikum für Heiterkeit.

Große Fado-Sänger

Große Fadistas haben in Portugal immer eine wichtige Rolle gespielt. Sie wurden geliebt und verehrt – A Severa, Carlos Ramos, Maria da Fé. Alfredo Marceneiro war einer der ganz großen, er war Schreiner und blieb seinem Beruf treu, trotz seiner Erfolge als Fado-Sänger.

Die berühmteste Fadista des 20. Jh. war Amália Rodrigues, die wie A Severa schon zu Lebzeiten zur Legende geworden war. 1920 im flussnahen Lissabonner Stadtteil Alcântara geboren, machte sie eine wahre Bilderbuchkarriere vom armen Mädchen aus dem Hafenviertel zur großen Fadista, die auf den Brettern der internationalen Bühnen stand: Schon mit 23 Jahren trat sie in Madrid auf, es folgten Paris, Casablanca, Rio de Janeiro, Rom, Berlin, dann Schweden, die Türkei, Japan, die UdSSR, Afrika, Nord- und Südamerika – kurz: Sie brachte den Fado in alle Welt. In den 1940er-Jahren spielte sie in mehreren portugiesischen Filmen mit, die heute wahre Klassiker sind. 1999 ist Amália Rodrigues gestorben, und ganz Portugal trauerte. Neben Größen der portugiesischen Geschichte wie Vasco da Gama oder Heinrich dem Seefahrer wird sie im Panteão Nacional in Lissabon mit einem Kenotaph geehrt.

> **Rund um den Fado**
> **Die schönsten Fados von Amália Rodrigues:** »Uma casa portuguesa«, »Tudo isto é fado«, »Nem às paredes confesso«, »Coimbra«, »Barco negro« – und und und ...
> **Fado live:** Wer guten Fado hören möchte, sollte versuchen, einen Auftritt der bekannten Sänger live zu erleben. Im Sommer geben sie oft Konzerte an der Algarve.
> In Tavira werden gute kurze Fado-Einführungen angeboten: http://fadocomhistoria.wix.com/fado.
> **Fadista-Websites:** www.mariza.com, www.camane.com, www.cristinabranco.com, www.misia-online.com, www.mafaldaarnauth.com.

Moderner Fado

Ende des 20. Jh. hat der Fado eine Renaissance erlebt. Junge Interpreten führen die Tradition fort. Über Jahre hatten Carlos do Carmo, Carlos Paredes, Pedro Caldeira Cabral und Rão Kyão den Fado wachgehalten. Der 2004 verstorbene Carlos Paredes spielte rein instrumentalen Fado auf der Gitarre, Rão Kyão wagte das Experiment, Fado auf dem Saxofon zu spielen. Dann kamen Sängerinnen wie Dulce Pontes, Mísia, Mafalda Arnauth, Cristina Branco, Mariza oder der Sänger Camené, die Fado auf ihre Weise singen, alle aber ziemlich eng an den klassischen Vorbildern bleiben.

Português – romanische Sprache mit arabischen Einsprengseln

Portugiesisch ist eine romanische Sprache, die sich nach dem Zerfall des Römischen Reiches aus dem Vulgärlatein entwickelt hat. Es wurde in der römischen Provinz Lusitania gesprochen.

Entstanden ist Portugiesisch im Nordwesten der Iberischen Halbinsel im heutigen Nordportugal und in Galicien. Als 711 n. Chr. der Süden Iberiens von Mauren besetzt wurde, sprachen die unter den Mauren verbliebenen Christen (Mozaraber) das Latein weiter, das mehr und mehr mit Elementen der arabischen Sprache durchsetzt wurde. In den nicht besetzten nördlichen Regionen entwickelte sich das Latein in verschiedenen Dialekten weiter. Erst nach dem 14. Jh., nachdem die Algarve als letzte Bastion der Mauren zurückerobert war, verband sich das Galicisch-Portugiesische mit dem dortigen Mozarabischen zur portugiesischen Standardsprache.

Arabische Spuren

Die Araber hinterließen in der portugiesischen Sprache viele Spuren, insbesondere sind viele geografische Bezeichnungen und Ortsnamen arabischen Ursprungs, rund 70 % sollen es sein. Viele Begriffe mit der Anfangssilbe *al* deuten auf arabische Wurzeln hin. Auch *tamara* für Dattel geht auf diese zurück.

Zischen und Nasallaute

Mit Kenntnis anderer romanischer Sprachen, zumal des Spanischen, kann man relativ leicht Portugiesisch lesen. Das gesprochene Portugiesisch unterscheidet sich aber erheblich von den anderen romanischen Sprachen, da es durch viele Zisch- und Nasallaute gekennzeichnet ist. Die Aussprache ist weich, viele Wörter werden ineinandergezogen, Vokale und einzelne Silben oft verschluckt, was sich auch im Namen des Lissabonner Stadtteils Bélem zeigt (abgeleitet von Betlehem).

Innerhalb Portugals gibt es nur in vier Regionen regelrechte Dialekte, ansonsten unterscheiden sich die Sprechweisen im Land nicht allzu sehr. Im Norden Portugals wird heute noch manchmal – wie im Spanischen – ›b‹ statt ›v‹ gesprochen. In der Algarve wird das *algarvio* gesprochen, das etwas breiter klingt als das Lissabonner Portugiesisch. Portugiesisch wird von knapp 200 Mio. Menschen gesprochen, ein Großteil davon sind Brasilianer. Was kaum jemand weiß: Nach Chinesisch, Englisch, Spanisch, Hindi, Russisch und Arabisch ist es die am siebthäufigsten gesprochene Sprache.

Zum Lernen
Sprachschule CIAL, Rua General Humberto Delgado 5, Faro,
Tel. 289 80 76 11, www.cial.pt

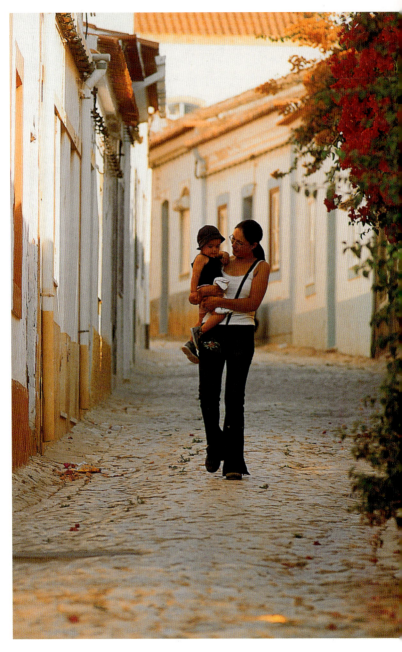

Lídia Jorge gehört zu den wichtigsten zeitgenössischen Schriftstellern in Portugal. Sie wurde 1946 in der Algarve geboren und hat der südportugiesischen Provinz mehrere Romane gewidmet.

Bei portugiesischer Literatur denkt man zuerst an den Literaturnobelpreisträger José Saramago oder an den genialen Fernando Pessoa. Vielleicht kennt man auch António Lobo Antunes, der lange schon als Anwärter auf den Literaturnobelpreis gilt, oder an Luís Vaz de Camões, den Nationaldichter Portugals aus dem 16. Jh. Alle Bücher dieser Schriftsteller sind sehr

1970er-Jahren: ein Dorf im Hinterland, das mit der Entwicklung in den fernen Großstädten nichts, aber auch gar nichts zu tun hat, in dem die Bevölkerung größtenteils nicht lesen und schreiben kann, aus dem die jungen Leute wegziehen und in dem die alten Leute folglich allein zurückbleiben. Dieses Dorf kommt hier und da mit der Moderne in Berührung. Und diese Begegnungen werden grandios beschrieben, z. B. in der Schilderung des Busfahrens, das damals ganz neu war. Ein bisschen lässt sich auf diese Weise der Umbruch nachempfinden, den die ganze Region mitgemacht hat. Auch der Roman »Die Decke des Solda-

Die Schriftstellerin Lídia Jorge

zu empfehlen. Aber mit der Algarve haben sie nicht allzu viel zu tun. Lídia Jorge dagegen, deren Bücher auch ins Deutsche übersetzt sind, ist eng mit der Algarve verbunden. Sie wurde 1946 in dem Algarve-Dorf Boliqueime geboren und ist dort aufgewachsen. In Faro ging sie zur Schule, anschließend verließ sie die Algarve, um in Lissabon zu studieren.

Lesenswert für alle Algarve-Interessierten ist vor allem ihr Roman »Der Tag der Wunder«, der als ein Hauptwerk der neueren Literatur Portugals gilt. Darin beschreibt Lídia Jorge das Leben in einem Algarve-Dorf in den

ten« von Lídia Jorge wurde ins Deutsche übersetzt. Er spielt in der Algarve und in Buenos Aires, und die Autorin schildert hier ebenfalls die sozialen Veränderungen der letzten Jahrzehnte des 20. Jh. 2006 erhielt Lídia Jorge den Literaturpreis »Albatros« der Günter-Grass-Stiftung in Bremen, gemeinsam mit ihrer langjährigen Übersetzerin Karin von Schweder-Schreiner.

Dorfleben an der Algarve: auch Thema in der portugiesischen Literatur

> **Lesetipp**
> ... zu Büchern von Lídia Jorge:
> **Der Tag der Wunder** (O Dia dos Prodígios), Frankfurt/M. 1996.
> **Die Decke des Soldaten** (O Vale da Paixão), Frankfurt/M. 2000.

Unterwegs an der Algarve

Bunte Fischerboote schaukeln auf dem seichten Lagunenwasser der Ria Formosa

Das Beste auf einen Blick

Die Westküste

Highlights!

Carrapateira: Die Schätze des Ortes sind zwei große Sandstrände in spektakulärer Felskulisse. Sie zählen zu den schönsten der Costa Vicentina. Vor allem die Praia do Amado ist für Wellenreiter ein Muss. S. 109

Cabo de São Vicente: Hier endet Europa und das Meer beginnt – der südwestlichste Punkt des europäischen Festlandes ist legendenumwoben und wird natürlich von einem Leuchtturm markiert. S. 122

Auf Entdeckungstour

Im Westen – Heinrich dem Seefahrer auf der Spur: Der berühmte Infante, der seinem Namen zum Trotz nur einmal wirklich in See stach, hat in diesem abgelegenen Winkel die großen nautischen Abenteuer der Portugiesen in die Wege geleitet. Die Tour führt zu den Plätzen, die bis heute mit seinem Namen in Verbindung gebracht werden. S. 118

Kultur & Sehenswertes

Aljezur: Die malerische Altstadt ist an einen steilen Hang gebaut. Oben auf dem Hügel thront eine Kastellruine und in den Gassen warten gleich drei kleine Museen darauf, besichtigt zu werden. S. 106

Nossa Senhora da Guadalupe: Eine frühgotische Kapelle mitten in der Landschaft, die durch ihre Einfachheit und Ruhe besticht. S. 113

Zu Fuß & mit dem Rad

Radtour oder Wanderung: Auf der Piste entlang der Steilküste bei Carrapateira gewinnt man die schönsten Landschaftseindrücke. Herrliche Ausblicke sind hier garantiert! S. 110

Trilho Ambiental do Castelejo: Der hübsche, kleine Naturpfad führt durch das Gebiet der Costa Vicentina bei Vila do Bispo. S. 116

Genießen & Atmosphäre

Strandlokal an der Praia do Castelejo: Ein Getränk mit Blick auf den Strand und die stets und ständig anrollenden Wellen. S. 114

Letzte Bratwurst vor Amerika: Im Sommer ist die Kultwurst am Cabo de São Vicente zu haben – knackige Thüringer oder Nürnberger genießen und dabei über den Atlantik in die Ferne gucken (fast bis Amerika ...). S. 123

Abends & Nachts

Warten, bis die Sonne untergeht: An der gesamten Westküste hat man fantastische Sonnenuntergänge. Gute Punkte sind die Praia de Odeceixe, die Steilküsten bei Arrifana und bei Carrapateira sowie das Cabo de São Vicente. S. 105, 108, 109, 122

Bis zum frühen Morgen: Wer Westküsten-Nightlife sucht, findet vor allem in Sagres gute Adressen. S. 122

Der Westen von Al-Gharb

Europas südwestlichster Winkel ist windumtost und mythenumwittert. Hier zeigt sich die Algarve von ihrer herben Seite – selbst an warmen Sommertagen. Ein steter Wind braust über die karge Vegetation auf dem hohen Felsplateau, das abrupt und steil ins Meer abfällt. Nur an wenigen Stellen haben sich grandiose Strände gebildet. Die Natur an der Costa Vicentina ist ursprünglicher als an jedem anderen Küstenfleck im Süden Portugals und glücklicherweise in weiten Abschnitten unter Schutz gestellt. Doch ein natürlicher Schutz ganz eigener Art ist das Klima: Dadurch, dass diese südwestliche Ecke Portugals so rau und wenig lieblich ist, hat der Tourismus hier bisher nur in ganz geringem Maße Fuß gefasst – kein Vergleich mit den Algarve-Regionen weiter östlich, in denen es um einiges milder und wärmer und auch die Meeresbrandung etwas zurückhaltender ist.

Diese westliche Algarve ist etwas für Naturliebhaber, für Individualisten, für diejenigen, die von gekünsteltem Gehabe und lauter Geselligkeit, von Massentourismus, Shopping, Events und stylishem Nightlife nichts wissen wollen, die sich lieber den Wind um die Nase wehen und das Haar zerzausen lassen und den Duft der Macchia lieben. Die nach einem Strandtag beim Abendessen im Strandlokal einfach das Badelaken um die Schultern schlingen, um sich vor dem kühlen Abendwind zu schützen, und das Ausgehkleid daheim gelassen haben.

Infobox

Reisekarte: ▶ A/B 2–6

Touristeninformation
Es gibt zwei Postos de Turismo an der Westküste: in Sagres und in Aljezur.

Internet
www.letztebratwurst.eu: s. S. 18
www.westalgarve.de: Auflistung von Ferienhäusern und -wohnungen, außerdem ein paar Infos zu Odeceixe.

Anreise und Weiterkommen
Von Norden her erreicht man die Westküste über die N 120 und die N 268. Ab Vila do Bispo führt die N 125 in Richtung Osten parallel zur Küste. Es gibt an öffentlichen Verkehrsmitteln nur Busse der EVA-Transportes, keine Zugverbindungen. Ab Lagos fahren mehrmals täglich Busse nach Sagres, nach Aljezur und Odeceixe werktags ebenfalls mehrmals täglich, samstags sehr eingeschränkt, sonntags gar nicht.

Odeceixe ▶ B 2

Im äußersten Nordwesten der Algarve liegt unmittelbar an der Grenze zum Alentejo der kleine Ort Odeceixe. Den Grenzfluss zur Nachbarprovinz bildet die Ribeira de Seixe, die hier ein breites, flaches Tal mit einer lieblichen Auenlandschaft durchfließt und 3,5 km westlich von Odeceixe in den Atlantik mündet. An der Südseite des Flusstals ziehen sich die Häuser von Odeceixe den Hang hinauf.

Wer durch die stillen Gassen hinaufsteigt, kann ganz schön ins Keuchen kommen, denn es geht steil bergauf. Ganz oben werden die Mühen

Odeceixe

dann belohnt: Zum einen bietet sich ein schöner Blick in das Flusstal, zum anderen thront auf dem Hügel eine ausgesprochen hübsche **Windmühle** (Rua 25 de Abril, Juli–Sept. Di–Sa 10–16.30 Uhr), die restauriert und hergerichtet wurde. Das Prachtexemplar besucht man am besten, wenn eine leichte Brise herrscht – dann nämlich kann man das leise Konzert wahrnehmen, das die windumblasenen Tongefäße an den Schnüren zwischen den Mühlenflügeln erzeugen.

Weiter unten im Dorf geht es besonders in den frühen Abendstunden etwas lebhafter zu. In den Cafés und Kneipen treffen sich die Dorfbewohner, und im Sommer gesellen sich Touristen dazu. Die Leute aus Odeceixe sprechen teilweise sogar ein paar Brocken Deutsch, denn der kleine Ort mit seinem schönen Strand ist Lieblingsziel vieler junger Deutscher.

Praia de Odeceixe ▶ B 2

Der schöne Strand (s. Lieblingsort S. 105) erstreckt sich – umrahmt von etwas höheren Felsen – direkt an der Mündung der Ribeira de Seixe, also 3,5 km westlich von Odeceixe. Insbesondere in der Nebensaison ist er vollkommen leer, in der Hochsaison kommen vorwiegend jüngere Urlauber. In bester Lage am Hang oberhalb der Praia de Odeceixe liegen die Häuschen und Gassen des gleichnamigen Dorfes. Es gibt mehrere Lokale und Café-Bars mit tollem Blick aufs Meer, auf den Strand oder auch auf die Flussmündung der Ribeira de Seixe.

Übernachten

Vollkommene Ruhe – **Casa Vicentina:** Monte Novo, Tel. 282 94 74 47, www.casavicentina.pt, DZ 80–125 €. Mitten in der Landschaft südwestlich von Odeceixe ist dieses gepflegte, leicht buddhistisch inspirierte Haus zu finden. Man mietet sich in Zimmern oder Apartments ein.

Kleine Dorfhäuser – **Casas do Moinho:** Rua 25 de Abril 44, Tel. 282 94 92 66, www.casasdomoinho.com, DZ 70–120 €. Oben im Dorf in der Nähe der Mühle wurden mehrere typische Häuschen restauriert und in unterschiedlich große, geschmackvoll eingerichtete B & B-Unterkünfte umgewandelt. Swimmingpool zum Relaxen.

Sympathisch solide – **Casa Celeste:** Rua Nova 9, Tel. 282 94 71 50, www.casaceleste.web.pt, DZ 45–70 €. Zentral im Ort gelegen. Schöne kleine Zimmer und freundliche Atmosphäre.

Ungekünstelt – **Pensão Luar:** Rua da Vareza 28, Tel. 282 94 71 94, DZ 35–80 €. Kleine, freundliche Pension im unteren Ortsteil nahe der Straße zur Praia de Odeceixe.

Strandnah – In Praia de Odeceixe werden in dem Restaurant an der Straße oberhalb des Strandes ein paar einfache Zimmer vermietet.

4-Sterne-Campen – **Parque de Campismo de São Miguel:** Camping 2 km außerhalb von Odeceixe an der Straße nach Lissabon.

Essen & Trinken

Gepflegt – **Restaurante Taberna do Gabão:** Rua do Gabão 9, ab 8 €. Ein sympathisches Restaurant, in dem man gute portugiesische Küche genießt.

Hausmannskost – **Chaparro:** Rua do Correio, 7–16 €, auch Kleinigkeiten und Salate um 4 €. Nettes Lokal unten im Dorf in der Nähe der Post. Drinnen sitzt man sehr schön, draußen gibt es ein Plätzchen unter einem Ziegeldach.

Schlicht und lauschig – **Retiro do Adelino:** Rua Nova 20, 7–10 €. Lauschig

Lieblingsort

Sonnenuntergang an der Praia de Odeceixe ▶ B 2
Die Schatten werden schon länger, aber es dauert noch ein bisschen, bis die Sonne zur himbeerroten Scheibe wird, sich langsam aber stetig der Horizontlinie nähert und sie schließlich berührt. Dann kann man zusehen, wie sie nach und nach im Wasser verschwindet. Wenn die Sonne ganz rot untergeht, bleibt das Wetter schön, so heißt es ja.
Wo genau an der Praia de Odeceixe die beste Stelle für den Sonnenuntergang ist, lässt sich schwer sagen, ob unten am Strand oder oben an der Küstenstraße oder am Parkplatz über dem Meer – überwältigend ist dieses Naturschauspiel überall.

Die Westküste

sitzt man in dem kleinen Pátio, ansonsten ist es einfach und gut. Genauso sind auch die Gerichte.

Infos & Termine

Touristinformation
In der Saison gibt es eine kleine Informationsstelle in Praia de Odeceixe.

Verkehr
Bus: Odeceixe liegt an der Strecke Lagos–Aljezur–Alentejo, Mo–Fr fünfmal täglich, Sa einmal.
Zug: In der Saison geht es mit einem kleinen Zug von Odeceixe und Malhadas zur Praia de Odeceixe.
Taxi: Taxistand gegenüber der Markthalle.

Feste
Sudoeste-Festival: Aug. Bei dem Musikfestival im altentejanischen Zambujeira do Mar nördlich von Odeceixe treten portugiesische Musiker oder auch schon mal internationale Größen wie Gilberto Gil auf. Nach aktuellen Daten und Programm kann man sich beim Turismo oder im Internet erkundigen (www.meosudoeste.pt und www.musicanocoracao.pt).

Aljezur ▶ B 3

Aljezur südlich von Odeceixe besteht aus einem alten und einem neuen Ortsteil, die durch das Flüsschen Ribeira de Aljezur getrennt sind. Bei der Einfahrt aus Richtung Norden hat man einen schönen Blick auf den am Hang gelegenen alten Teil mit der Burganlage. Die Straße führt zunächst am neuen Ortskern vorbei, und unmittelbar hinter der Brücke zieht sich das historische Zentrum hinauf.

Altstadt

Unten am Fluss, der hier von hohen Pappeln gesäumt ist, bildet der **Lar-**

In engen Kurven führt die Straße bei Aljezur hinunter zum Meer

Aljezur

go do Mercado noch vor der Brücke einen kleinen Treffpunkt. Hier befindet sich ein kleiner Parkplatz. Eine schmale Fußgängerbrücke führt auf die andere Seite des Flusses und zur Altstadt. Durch die Sträßchen spaziert man am besten zu Fuß.

Museen
Alle: Di–Sa 10–13, 14–18, im Winter Di–Sa 9–13, 14–17 Uhr; im Winter nur mit Voranmeldung: Tel. 282 99 10 11

Gleich drei kleine Museen gibt es in Aljezur: Am Ende der Rua João Dias Mendes liegt am Largo 5 de Outubro das **Museu Municipal** mit einer kleinen archäologischen Sammlung und einer Ausstellung mit landwirtschaftlichem Gerät aus der Region Aljezur. Weiter bergauf kommt man zunächst zum **Museu Antoniano** (Rua do Gabão), das dem Leben des hl. Antonius gewidmet ist, und schließlich in der Rua do Castelo zur **Casa Museu José Cercas** (Rua do Castelo) mit Gemälden des aus Aljezur stammenden Malers José Cercas, der 1992 verstarb und sein Werk seinem Heimatstädtchen vermachte. Auf halber Höhe die Rua do Castelo bergauf steht am Largo Rainha Dona Leonor die **Igreja da Misericórdia** (16. Jh.), der eine Sammlung mit sakraler Kunst angeschlossen ist **(Museu de Arte Sacra,** Rua Dom Paio Pires Correia).

Castelo
frei zugänglich

Oberhalb der Altstadt thront das Castelo, das auf eine Gründung der Mauren im 10. Jh. zurückgeht. An die Anwesenheit der Mauren erinnert übrigens auch der Ortsname: Er stammt vermutlich vom arabischen *al-juzur* (Inseln) ab. Bei archäologischen Grabungen stieß man hier oben auch auf Spuren aus der Eisenzeit, wiewohl man weiß, dass eine Besiedlung schon wesentlich früher stattgefunden hat. Die Lage war günstig und bot die Möglichkeit, den Fluss zu beobachten, der wenige Kilometer westlich von Aljezur in den Atlantik mündet. Eukalyptusduft und das Bimmeln von Ziegen- und Kuhglocken aus dem Tal herauf begleiten den Besuch der Burganlage, heute eine Ruine.

Neustadt

Östlich des Flusses lohnt auch die Neustadt (Igreja Nova genannt) einen kurzen Besuch. Dieser neue Ortsteil entwickelte sich um die **Igreja Matriz** oder auch **Igreja Nova** (Rua da Igreja), die nach dem Erdbeben 1755 außerhalb der Altstadt errichtet wurde. Der **Largo 1° de Maio** neben der Kirche und die Straßen um den Platz bilden das Zentrum der Neustadt von Aljezur.

Vale da Telha ▸ B 3

Westlich von Aljezur zum Atlantik hin erstreckt sich ein Hochplateau, das man vor Jahren im großen Stil touristisch erschließen wollte. Rund um **Vale da Telha** zeugt eine merkwürdig zersiedelte Landschaft mit vielen kleinen Straßen und verstreuten Häuserkomplexen von den Vorhaben, die vorerst auf Eis gelegt zu sein scheinen, da die erwarteten Gäste von Anfang an ausblieben – unter anderem wohl wegen des vergleichsweise rauen Klimas.

Strände bei Aljezur ▸ A 3/4

An den Stränden hier ist es fast immer ein paar Grad kühler als am Meer bei Lagos oder Albufeira. Einen schönen Strand und eine hübsche Ansiedlung

Die Westküste

Toller Blick bei Arrifana
Von dem hohen Felsenkap Pedra da Carraça mit einer alten Burgruine (Fortaleza da Arrifana) bietet sich ein grandioser Blick auf den Atlantik, auf den Ort und den Strand von **Arrifana** und die lange, Respekt einflößende Steilküste. Recht gut erkennen man südlich in der Ferne die Praia da Bordeira vor dem kleinen Landvorsprung, jenseits davon blickt man weiter in Richtung Cabo de São Vicente.

von Häusern gibt es in **Monte Clérigo**. Mit dem Auto ist auch die **Praia da Amoreira** etwas weiter nördlich gut zu erreichen. Zwar ist die Anfahrt relativ lang, dafür ist der Strand leer und landschaftlich sehr schön mit seiner kleinen Lagune, die sich landeinwärts zieht

Die **Praia da Arrifana** im Süden wirkt landschaftlich beinahe gewaltig und düster – hohe dunkle Felsen, über die sich die Häuseransammlung der gleichnamigen kleinen Ortschaft hinzieht, säumen die Bucht. Unten gibt es einen kleinen Fischerhafen, am Strand und in Praia de Arrifana mehrere Lokale; in den Restaurants im Ort werden auch Privatzimmer vermietet.

Übernachten

Natur und weiter Blick – **Alto da Lua:** Sítio Corte Pero Jaques – Espinhaço de Cão, Tel. 282 35 60 47, www.altodalua.eu, DZ 96 €. Dieses kleine Hotel mit 11 Zimmern – ein gelungener Mix aus Alt und Modern – steht südlich von Aljezur in den Westausläufern der Serra de Espinhaço de Cão. Von hier ist man schnell in Aljezur, an den Stränden oder auch in Lagos.
Ruhe garantiert – **Muxima:** Montes Ferreiros, Aljezur, Tel. 917 05 99 69, www.muxima-montesferreiros.com, DZ 85–140 €. Sehr einsam in der Landschaft stehendes Haus, dessen Zimmer liebevoll mit einem Hauch Afrika eingerichtet sind.
Hoch über dem Meer – **Casas do Mar:** Praia da Arrifana, 8670-111 Aljezur, Tel. 282 76 76 45, www.casasdomar.com, Apartment ca. 80 €. Ein paar wenige Apartments für 2–4 Personen und ein Zimmer werden vermietet. Wer Glück hat, erwischt ein Apartment mit sagenhaftem Blick hinunter auf die Küste und aufs Meer.
Ein Haus im Dorf – **Carpe Vita:** Rua Serro do Mosqueiro 36, Aljezur, Tel. 963 25 65 81, www.carpe-vita.com, www.casasbrancas.pt, DZ 70–95 €. Eine ganz besondere Unterkunft: Sechs traditionelle Häuschen im alten Zentrum von Aljezur wurden für Feriengäste (2–4 Pers. pro Haus) eingerichtet.
Für Algarve-Traveller – **Amazigh Hostel:** Rua da Ladeira 5, Aljezur, Tel. 282 99 75 02, www.amazighostel.com. Bett ab 15 €. Modernes, gepflegtes Hostel im alten Dorfkern mit Doppel-, Familien- und Mehrbettzimmern. Ansprechend und funktional eingerichtet.
Modern – **Jugendherberge:** Urbanização Arrifamar, Praia da Arrifana, Tel. 282 99 74 55, arrifana@movijovem.pt. Die Jugendherberge befindet sich auf dem Felsplateau oberhalb der Praia do Arrifana.
Campingplatz – **Parque de Campismo de Serrão***:** 1600 Plätze, nördlich von Aljezur an der Straße zur Praia de Amoreira, Tel. 282 99 02 20.

Essen & Trinken

Nomen est omen – **Paraíso do Mar:** Praia da Amoreira, ab 10 €. Sehr be-

Carrapateira

Beste Fischgerichte bietet das Restaurant Paraíso do Mar an der Praia da Amoreira

liebtes Restaurant direkt am Strand, in dem es beste Fischgerichte, aber auch Einfaches gibt. Die Auswahl an Weinen ist groß und die Lage für Sonnenuntergänge ideal!

Solide – **Portal da Várzea:** Quinta do Sabugueiro, N 120, 8–11 €. Angenehmes Restaurant am Fuß der Neustadt in der Nähe des Kreisels. Es gibt zum Beispiel Schweinefleisch mit Muscheln.

Ausgezeichnet – **Ruth:** Rua 25 de Abril 14, ab 9 €. Ruth hat schon die eine oder andere offizielle Auszeichnung erhalten. Die Karte ist hervorragend, die Auswahl an Vorspeisen gut, und man sitzt nett.

Gute Stimmung – **Pont'a Pé:** Largo da Liberdade 16, 6–16 €. Beliebtes Lokal mit Terrasse, in dem man leckeren Fisch, Meeresfrüchte und viele Salate bekommt. Im Frühjahr gibt es draußen abends ein Froschkonzert, ansonsten drinnen oft Livemusik bis in die Nacht.

Weitere Strandlokale – An der Praia Monte Clérigo sitzt man ganz nett im Restaurant **O Zé,** ein Strandhäuschen mit einer Terrasse zum Strand. Im **A Rede** bekommt man viele gute Snacks für den kleinen Hunger.

Infos

Posto de Turismo: Rua 25 de Abril 62, Tel. 282 99 82 29, www.visitalgarve.pt, www.cm-aljezur.pt und www.aljezur.net (auch deutsch und engl.).

www.aljezur-info.de: Zahlreiche Informationen zum Naturschutzgebiet, zu Stränden, Sport, Zimmern, Apartments – nicht 100 % aktuell, trotzdem ganz informativ.

Bus: Mo–Sa bis zu fünfmal tgl. von Lagos nach Aljezur. Busverbindungen auch zu den Stränden (Information im Touristenbüro).

Carrapateira! ▸ A 4

Der hübsche kleine Ort Carrapateira ca. 20 km südlich von Aljezur lohnt mindestens einen Zwischenstopp. In

Die Westküste

schönster Lage steht die **Dorfkirche** (Rua da Igreja) aus dem 16. Jh. mit schlichtem manuelinischem Portal, vom Kirchvorplatz bietet sich ein Blick über den Ort und in die Umgebung. Zudem sind Überreste einer **Burganlage** aus dem 17. Jh. erhalten.

Die eigentlichen Schätze von Carrapateira sind seine großen Strände. Beide sind in den Sommermonaten sehr beliebt und frequentiert, ohne aber überfüllt zu sein. An der **Praia da Bordeira** nordwestlich des Ortes bildet die **Ribeira da Carrapateira,** die hier in den Atlantik mündet, je nach Wassermenge im Fluss einen kleinen Lagunensee, der für Kinder ein sicheres Planschbecken abgibt.

Wellenreiter kommen vor allem südwestlich an der wunderschönen **Praia do Amado** voll auf ihre Kosten. Zwar bietet sich die gesamte Küste bei Carrapateira zum Wellenreiten an, besonders geeignet ist aber dieser Strand, hier gibt es auch entsprechende Schulen. Beste Landschaftseindrücke hat man von der Schotterpiste, die oberhalb der Küste am Felsrand verläuft und beide Strände miteinander verbindet.

Wanderung oder Radtour ▶ A 4

Rundtour, Länge ca. 8 km

Auch weniger Geübte können die kleine Landspitze bei Carrapateira auf der breiten Piste oberhalb der **Praia do Amado** und der **Praia da Bordeira** mühelos umrunden. Die Strecke eignet sich auch sehr gut für eine Tour mit dem Mountainbike. Da es keinerlei Schatten gibt, sollte man vor allem im Sommer entweder einen bewölkten Tag, einen frühen Vormittag oder den späteren Nachmittag zum Wandern wählen.

Man startet in **Carrapateira,** folgt der Hauptstraße N 268 ein Stück nach Norden aus dem Ort hinaus und biegt sodann nach links in die **Estrada da Praia** Richtung Praia da Bordeira ein. Hat man die kleinen Häuser und das **Restaurante O Sítio do Rio** hinter sich gelassen, öffnet sich bald auch schon der Blick auf den Strand in der Ferne. Hinter dem **Parkplatz** steigt die Straße in einer Kurve etwas an, um schließlich die Höhe des Steilküstenplateaus zu erreichen. Auf dem gesamten Wegstück sieht man rechterhand die **Praia da Bordeira** und davor die **Ribeira da Carrapateira.** Sobald die schmale Straße ihre Höhe erreicht hat, tut sich der Blick auf den Atlantik auf, rechts kann man nun die Praia da Bordeira in ihrer gesamten Ausdehnung erkennen. Wege führen zu ihr hinab. Die Straße geht in eine Schotterpiste über und

Auf der Landspitze bei Carrapateira

Carrapateira

Auch für Anfänger geeignet: An den Stränden bei Carrapateira gibt es mehrere Surfschulen

beschreibt einen weiten Bogen in Richtung Westen. Das Meer breitet sich als weite blaue Fläche bis zum Horizont aus, immer wieder führen schmale Holzstege durch die karge Vegetation bis zur Felskante. Am **Kap** biegt die Piste nach Südosten ab und folgt der Küstenlinie oben auf der Hochebene.

Nach einer Weile kommt eine Auflockerung der Küstenlinie in Sicht – die weite Bucht des Amado-Strandes kündigt sich an. Es geht vorbei am **Restaurante O Sítio do Forno** und schließlich direkt auf die grandiose **Praia do Amado** zu. Tosende Wellen branden an den Strand, der ein beliebtes Surferrevier ist. Am **Parkplatz** beim **Surfcamp** dreht die Piste wieder landeinwärts – zuvor kann man mit Blick auf das Meer eine Pause in einem der einfachen Strandcafés einlegen. Durch eine sanft gewellte Dünenlandschaft führt der Weg zurück nach Carrapateira, das plötzlich zwischen zwei Hügeln in der Ferne auftaucht.

Übernachten

Sehr beliebt – **Pensão das Dunas:** Rua da Padaria 9, Carrapateira, Tel. 282 97 31 18, www.pensao-das-dunas. pt, DZ 30–70 €, Frühstück 7,50 € pro Person, Kinder unter zehn Jahren 5 €. Wunderschöne einfache Pension mit einem kleinen Garten, leider nach hinten raus ein paar Bauruinen. Im Sommer sollte man so früh wie möglich reservieren, da es insgesamt nur wenige Übernachtungsmöglichkeiten in der Gegend gibt und die Pension sehr beliebt ist. Außer Zimmern werden auch kleine Ferienwohnungen vermietet.

Essen & Trinken

Beliebt und lebhaft – **O Sítio do Rio:** Estrada da Praia, nördlich des Dor-

Die Westküste

Mein Tipp

Pedralva – die Renaissance eines Dorfes ▶ A/B 5
Das Minidorf südöstlich von Carrapateira und ca. 5 km von der Küste entfernt wäre nicht weiter der Erwähnung wert, gäbe es hier nicht ein kleines interessantes Tourismusprojekt – eine Mischung aus Hotel, Feriendorf und Apartmentanlage. Pedralva zählte zu den fast völlig verlassenen Dörfer, auf die man im Hinterland der Algarve öfters trifft. Die jungen Leute zogen mangels Arbeitsmöglichkeiten weg und selbst ein paar Deutsche, die sich in den 1970er-Jahren angesiedelt hatten, um einen alternativen Lebensstil im Südwesten Europas auszuprobieren, kehrten zurück in die Heimat. Dann kam António Ferreira auf der Suche nach einem eigenen Ferienhaus aus Lissabon hierher und wurde fündig. Es entging ihm nicht, dass es neben seinem noch weitere Häuser in der Nachbarschaft gab, die zu verfallen drohten. So kam ihm die Idee, nach und nach die Dorfhäuser zu kaufen, instandzusetzen und Feriengästen anzubieten. Gesagt, getan.
Innerhalb weniger Jahre hat er das Dorf auf diese Weise wiederbelebt und verschönert. Die Hauswände sind geweißelt, Türen und Fenster dezent bunt gestrichen, die Gassen gepflegt. Ein paar Dorfbewohner, die geblieben sind, freuen sich über so viel Ansehnlichkeit. In den renovierten Häusern werden Zimmer oder kleine Apartments vermietet. Alles ist so eingerichtet, dass man total zur Ruhe kommen kann. In den Zimmern gibt es keine Fernseher und kein WLAN. Aber wer gar nicht ohne kann, findet im Rezeptionsgebäude alles, was der Mensch heutzutage zu brauchen meint. Es gibt einen Swimmingpool mit Blick in die ruhige Landschaft sowie ein Restaurant. Für Abwechslung sorgt ein vielseitiges Angebot an Aktivitäten. Von Surfen über Biken bis hin zu Reiten auf Pferden oder Eseln kann hier alles organisiert werden (Aldeia da Pedralva, Rua de Baixo, Carrapateira, 8650-401 Vila do Bispo, Tel. 282 63 93 42, www.aldeiadapedralva.com, DZ ab 73 €).

fes an der Straße Richtung Praia da Bordeira, Tel. 282 97 31 19, Tagesgericht und Dessert, Wein Kaffee 12,50–15 €. Nicht direkt am Strand gelegen. Im Sítio do Rio kommen leckere traditionelle Gerichte auf den Tisch, man sitzt nett, es schmeckt gut und es gibt auch Vegetarisches.
Mit Meerblick – **O Sítio do Forno:** An der Piste zwischen der Praia da Bordeira und Praia do Amado, Tel. 282 97 39 14, ca. 9 €. Es gibt gute und günstige Fischgerichte und der Blick aufs Meer ist einmalig.

Aktiv

Surfen – Organisierte Surfurlaube mit Unterricht bietet **Surfcamp-Algarve** allen am Surfen Interessierten (www.surfcamp-algarve.de).

Vila do Bispo ▶ A 5

Eine von alten Pinien und hochgewachsenen Eukalyptusbäumen gesäumte Straße führt nach Vila do Bispo. Das ›Städtchen des Bischofs‹ ist Sitz

Vila do Bispo

der Verwaltung dieser Region, deren bekanntester Ort das nahe gelegene Sagres ist. Vila do Bispo ist ziemlich unspektakulär und profitiert in erster Linie von den vielen Stränden in der Umgebung.

Dorfkirche
Praça da República
Auffälligster Bau im Ort ist die weiß strahlende Kirche aus dem 18. Jh. Wer sie offen vorfindet, beispielsweise an einem Sonntagvormittag, sollte einen Blick hineinwerfen: Sie ist sehr eindrucksvoll mit Wandfliesen ausgekleidet, deren Einheitlichkeit lediglich durch einige *talha-dourada*-Verzierungen unterbrochen wird. Die dreiteilige Holzdecke ist mit Zierranken und Putten bemalt.

Neben der Kirche befindet sich ein kleiner Dorfplatz. Hier und in den Straßen drumherum lassen verschiedene Restaurants auf Tourismus in kleinem Stil schließen.

Nossa Senhora da Guadalupe ▶ A/B 5

Raposeira, nördlich der N 125, braunes Hinweisschild, im Sommer Di–So 9.30–13, 14–18.30, im Winter Di–So 9–13, 14–17.30 Uhr, s. auch Entdeckungstour S. 120
Einen kleinen kulturellen Schatz findet man ca. 4 km östlich von Vila do Bispo zwischen den Dörfern Raposeira und Figueira: die Kapelle Nossa Senhora da Guadalupe. Das weiße Kirchlein, das im Jahre 1942 zum Nationalmonument erklärt wurde, steht östlich von Raposeira an der alten schmalen N 125, über die einst der gesamte Verkehr, auch der Busverkehr, verlief. Die schlichte Kapelle wurde wahrscheinlich in der zweiten Hälfte des 13. Jh. gebaut, direkt nach der Vertreibung der Mauren aus der Region. Sie weist romanische und frühgotische Stilmerkmale auf. Die Kapitelle am Portal sind mit Tauen und Figuren geschmückt. In dem schlichten Innenraum sind besonders hübsch die einfache kleine Rosette über dem Eingang und die Schlusssteine im Chor sowie die Kapitelle, die Pflanzenteile und einfache Menschen- und Tierköpfe, darunter rechts vorne am Altarbogen einen Stierkopf, zeigen. Der steinerne Stierkopf als Symbol für Macht und Stärke ist einzigartig in einer portugiesischen Kirche. Neben dem Bau stieß man auf römische Spuren, Becken und Rinnen, die in den Fels geschlagen wurden. Angeschlossen ist ein Informationszentrum.

Strände bei Vila do Bispo ▶ A 5

Die große Attraktion von Vila do Bispo sind die Strände westlich bzw. nordwestlich und südlich des Ortes. Wie auch weiter nördlich sind die Strände **Praia do Castelejo** (s. Lieblingsort S. 114) **Praia da Cordama** und **Praia da Barriga** an der Westküste direkt der Wucht des Atlantiks ausgesetzt. Sie liegen am Fuß der hohen Steilküste und sind landschaftlich absolut großartig. Zur Praia do Castelejo führt ein Wanderweg von der Straße hinunter. Lediglich in den Hochsaisonmonaten ist es an diesen Stränden mal etwas voller, aber nie auch nur ansatzweise überfüllt. Weil sie wenig Schutz gegen Westwinde bieten, können sie nicht gerade als lieblich bezeichnet werden – vielleicht ist dies einer der Gründe, dass sie stets vergleichsweise leer bleiben.

Schotterpisten führen über das Hochplateau nordwestlich von Vila do Bispo zu den Stränden. Dabei passiert

Lieblingsort

Schönster Strand im Westen – Praia do Castelejo ▶ A 5
Es gibt viele unglaublich schöne Strände an der Costa Vicentina, aber dieser gehört wirklich zu den allerschönsten! Er ist gut zu erreichen und doch weit genug weg – von allem –, um jemals voll oder überfüllt zu sein. Man kann einen ordentlichen Strandspaziergang machen, immer an der tosenden Brandung entlang. Ansonsten einfach aufs Strandlaken und zwischendurch in die Wellen – aber Vorsicht, die haben es in sich! Und ein *galão* auf der Holzterrasse des Strandlokals gehört unbedingt auch dazu.

Die Westküste

man die **Torre de Aspa,** die mit 156 m die höchste Erhebung in diesem Küstenabschnitt darstellt und von einem kleinen Steinturm markiert wird.

Die kleineren Strände und Strandbuchten südlich von Vila do Bispo haben einen völlig anderen Charakter. Sie liegen bereits im Schutz der südwestlichen Spitze Portugals in einer lang gezogenen Bucht, entsprechend ist der Atlantik hier auch etwas abgemildert, Wellen und Winde zeigen sich etwas weniger stürmisch.

Trilho Ambiental do Castelejo ▸ A 5

Leichter Rundwanderweg, Länge 3,5 km, Dauer 1,5 Std.
In der gesamten Region, die zur Costa Vicentina gehört, lässt sich auf dem windigen Hochplateau über dem Meer wandern. Die Wege sind bisher – bis auf die Rota Vicentina (s. S. 41) – nicht gut ausgeschildert, aber die Orientierung ist einfach. Dabei gilt: niemals zu nahe an die Felskante, da diese nicht eindeutig gesichert ist.

An einem **Picknickplatz** an der **M 1265** von Vila do Bispo zur **Praia do Castelejo** und zur Praia da Cordama beginnt ein als Naturpfad *(trilho ambiental)* angelegter, etwa 3,5 km langer Rundwanderweg. Er durchquert kleine Pinienwäldchen und Macchiagebiete. An einigen Stellen bieten sich schöne Ausblicke. Vom nördlichen Zipfel des Naturpfades führt die Piste hinunter zur gut 1 km entfernten **Praia do Castelejo.**

Übernachten

Sympathisches Dorfhotel – **Hotel Mira Sagres:** Rua 1° de Maio 3, Tel. 282 63 91 60, DZ 60–115 €, www.hotelmira sagres.com. Früher eine einfache Pension, jetzt ein modernes Hotel mitten in Vila do Bispo gegenüber der Kirche. Zimmer auch mit Balkon oder Terrasse, Indoor-Swimmingpool und Spa mit Massagen und Sauna.

Essen & Trinken

Slowfood – **A Eira do Mel:** Estrada do Castelejo, Tel. 282 63 90 16, ab 14,40 €. Schönes Restaurant – nur zum Drinnensitzen – am Rand von Vila do Bispo an der Straße Richtung Castelejo-Strand. Das Eira do Mel hat sich der Slow-Food-Bewegung angeschlossen und bietet mehrere vegetarische Gerichte an. Das Gemüse stammt aus regionalem biologischen Anbau.

Beliebt – **Ribeira do Poço:** Rua Ribeira do Poço 11, www.ribeiradopoco.com, 8–14 €. Einfaches modernes Lokal im Ort, in dem man gut isst.

Wanderung bei Vila do Bispo

Die Windrose in der Fortaleza de Sagres gibt Rätsel auf

Sagres ▸ A 6

10 km südwestlich von Vila do Bispo liegt in karger, unfruchtbarer Landschaft das legendäre Sagres, dessen Namen die meisten Algarve-Besucher schon vor Reiseantritt kennen.

Der erste Eindruck ist meistens enttäuschend, denn bei aller Bekanntheit hat der mit rund 2000 Einwohnern recht kleine Ort nicht allzu viel zu bieten. Genauer gesagt gibt es keinen wirklichen Ort mit gewachsenem Kern. Häuser und Straßen liegen etwas verloren auf der baumlosen, windumbrausten Hochebene, und dörfliches Leben findet man allenfalls an der **Praça da República**, wo es mehrere immer gut besuchte Cafés und Restaurants gibt. Ansonsten scheint man hier im Südwesten Europas tatsächlich am Ende der Welt angekommen zu sein.

Einen Abstecher lohnt der Hafen von Sagres, der **Porto da Baleeira,** in dem es ausgeprägten Fischereibetrieb gibt. Die eigentliche Bedeutung von Sagres aber ist historischer und geografischer Natur. Organisierte Bustouren lassen den Ort jedoch meist links liegen und fahren direkt zu den beiden Attraktionen außerhalb: der geschichtsträchtigen Fortaleza und dem beinahe etwas mythisch anmutenden Cabo de São Vicente.

Fortaleza de Sagres ▸ A 6

Sagres, N 268-2, tgl. Juli, Aug. 9.30–20.30, Mai, Juni, Sept. 9.30–20, April, Okt. 9.30–18.30, Nov.–März 9–17.30 Uhr, s. auch Entdeckungstour S. 118
Die **Ponta de Sagres** mit der Fortaleza de Sagres liegt südwestlich unmittelbar in Ortsnähe. In den Sommermonaten herrscht hier Hochbetrieb, und für die vielen Besucher hat man einen großen Parkplatz ▷ S. 121

Auf Entdeckungstour: Im Westen – Heinrich dem Seefahrer auf der Spur

Der berühmte Infante, der seinem Namen zum Trotz nur einmal wirklich in See stach, hat im abgelegensten Winkel Europas die großen nautischen Abenteuer der Portugiesen in die Wege geleitet. Diese Tour führt zu mehreren Plätzen, die bis heute mit seinem Namen in Verbindung gebracht werden.

Reisekarte: ▶ A–C 5/6

Planung: Auto erforderlich, Zeitbedarf ein guter halber Tag

Routenverlauf: von der Fortaleza de Sagres die N 268 und N 125 entlang in östlicher Richtung nach Lagos

Öffnungszeiten: Fortaleza de Sagres s. S. 117, Igreja da Nossa Senhora da Guadalupe s. S. 113

Heinrich war kein Seefahrer. Nur einmal, im Alter von 21 Jahren, hat er seinen Fuß auf ein Schiff gesetzt, nämlich als er von Portugal nach Nordafrika segelte und dort an einem Kreuzzug teilnahm. O Navegador wird er genannt, weil er bahnbrechende Neuerungen für die Seefahrt in die Wege geleitet hat. In Portugal wird er allerorten verehrt. Überall, wo man auf Dom Henrique, auf O Infante oder auf O Navegador stößt – ein Restaurant, ein Hotel, die Autobahn –, ist er gemeint. 1960 hat man ihm anlässlich seines 500. Todestages in Lagos ein Denkmal gesetzt.

Heinrich wurde 1394 im nordportugiesischen Porto geboren. O Infante war ein Sohn von João I., dem Begründer der Aviz-Dynastie, unter deren Herrschaft Portugal zur führenden Welt- und Handelsmacht aufstieg. Dem Erbgut der englischen Mutter schreibt man Heinrichs spätere Erfolge zu: Philippa von Lancaster soll ihm seinen nüchternen Verstand, Mut, Askese und politisches Geschick mit auf den Weg gegeben haben.

Prägende Ereignisse

Dreierlei war für seine Erfolge entscheidend. Zum einen wurde er, nachdem er 1415 bei dem Kreuzzug nach Nordafrika an der Eroberung von Ceuta beteiligt gewesen war, zum Gouverneur der Algarve mit ihren zahlreichen Häfen ernannt. Außerdem war Heinrich Großmeister des mächtigen Christusritterordens, der die portugiesischen Weltmeerbesegelungen initiierte und finanzierte. Und schließlich kam Heinrich mit den Kenntnissen der Araber in Berührung – wie, ist nicht bekannt, denn als er die politische Bühne betrat, waren die Mauren bereits seit mehr als 150 Jahren aus der Algarve vertrieben.

Keimzelle der portugiesischen Weltmeerbesegelungen

Seinen Sitz hatte Heinrich in der **Fortaleza de Sagres** auf dem windumwehten Kap hoch über dem Atlantik. In den 1990er-Jahren ist das ehemalige Fort gründlich restauriert worden und trägt seither den Namen Vila do Infante. Hier – quasi am Ende der Welt – muss Heinrich Zusammenkünfte bedeutender Kosmologen, Astronomen und Nautiker aus verschiedenen Ländern initiiert haben, hier wurde das Wissen der damaligen Zeit zusammengetragen, das der portugiesischen Seefahrt wesentliche Impulse gegeben hat. Eine regelrechte Schule, wie es so oft heißt, hat es in der Fortaleza de Sagres aber wohl nie gegeben. Was dort oben auf den Felsen besprochen, diskutiert und geforscht wurde, wurde nicht öffentlich. Man bewahrte Stillschweigen; keinesfalls sollten die neuen Erkenntnisse an andere Herrscher gelangen, die sie für sich hätten nutzen können. Außerdem durfte nicht bekannt werden, dass man sich auf arabische Kenntnisse stützte, denn die wurden seitens der römischen Kirche äußerst kritisch angesehen.

Um es gleich vorwegzunehmen: Allzu viel zu sehen gibt es an diesem für Portugals Geschichte so wichtigen Ort nicht, aber erst hier erhält man eine Vorstellung davon, was für eine Leistung es war, am Ende der damals bekannten Welt derart bahnbrechende Ideen zu entwickeln. Durch eine **Toranlage** gelangt man in das Areal der Fortaleza. Hat man die wuchtigen Festungsmauern passiert, sieht man gleich links auf dem Boden ein großes kreisrundes Steingebilde, das unter dem Namen **Rosa dos Ventos** (Windrose, s. Abb. S. 117) bekannt ist. Ob dieser Kreis mit 43 m Durchmesser wirklich als Windrose gedient hat, ist nicht geklärt; er ist in 42 Kreissegmente unterteilt statt der für Windrosen üblichen 32 Segmente. Der *padrão*, eine Nachbildung, wurde 1960 hier aufgestellt; diese Steinsäulen hinterließen die Portugiesen überall, wo sie neu entdecktes Land betraten oder zu ihrem Eigentum erklärten. Oben von den Festungsmauern aus hat man einen guten Blick über den gesamten Bereich der Fortaleza. Auf einem kleinen Spaziergang kann man dann die **Ponta de Sagres** umrunden.

Zuvor sollte man einen Blick in die kleine **Igreja de Nossa Senhora da Graça** werfen, die im 16. Jh. gebaut wurde. Von dem Weg aus, der an mehreren Aussichtspunkten und Kanonen vorbeiführt, bietet sich ein hervorragender Ausblick auf die Südküste und hinüber zum **Cabo de São Vicente**. Angler sitzen auf der 60 m hohen Steilküste und warten darauf, einen guten Fang zu machen. Die modernen Räumlichkeiten werden für Wechselausstellungen und Veranstaltungen genutzt.

Beten für die Seefahrer

Ein weiterer Ort, den Heinrich der Seefahrer aufsuchte, ist die kleine Kapelle **Nossa Senhora da Guadalupe** östlich von **Vila do Bispo**. Im 15. Jh. gehörten alle diese Gebiete um Sagres und Vila do Bispo zu Heinrichs Besitz, und man vermutet, dass er diese kleine Kapelle mitten in der Landschaft regelmäßig aufgesucht hat. Auch nimmt man an, dass Heinrich und die Christusritter vor den großen Entdeckungsfahrten in der kleinen Kirche für ein gutes Gelingen ihrer abenteuerlichen Unternehmungen gebetet haben.

Das Antlitz des Seefahrers

Wer wissen möchte, wie der Infante ausgesehen haben mag, fährt auf der N 125 weiter nach **Lagos** und dort die Avenida dos Descobrimentos entlang bis zur Praça da República. Hier erinnert das Denkmal, das an seinem 500. Todestag aufgestellt wurde, an Heinrich den Seefahrer: Gelassen und doch in stolzer Haltung sitzt er da und richtet ruhig und erfolgsgewiss seinen Blick aufs Wasser.

Das Relief des Seefahrers nahe der Kapelle Nossa Senhora da Guadalupe

angelegt. Unter den Ausflüglern sind immer auch viele Portugiesen, die der bedeutenden Geschichtsstätte ihres Landes gern einen Besuch abstatten. Denn die Fortaleza hat für die großen Entdeckungs- und Eroberungsreisen der Portugiesen im 14./15. Jh. vermutlich eine recht entscheidende Rolle gespielt. 1587 wurde sie bei einem Angriff des englischen Admirals Sir Francis Drake, der mit seiner Truppe auf dem Weg nach Cádiz war, teilweise zerstört, weitere Schäden richtete das Erdbeben 1755 an. Erst in den 1950er-Jahren kümmerte sich die Salazar-Regierung um die Anlage, da sich im Jahr 1960 der Todestag des Infanten zum 500. Mal jährte.

Strände bei Sagres ▶ A 6

Schöne Strände sind die **Praia da Baleeira** und die **Praia da Mareta** direkt am Ort sowie die **Praia do Tonel** im Westen. Empfehlenswert ist auch die etwas nordöstlich gelegene **Praia do Martinhal**, der kleine Vogelinseln vorgelagert sind. Nebenbei bemerkt: Wer sich für moderne portugiesische Architektur interessiert, sollte sich hier die vor einigen Jahren neu entstandene Urbanisation aus Hotelanlage und Ferienhäusern ansehen. Bei aller Skepsis solchen reißbrettartig entstandenen Siedlungen gegenüber – die Siedlung ist durchaus sehenswert. Landschaftlich besonders schön ist die **Praia do Beliche** unmittelbar östlich des Cabo de São Vicente.

Wassersport rund um Sagres ▶ A 6

In den Gewässern bei Sagres kann man gut tauchen und hochseeangeln, surfen, Seekajak fahren und das vielfältige Leben im Meer beobachten. Von Ortskundigen, die sich mit den Tücken der Kapgewässer auskennen, werden diverse **organisierte Touren** angeboten. **Surfbretter** werden an der Praia de Tonel vermietet, gute Bedingungen für **Windsurfing** herrschen normalerweise an der Praia do Martinhal, dort gibt es auch eine Windsurfschule.

Übernachten

Sagres wartet mit einigen Unterkünften auf, die durch die Lage oben auf der Steilküste grandiose Ausblicke bieten. Wer eine solche Bleibe mit Meerblick findet, für den lohnt der Besuch von Sagres allemal.

Für Genießer – **Pousada do Infante:** Ponta da Atalaia, Tel. 282 62 02 40, DZ 75–270 € (je nach Saison). Moderne Pousada in schöner Lage über dem Meer, aller für eine Pousada übliche Komfort, Tennisplatz und Swimmingpool.

Hier ist gut sein! – **Memmo Baleeira Hotel:** Tel. 282 62 42 12, www.memmobaleeira.com, DZ 72–160 €, Sonderangebote z. B. für Wochenenden außerhalb der Hauptsaison. Komfortables Hotel, oberhalb des Hafens von Sagres gelegen; Swimmingpool und Meerblick.

Angenehm und günstig – **Mareta View Boutique Bed and Breakfast,** Praça da República, Tel. 282 62 00 00, www.maretaview.com, DZ je nach Saison 42–100 €, Zimmer mit Meerblick kosten etwas mehr und sind rasch ausgebucht. Schöne Lage in unmittelbarer Nähe zum Dorfplatz. Mit hübsch angelegtem kleinen Garten zur Meerseite hin.

Mittelklasse – **Parque de Campismo de Sagres**:** 1130 Plätze an der Straße nach Vila do Bispo, Tel. 282 62 43 71.

Die Westküste

Bootstouren und Delfinbeobachtung

Vom Porto Baleeira, dem Hafen von Sagres, starten in der Saison täglich Ausflugsboote zum **Cabo de São Vicente**, außerdem werden Angeltouren angeboten, auch für die ganze Familie (Cape Cruiser, Tel. 919 75 11 75). Ein Team von Meeresbiologen bietet **Marine Wildlife Watching**. Dabei werden vom Boot aus verschiedene Meerestierarten wie Fische, Wale, Delfine, Schildkröten und außerdem Seevögel beobachtet (Marilimitado, Porto da Baleeira, Tel. 916 83 26 25, www.marilimitado.com).

Essen & Trinken

Das (!) Fischlokal von Sagres – **A Tasca:** Porto da Baleeira, Gerichte ca. 15 €. Traditionelles Touristenlokal im Hafen von Sagres, in dem man hervorragend Fisch und Schalentiere essen kann.
Gepflegt – **Vila Velha:** Estrada da Pousada, Tel. 282 62 47 88, 13,50–15 €. In der Nähe der Pousada: gemütliches Restaurant, gute Fisch- und Fleischgerichte sowie Vegetarisches.
Sehr entspannt – **Restaurante-Bar Nortada:** Praia do Martinhal, ab 10 €. In dem Strandlokal an der flachen Praia do Martinhal mit ihrem schönen weißen Sandstrand bekommt man leckere Fisch- und Fleischgerichte und auch nur Salate um 5 €.
Nüchtern, praktisch, gut – **A Sagres:** Am Kreisel an der Ortseinfahrt, um 8 €. Eher für ein kleines Essen zwischendurch als für ein abendfüllendes Programm, Kleinigkeiten und gute einfache Fischgerichte.

Aktiv

Surfen und Bodyboarden – **Sagres Natura:** Rua de São Vicente. Tel. 282 62 40 72, www.sagres-surfcamp.com. Surf- und Bodyboardunterricht, außerdem im Angebot: Surf & Yoga oder Surf & Salsa. In dem Geschäft kann man alles mögliche Zubehör kaufen und mieten.
Tauchen – **Divers Cape:** Porto da Baleeira (beim Restaurant Tasca), Tel. 965 55 90 73, www.diverscape.com. Kurse und professionelle Begleitung, auch Flaschenbefüllung.

Abends & Nachts

Angesagt – Die Rua Comandante Matoso im Zentrum von Sagres ist nachts eine Mini-Partymeile mit mehreren Bars: Man zieht vom **Dromedário** ins **Mitic** und weiter ins **Água Salgada**.

Infos

Posto de Turismo: Rua Comandante Matoso, Tel. 282 62 48 73.
Bus: Täglich mehrere Busse von Lagos nach Sagres. Haltestelle in der Nähe des Posto de Turismo.

Cabo de São Vicente! ▶ A 6

37° 01′ 42 nördlicher Breite, 8° 59′ 67 westlicher Länge: Das 60 m hohe Kap 6 km nordwestlich von Sagres hat als südwestlichster Punkt Europas seit jeher die Menschen magisch angezogen. Einst wurde hier eine Gottheit verehrt. Von einer kultischen Bedeutung weiß man durch den griechischen Geografen und Historiker Strabo, der das Kap als heiligen Gebirgszug erwähnte, und Plinius der

Cabo de São Vicente

Ältere schrieb über das ›heilige Vorgebirge‹ *(promontorium sacrum)*.

Der Name Sagres leitet sich von *sacrum* oder *sagris* (geheiligt) ab. Den Römern galt das Kap als Sitz der Götter, und auch den Mauren war der Ort heilig, wenngleich sich während ihrer Herrschaftszeit eine christliche Kapelle am Kap befand (zu den Legenden und zur Geschichte des Cabo s. auch S. 79).

Fortaleza de Beliche

Zum Cabo de São Vicente führt eine Straße, die sich auf der Hochebene in leichtem Bogen um die Bucht von Beliche zieht. Die Gegend ist ausgesprochen karg, nur einige Macchiagewächse trotzen den stetigen Westwinden. Nach etwa 3 km ist die Fortaleza de Beliche erreicht, eine kleine Befestigungsanlage, deren Ursprünge im Dunkeln liegen.

Die jetzige Anlage, über die der Santo António als Schutzpatron wacht, stammt aus dem 17. Jh., der Vorgängerbau war wie die Fortaleza de Sagres von Sir Francis Drake weitgehend zerstört worden. In der Festung war bis vor einiger Zeit eine Dependance der Pousada in Sagres eingerichtet – zweifellos ein außergewöhnliches Plätzchen. Auf dem Gelände befindet sich außerdem eine der hl. Catarina geweihte Kapelle.

Die Festungsanlage ist schon seit Längerem massiv vom Absturz bedroht, da Erosion die Steilküste darunter stark gefährdet. Zunächst hatte man gehofft, das Gemäuer abstützen zu können, hatte aber dann erkennen müssen, dass der Kampf gegen die Naturkräfte aussichtslos war. Daher wurde die Festung für die Öffentlichkeit geschlossen. Ein Blick auf die Steilküste unterhalb der Kapelle verdeutlicht die hoffnungslose Situation (s. auch S. 61).

Am Leuchtturm

Unter christlicher Herrschaft hat es am Kap bis ins 16. Jh. ein lange Zeit vom Hieronymusorden geführtes Kloster gegeben, das anschließend vom Orden Santa Maria da Piedade unterhalten wurde und ebenfalls dem Angriff durch Sir Francis Drake zum Opfer fiel. Die einfachen Klosterräume dienten Pilgern, die es an diesen speziellen Ort zog, als Unterkunft.

Natürlich strömen auch heute die Besucher an diesen Ort. In den Sommermonaten sind diverse Buden aufgebaut, u. a. bekommt man dicke Wollpullover gegen den kühlen Wind und Algarve-Produkte wie Honig und Trockenfrüchte. Kultstatus hat der Imbisswagen **Letzte Bratwurst vor Amerika** (April–Okt. tgl. 10.30–17.30 Uhr, www.letztebratwurst.eu). Schon seit 1999 sind Wolfgang und Petra aus Nürnberg am Kap und servieren zum endlosen Blick über den Atlantik eine echt deutsche Spezialität.

Hinter dem trubeligen Park- und Marktplatz erhebt sich der 22 m hohe **Leuchtturm,** der 1846 im Auftrag von Königin Maria II. gebaut wurde. Bereits in einem Turm des damaligen Klosters hatte es ein mit Öl betriebenes Leuchtsignal mit einer Reichweite von etwa 20 Seemeilen gegeben. Die heutige Lichtanlage, die mit 2,66 m Durchmesser die größte Europas sein soll, hat eine Reichweite von immerhin bis zu 33 Seemeilen (etwa 60 km).

Der Turm kann meist Mi 14–17 Uhr besichtigt werden (Führungen). Ein kleines **Museum** (Di–So April–Sept 10–18, Okt.–März 10–17 Uhr) ist der Geschichte des Leuchtturms, des Kaps, der Seefahrt und Fischerei gewidmet.

Das Beste auf einen Blick

Die Felsalgarve im Südwesten

Highlights!

Lagos: Eine schöne Algarve-Stadt, die alles bietet: Ferientrubel, Geschäfte, viele Restaurants, Nachtleben, Kultur. Und vor den Toren der Stadt die besten Strände: Kleine Felsbuchten und kilometerlange Sandstrände. S. 130

Ponta da Piedade: Eine fantastische Felslandschaft, von Wasser umspült. Überall werden Touren mit kleinen Fischerbooten in diese verzauberte Küstenwelt angeboten. S. 136

Alvor: Dieser sympathische kleine Ort liegt nicht direkt am Meer, sondern etwas zurückgesetzt an einer Lagune. S. 139

Auf Entdeckungstour

Manuelinisch dekoriert – Dorfkirche in Alvor: Dieser manuelinische Erkundungsgang führt durch die Dorfkirche von Alvor. Wer sich Zeit nimmt und genau hinschaut, wird erleben, dass die jahrhundertealte steinerne Dekoration anfängt, von Portugals Goldenem Zeitalter zu erzählen. S. 140

Mit der Santa Bernarda entlang der Felsküste: Mit einem umgebauten alten Kutter kann man die fantastische Felsküste entlangschippern. Zwischendurch geht die Santa Bernarda vor Anker und mit kleinen Beibooten werden die Buchten und Felsgrotten genauer inspiziert. Ein schönes Vergnügen für die ganze Familie. S. 148

Kultur & Sehenswertes

Museu Municipal: Das städtische Museum in Lagos zeigt allerlei aus der Region, Hauptattraktion ist die benachbarte Igreja de Santo António, deren Wände mit vergoldeten Holzschnitzereien verkleidet sind. S. 132

Monumentos de Alcalar: Eine 5000 Jahre alte megalithische Grabanlage. S. 139

Cerro da Vila: Ausgrabungsstätte einer römischen Ansiedlung bei Vilamoura. S. 167

Zu Fuß unterwegs

Ria de Alvor: Eine leichte Wanderung führt durch die Dünen zwischen der Lagune und dem Meer. S. 143

Auf der Steilküste: Östlich von Carvoeiro wandert man hoch oben am Klippenrand entlang der Küste. S. 154

Genießen & Atmosphäre

Carvoeiro: Einen Tag an einem der landschaftlich schönen Strände um Carvoeiro kann man im A Galé oder beim Wein im Terroir ausklingen lassen. S. 155

Quinta do Mel: In dieser individuellen kleinen Unterkunft östlich von Albufeira werden – fern vom Küstentrubel – zehn Zimmer angeboten. S. 166

Abends & Nachts

Altstadt von Lagos: Guter Ort für ausgiebiges Nachtleben – u. a. in der Rua 25 de Abril und in der Rua Lançarote de Freitas gibt es mehrere Bars und Clubs. S. 138

Legendäre Nightlife-Adressen: Keine Frage: das Kadoc und The Strip in Albufeira. S. 165

Spektakuläre Felsküste

Bizarre Felslandschaften und windgeschützte Buchten sind die klassischen Attraktionen der Felsalgarve, die für viele der Inbegriff der Algarve ist. Hier locken beliebte Urlaubsziele wie Praia da Rocha, Carvoeiro, Armação de Pêra und Albufeira, in denen im Sommer unvergleichlicher Trubel herrscht und die Schattenseiten des Massentourismus deutlich sichtbar sind. Dazwischen findet man Lagos und Portimão als größere Städte und die noch relativ intakten kleinen Küstenorte Alvor und Ferragudo.

Keine Frage – diese Küste sucht ihresgleichen. Denkt man sich die vielen Häuser einmal weg, dann könnte man sich kaum eine schönere Küstenlandschaft vorstellen. Die Felsen der Steilküste schimmern in vielen Farben. Am allerbesten zu sehen an der Praia da Falésia, die sich vor einer Felsküste entlangzieht, die in allen nur erdenklichen Rottönen leuchtet – zumal im Abendlicht. An der Felskante wachsen Agaven in den Himmel, es da balanciert auch eine Schirmpinie über dem Abgrund. Bei Carvoeiro findet man eine zerklüftete Felsszenerie mit vielen kleinen Buchten, in denen stille Sandstrände liegen. Felsnadeln, Felsbögen, Höhlen und Durchgänge gibt es an diesen Stränden, manche Sandbuchten sind durch kleine Felstunnel miteinander verbunden. Die Felsfantasien gipfeln in Algar Seco östlich von Carvoeiro und in der Ponta da Piedade bei Lagos.

Kein Wunder, dass es die Urlauber scharenweise hierherzieht. Eine Zeit lang ist extrem viel gebaut worden, und das Landschaftsbild hat sich im Nu verändert. Heute hat man hier die großen Ferienzentren der Algarve. Aber sie sind nicht alle gleich. Echte Retorten- und Hochhausstädte sind Vilamoura, Quarteira, Armação de Pêra und auch Praia da Rocha. Lagos, Albufeira und Carvoeiro haben sich

Infobox

Reisekarte: ▶ B 5–H 5

Touristeninformation
Alle touristischen Städte haben Postos de Turismo. Die Touristeninformation in Lagos hat in den Sommermonaten jeden Tag durchgehend bis 19 Uhr geöffnet (s. S. 138).

Internet
www.algarve-individuell.de: Gut geeignet bei der Suche nach Ferienhäusern und -wohnungen an der Zentralalgarve.
www.algarve-individuell.de: Auswahl an Apartments und Häusern, viele Angebote für die zentrale Felsalgarve.

Anreise und Weiterkommen
Die meist relativ freie **Algarve-Autobahn** (A 22, IP 1) führt in dieser Region ab Lagos in Richtung Osten parallel zur Küste, ist also eine echte Alternative zur belebteren N 125. Allerdings ist die A22 mautpflichtig (s. S. 30).
Mit **öffentlichen Verkehrsmitteln** ist das Vorwärtskommen kein Problem. Die **EVA-Busse** fahren diverse Orte an der Felsalgarve an. Lagos und Portimão haben große Busbahnhöfe.
Lagos ist Endstation der **Algarve-Bahnlinie**. Meist liegen die Bahnhöfe im Gegensatz zu dem in Lagos etwas außerhalb, insofern sind Busse als Verkehrsmittel besser geeignet.

ein recht schönes Ortsbild bewahren können, und wer es trubelig mag, kann hier sehr gut Urlaub machen. Vor allem Albufeira und Lagos sind bekannt für ihr Nachtleben mit alteingesessenen und immer noch angesagten Diskotheken einerseits und ultramodernen, ständig wechselnden Clubs und Bars andererseits.

Alvor und Ferragudo sind kleiner, haben sich aber in den letzten Jahren sehr gemausert und versuchen mitzuhalten – und wenn man es ein wenig ursprünglich und doch touristisch mag, werden einem diese groß gewordenen Dörfer gefallen. Oder man fährt weiter in den Westen, wo es ruhiger wird. Kleine Küstenorte westlich von Lagos, die noch nicht so ganz genau wissen, auf welche Zukunft sie zusteuern, sind Praia da Luz, Burgau oder Salema.

Salema ▶ B 5

Von Vila do Bispo aus führt die N 125 über rund 150 km immer parallel zur Küste bis nach Vila Real de Santo António am Grenzfluss zu Spanien. 8 km östlich von Vila do Bispo ist Salema der erste größere Küstenort östlich von Sagres. Einst ein ziemlich uriges Fischerdorf, ist Salema noch vergleichsweise untouristisch, auch wenn sich das Bild in den letzten Jah-

Bizarre Felsen bestimmen das Bild an diesem Abschnitt der Algarve

Die Felsalgarve im Südwesten

Geschützt in einer Bucht: Strand bei Salema

ren doch geändert hat. Zwei große Hotel- bzw. Apartmentbauten und eine kleine Strandpromenade sind entstanden. Weiter oben auf dem Hang sind komplett neue Siedlungen gebaut worden.

Das einstige Minidorf mit den kleinen Häusern, das sich im Wesentlichen um eine Hauptgasse am Hang hochzieht, hat sein Aussehen dagegen kaum verändert. Schon vor Jahrzehnten hat es hier eine Art Hippie-Tourismus gegeben – traditionell zieht es vor allem Deutsche und Engländer nach Salema. Der Strand ist nicht allzu groß und kann in der Hochsaison schon mal etwas voller sein. Im östlichen Teil findet man bei günstigen Strömungsverhältnissen schöne große Muscheln.

Strände westlich von Salema

Westlich von Salema kommt man über Figueira zu der meist relativ leeren **Praia da Figueira.** Noch weiter westlich liegen die Strände **Praia do Zavial** und **Praia da Ingrina.** Zavial ist je nach Windbedingungen ein langer Strand in großartiger Naturkulisse, mitunter steigt das Wasser aber auch so hoch, dass ein Teil des Strandes verschwindet. Hier treffen sich bei guten Wind- und Wellenbedingungen die Surfer. Ingrina ist dagegen eher flach und klein, eine geschützte Bucht.

Boca do Rio

Von Salema aus lassen sich ausgedehnte Spaziergänge parallel zur Küste und ins Hinterland machen. In Richtung Osten kommt man über die Steilküste zur Boca do Rio, einer von einem Strand umzogenen kleinen Flussmündung, an der archäologische Funde auf die einstige Anwesenheit der Römer hindeuten. Es gab Pläne für ein größeres Bauvorhaben an dieser Stelle, daher sind die Zufahrtsstraßen vergleichsweise gut ausgebaut.

Das Unternehmen ging jedoch pleite, und die Wohnmobile haben weiterhin den Strand für sich.

Übernachten

Nüchtern – **Hotel Residencial Salema:** Rua 28 de Janeiro, Praia da Salema, Tel. 282 69 53 28, www.hotelsalema.com, DZ 65–94 €. Dieses kastenartige Hotel steht unten im Dorf in unmittelbarer Nähe zum Strand. Die Zimmer sind solide und einfach ausgestattet, die Atmosphäre ist freundlich.

Einfach und nett – **A Maré:** Praia de Salema, Tel. 282 69 51 65, www.the-mare.com, DZ 60–80 €. Sechs Zimmer und drei kleine Apartments, teilweise mit Terrasse, sehr zentral in Salema und nah zum Strand.

Unkompliziert – **Privatzimmer** werden überall in Salema angeboten – per Aushang an der Tür, ansonsten kann man in einer Bar nachfragen.

Idyllisch – **Quinta dos Carriços**:** Praia da Salema, Tel. 282 69 52 01, 600 Plätze. Schöner baumreicher und gut geführter Campingplatz im Tal an der kleinen Zufahrtsstraße nach Salema.

Essen & Trinken

Vorzüglich – **Restaurante do Sebastião:** Praia da Ingrina, Tel. 282 63 90 34, ab 11,50 €. Sehr schöne, gepflegte kleine Strandterrasse unter Palmen, im Angebot sind unter anderem gute Meeresfrüchte und eine große Auswahl an Weinen.

Mit Strand- und Meerblick – **Restaurante Bóia Bar:** Rua dos Pescadores, Tel. 282 69 53 82, www.boiabar.com, Gerichte ab 9,50 €. Ein Salema-Urgestein unten im alten Dorf am Strand, man sitzt in einer Glasveranda oder draußen mit Blick aufs Wasser. Es gibt gute Suppen, Fisch- und Fleischgerichte und auch Vegetarisches.

Rustikal – **Restaurante Zavial:** Praia da Zavial, ab 9 €. Fisch- und Fleischgerichte, aber auch Pasta und gute Salate. Das Lokal hat eine schöne große Terrasse, auch drinnen ist es nett. Abends ist es hier allerdings schnell schattig.

Fisch, Fisch, Fisch – **Restaurante Lourenço:** ab 8 €. Noch unten im Ort, kurz bevor es in das neue Viertel hochgeht, kommt man fast automatisch am Lourenço vorbei: ein familiäres Fischlokal, in dem man aber auch Fleischgerichte bekommt. Im Sommer Reservierung nötig.

Infos

Bus: Busse der Linie Lagos–Sagres halten in Salema bzw. an der N 125.

Burgau und Luz ▶ B 5

Der nächste kleine Ort in östlicher Richtung ist **Burgau**. Insgesamt etwas kompakter als Salema, zieht er sich an der Küste hinauf und wartet mit vergleichsweise vielen Kneipen und Restaurants auf. Der Strand ist recht klein und nicht sonderlich attraktiv.

Luz, östlich davon gelegen, ist etwas touristischer; hier sind viele Apartments gebaut worden – allerdings in Flachbauweise und somit insgesamt recht ansehnlich. Eine kleine Promenade zieht sich am Strand entlang, und wer etwas mehr touristische Infrastruktur wünscht als in Burgau und Salema, findet sie hier in Luz.

Übernachten

Verwegen – **Casa Grande:** Burgau, Tel. 282 69 74 16, www.casagrandeportugal.com, DZ 40–80 €, spezielle Wochentarife, auch Halbpension möglich.

Die Felsalgarve im Südwesten

Eine unkonventionelle und großzügige alte Villa am Rand von Burgau, die mit einiger Genialität von Engländern mit alten portugiesischen Möbeln eingerichtet wurde und geführt wird. Sehr große Zimmer in verschiedenen Farben. Alles in allem ziemlich originell. Das Restaurant ist in einem alten Weinkeller eingerichtet.

Aktiv

Surfen – **Wave Culture:** Guter Surfspot, Surfkurse an den Stränden in und um Burgau, www.surfing-algarve.com.

Infos

Bus: Viele Busse der Linie Lagos – Sagres halten in den Dörfern.

Lagos! ▸ C 5

Lagos ist mit 14 000 Einwohnern einer der Hauptorte der Felsalgarve. Portimão und Albufeira weiter östlich sind zwar größer, Lagos blickt dafür auf eine bedeutendere und bewegte Geschichte zurück und ist bis heute im Ausland bekannter als die beiden anderen Städte. Die kleine Stadt ist vom Tourismus geprägt, sie verdankt den alljährlichen Trubel den berühmten Stränden, Buchten und pittoresken Felsen in der Umgebung. Einige wenige Straßen in der hübschen Altstadt bilden das touristische Zentrum mit Souvenirläden, zahlreichen Cafés und Restaurants. Aber sobald man in eine der Nebenstraßen kommt, ändert sich das Bild schlagartig, hier spielt sich ein ganz normaler portugiesischer Alltag ab. Die Leute leben in Lagos außer vom Tourismus auch vom Handel und vom Fischfang, insbesondere Sardinen und in Maßen Thunfisch werden gefangen.

Stadtgeschichte

Die Stadt liegt im geschützten Westen der lang gezogenen Bucht Baía de Lagos an der Mündung der kleinen Ribeira de Bensafrim. Eben diese Lage hat schon die Phönizier dazu bewogen, hier einen Hafen für ihre Handelsflotte einzurichten – der letzte, bevor sie aus ruhigeren Gefilden in die stürmischen Gewässer des Atlantiks aufbrachen. Später machten griechische und karthagische Schiffe hier ihre Zwischenstopps. Unter den Mauren war die Stadt neben dem wichtigeren Silves nur von zweitrangiger Bedeutung. Im 15. Jh. aber rückte Lagos in den Blickpunkt des europäischen Geschehens, als nämlich die Karavellen von diesem wichtigsten Hafen Südpor-

Lagos abendlich beleuchtet: Blick vom Hafen auf die Altstadt

tugals aus ihre Weltmeerbesegelungen starteten. Die kleine Stadt nahm einen ungeheuren Aufschwung: Hier wurden die berühmten portugiesischen Segelschiffe gebaut und hierher brachten die Zurückkommenden anfangs ihre erbeuteten Waren aus Übersee mit. Später lief ein Großteil des portugiesischen Welthandels über Lagos. 1577 wurde Lagos offiziell Hauptstadt der Algarve. Doch schon ein Jahr später war das Ende des Goldenen Zeitalters für ganz Portugal besiegelt. Ebenfalls von Lagos aus startete 1578 nämlich der junge portugiesische König Sebastião, um Gebiete in Nordafrika in seinen Besitz zu bringen. Gleich bei der ersten Schlacht kam er ums Leben. Da es keinen Thronfolger gab, machte der spanische König Philipp II., ein Enkel Manuels I., Ansprüche auf die portugiesische Krone geltend und besetzte das Land. Die Hauptstadt der Algarve versank über Jahrhunderte im Dornröschenschlaf, aus dem sie erst im 20. Jh. erwachte, als die Touristen die Schönheit der Felsalgarve entdeckten.

Stadtrundgang

Praça do Infante
Südlich der Fußgängerzone liegt die weite Praça Infante Dom Henrique oder einfach Praça do Infante mit dem **Denkmal für Heinrich den Seefahrer** 1, also für den Infanten, der als Symbolfigur für die in Lagos gestarteten Weltumsegelungen und Eroberungen in Portugals Goldenem Zeitalter

Lagos

Sehenswert
1. Denkmal für Heinrich den Seefahrer
2. Igreja de Santa Maria
3. Zollbehörde
4. Museu Municipal Dr. José Formosinho
5. Igreja de Santo António
6. Gouverneurspalast
7. Fortaleza Ponta da Bandeira
8. Skulptur Dom Sebastião
9. Igreja São Sebastião
10. Centro de Ciência Viva Lagos
11. Museu de Cera dos Descobrimentos

Übernachten
1. Casa d'Oiro Ambiance Hotel
2. Albergaria Marina Rio
3. Solar de Mós
4. Residencial Lagosmar
5. Residencial Cidade Velha
6. Hotel Mar Azul
7. Taghostel
8. Jugendherberge
9. Parque de Campismo de Valverde
10. Parque de Campismo da Trindade

Essen & Trinken
1. Navegador
2. O Alberto
3. Taberna de Lagos
4. A Forja
5. O Escondidinho
6. Adega da Marina
7. A Petisqueira
8. Meu Limão

Einkaufen
1. Mercado da Avenida
2. Saudade Portugal
3. Mao Mao

Aktiv
1. Blue Ocean Diving Center
2. Kayak Tours

Abends & Nachts
1. Centro Cultural
2. Eddie's
3. Zanzi-Bar
4. Millenium
5. Bon Vivant
6. Stevie Ray's
7. DCs

---

gilt. 1960, zu Salazar-Zeiten, als man sich besonders gern dieser Glanzzeit in der Historie des Landes erinnerte, stellte man das Denkmal hier auf – Anlass war sein 500. Todestag.

In der **Igreja de Santa Maria** 2 an der Südseite des Platzes wurde 1460 eine Grabstelle für Heinrich den Seefahrer eingerichtet, später wurden die sterblichen Überreste aber in das Kloster in Batalha gebracht, wo noch weitere Nachkommen König Joãos I. ruhen.

Ein nächster geschichtsträchtiger Ort an diesem Platz erinnert an die schwarzen Seiten des Goldenen Zeitalters: Unter den Arkaden der **Zollbehörde** 3 (Delegação da Alfândega) wurden ab 1444 verschleppte Schwarzafrikaner angekettet und präsentiert.

Museu Municipal Dr. José Formosinho 4 und Igreja de Santo António 5

Rua General Alberto Silveira, Museum Di–So 10–12.30, 14–17.30 Uhr, derzeit Restaurierungsarbeiten in der Igreja de Santo António

Das meist gut besuchte städtische Musem zeigt in einem schönen Sammelsurium allerlei Interessantes und Kurioses. Im Eingangsbereich sieht man Fliesen aus unterschiedlichen Epochen. Die Sammlung umfasst archäologische Exponate, die die Geschichte der Stadt und der Region dokumentieren, Ausstellungsstücke zur Landwirtschaft und Fischerei, Algarve-Schornsteine, eine Waffen-, eine Stein- und eine Münzsammlung, außerdem deutsche Inflationsgeldscheine.

Wirklich lohnend ist der Besuch des Museums schließlich wegen der Kirche, die man nur im Rahmen eines Museumsrundgangs besichtigen kann. Die dem hl. Antonius geweihte Kirche zählt zu den sehenswertesten Kirchen in Südportugal. Im 18. Jh. wurde sie als Regimentskirche für eine Truppe gebaut, deren Schutzpatron der Heilige war. Die genauen Bauda-

Die Felsalgarve im Südwesten

ten sind nicht bekannt, aber wegen ihrer Ausgestaltung kann man die Kirche auf die Regierungszeit von João V. (1706–1750) datieren. Unter dem als verschwenderisch bekannten König entstanden die prächtigsten Bauten, die, soweit es irgend ging, mit Gold aus Brasilien versehen wurden.

So ist auch die Igreja de Santo António innen mit der typischen *talha dourada* verziert worden. Am Altar und an den Seitenwänden ist sie mit zwei verschiedenen Goldlegierungen ausgestattet, Gold findet man auch über dem eigentlichen Eingang, und die dicken Putten sollten noch zusätzlich auf ein gut genährtes Land hinweisen. Besonders hübsch sind die Personifikationen der Tugenden, die aus all dem Gold über dem Eingangsportal hinuntergucken: Hoffnung, Treue und Nächstenliebe. Auch das Eichenholz, dem das Gold aufgelegt wurde, stammt aus Brasilien.

Auf dem Hochaltar sieht man eine Figur des hl. Antonius, und auf den Gemälden über dem Fliesenfries an den Seitenwänden sind verschiedene Wunder dargestellt, die der Heilige vollbracht haben soll.

Avenida dos Descobrimentos

Auf der ›Straße der Entdeckungen‹, der Uferstraße, herrscht in Hauptverkehrszeiten immer Hochbetrieb. An der Straße zieht sich ein Stück der alten Stadtmauer entlang, in die direkt am Platz der alte **Gouverneurspalast** 6 (Castelo dos Governadores) mit dem sogenannten Dom-Sebastião-Fenster eingebaut ist. Von besagtem Fenster aus soll Dom Sebastião die letzte Messe vor seiner Abfahrt im Jahr 1578 nach Nordafrika gehört haben, die unter freiem Himmel abgehalten wurde. Im Palast hatte bis Mitte des 18. Jh. die Verwaltung der gesamten Algarve ihren Sitz.

Am südlichen Ende der Avenida kommt man zur **Fortaleza Ponta da Bandeira** 7, einer Festung, die im 17. Jh. gebaut wurde, um den Hafen zu schützen. Im Inneren werden hin und wieder Ausstellungen gezeigt.

Kunstvoll gestaltetes Haus in Lagos

Lagos

An der Uferstraße lohnt zudem in den Vormittagsstunden ein Bummel durch den **Mercado da Avenida** 1 (Av. dos Descobrimentos), in dem frischer Fisch und Gemüse verkauft wird. Wer gut zu Fuß ist, kann weiter am Wasser entlanggehen und sich die Marina ansehen.

Ribeira de Bensafrim

Parallel zur Avenida fließt die Ribeira de Bensafrim, die hier kurz vor der Mündung als Kanal vom Fischerei- und vom Jachthafen zum Atlantik geführt wird. Segeljachten und Fischerboote fahren hier ein und aus, und eine Minifähre setzt Sonnenhungrige und Badefreudige zum Strand von Lagos über. Der liegt jenseits hinter einem schmalen Dünengürtel – es ist der westliche Teil der lang gestreckten und beliebten Meia Praia. Man blickt von hier aus gewissermaßen die gesamte Bucht von Lagos entlang und erkennt in der Ferne die Hochhäuser von Alvor und Praia da Rocha und die Felsküste östlich von Praia da Rocha.

Rund um die Praça Gil Eanes

Von der Praça do Infante aus zieht sich eine lebendige Fußgängerzone durch die Innenstadt bis zur Praça Gil Eanes. In den Sommermonaten sind die Straßen von Touristen belebt, ein Restaurant reiht sich an das andere.

Die Praça Gil Eanes ist benannt nach einem Seefahrer, der um 1400 in Lagos geboren wurde. Mit der Umsegelung des Kap Bojador an der westafrikanischen Küste im Jahr 1434 ging er in die Geschichte ein. Die **Skulptur** 8 mitten auf der Praça ist aber nicht dem Seefahrer gewidmet, sondern dem jungen König Dom Sebastião, der von Lagos aus startete, um Marokko zu erobern. João Cutileiro, der wohl bekannteste portugiesische Bildhauer der Gegenwart, hat Anfang der 1970er-Jahre diese Skulptur gestaltet. Ein weiterer hübscher Platz ist die benachbarte **Praça Luís de Camões** – kleiner und etwas weniger turbulent.

Igreja São Sebastião 9
Rua Conselheiro Joaquim Machado 66
Über die Rua Conselheiro Joaquim Machado kommt man zur Kirche, die einen Blick lohnt. Sie stammt ursprünglich aus dem 15. Jh., allerdings richtete das Erdbeben 1755 starke Schäden an. Von dem ersten Bau ist aber noch das Renaissanceportal erhalten. Im dreischiffigen Innern ist links vom Altar ein Kruzifix zu sehen, von dem es heißt, Dom Sebastião hätte es bei der Schlacht 1578 in Marokko mitgeführt und anders als die meisten Männer seiner Truppe sei es unversehrt zurückgebracht worden.

Centro de Ciência Viva Lagos 10
Rua Dr. Faria e Silva 34, www.lagos. cienciaviva.pt, Di–So 10–18 Uhr
Das Centro Ciência Viva direkt hinter der Markthalle – auch über die Treppen im Marktgebäude zu erreichen – ist eine schöne Attraktion für Familien. Spielerisch lernen Kinder und auch Erwachsene naturwissenschaftliche Phänomene verstehen.

Museu de Cera dos Descobrimentos 11
Marina de Lagos, www.museucera descobrimentos.com, Juli/Aug. 10–23, April–Juni, Sept. 10–19, Okt., März 10–18, Nov.–Feb. 10–17 Uhr
Wenn es mal kein Strandtag sein soll und die Kinder ein bisschen Abwechslung brauchen, kann das Wachsmuseum ein Ziel sein – der Besuch lässt sich gut mit einem Bummel durch die Marina verbinden. Das Museum ist dem Zeitalter der Entdeckungen gewidmet; die Personen, die damals über die Weltmeere segelten, sind zu bewun-

Die Felsalgarve im Südwesten

dern, drumherum gibt es Informationen zur damaligen Zeit.

Strände bei Lagos ▸ C 5

In unmittelbarer Umgebung von Lagos locken mehrere Strände und außergewöhnliche Felslandschaften. Vom Stadtgebiet aus zieht sich die flache **Meia Praia** über viele Kilometer in Richtung Nordosten bis zum Lagunengebiet bei Alvor. Für **Windsurfer** sind die Bedingungen gut, auch **Parasailing** ist hier bzw. ab der Marina von Lagos möglich. Dagegen steigen südlich der Stadt sogleich die Felsen an. An diesem Küstenabschnitt wie auch westlich von Lagos kann man hervorragend **tauchen**. In einer der Buchten liegt die beliebte **Praia da Dona Ana**, die wegen ihrer bizarren Felsformationen geradezu Berühmtheit erlangt hat. Da direkt oberhalb des Strandes einige Hotels gebaut wurden, ist die Praia da Dona Ana in der Saison oft sehr voll.

Weiter südlich zur Ponta da Piedade hin gibt es ein paar kleine Felsbuchten mit etwas leereren Stränden: **Praia do Camilo, Praia da Boneca, Praia da Balança**, an denen teilweise auch FKK üblich ist. Jenseits der Ponta da Piedade liegen Strandbuchten mit der **Praia do Canavial** und mit der weiten, schönen **Praia de Porto de Mós**.

Ponta da Piedade ! ▸ C 5

Die höchsten Felstürme dieser eindrucksvollen Felsenwelt sieht man an der Ponta da Piedade südlich von Lagos. Die schönste Art, die Felsenlandschaft zu erkunden, ist die Fahrt mit kleinen Ausflugsbooten, zu deren Anlegestelle eine Treppe hinunterführt. An der Fortaleza am Ende der Avenida dos Descobrimentos werden Kajaktouren zur Ponta da Piedade angeboten.

Parque Zoológico de Lagos ▸ B 5

Quinta Figueiras, Sítio do Medronhal, Barrão de São João, www.zoolagos.com, tgl. 10–17, im Sommer 10–19 Uhr

Lohnend ist ein Besuch des Zoos, nordwestlich von Lagos. Etwa 120 Tierarten leben in einem schönen großen Areal.

Übernachten

Nicht weit zum Strand – **Casa d'Oiro Ambiance Hotel** 1 : Rua Costa D'Oiro, Lote 38, Tel. 282 77 00 79, www.sonelhotels.com, DZ 65–280 € (je nach Saison). Sehr gepflegtes Boutiquehotel mit 85 Zimmern im Süden von Lagos. Die Zimmer sind zum Wohlfühlen, es gibt mehrere Pools und eine Sauna.

Blick auf Marina – **Albergaria Marina Rio** 2 : Av. dos Descobrimentos, Tel. 282 78 08 30, www.marinario.com, DZ 61–134 €. Die Lage zwischen Jachthafen und Busbahnhof ist nicht besonders idyllisch. Das kleine Hotel ist aber angenehm, die Zimmer sind sehr schön, geräumig und modern. Man sollte eines nach vorne raus nehmen, zwar liegen sie zur Straße hin, aber man hat einen tollen Blick. Nach hinten raus guckt man weniger spektakulär auf den Busbahnhof.

Familiär – **Solar de Mós** 3 : Rua Santa Casa da Misericordia, Lt. 1, Tel. 282 78 25 79, www.solar-de-mos.com, DZ 56–143 €. Der Solar de Mós liegt außerhalb des Altstadtzentrums und ist eine schöne kleine Welt für sich, in der man nach einem Besichtigungstag auftanken kann. Die Zimmer sind gepflegt und es gibt einen Garten mit Pool.

Typische Stadtpension – **Residencial Lagosmar** 4 : Rua Dr. Faria e Silva 13, Tel. 282 76 35 23, www.lagosmar.com, DZ 35–83 € (je nach Saison). Saubere, nette Pension in einer ruhigen Seitenstraße in der Innenstadt, mit Dachterrasse.

Reell – **Residencial Cidade Velha** 5 : Rua Dr. Joaquim Tello 7, Tel. 282 76 20 41, www.cidade-velha.com, DZ 35–85 €. Zentral gelegene, saubere und gepflegte Pension mit sehr freundlicher, zuvorkommender Atmosphäre.

Durchaus okay – **Hotel Mar Azul** 6 : Rua 25 de Abril 13, Tel. 282 77 02 30, www.hotelmarazul.eu, DZ 40–70 €. *Mar azul,* also blaues Meer, klingt etwas romantischer, als das Ganze ist. Das kleine Hotel steht in der Fußgängerzone, die schönen Zimmer nach hinten bieten Blick auf den Hafenkanal. Wer mittendrin sein und trotzdem freien Blick haben möchte, ist hier richtig.

International – **Taghostel** 7 : Rua Portas de Portugal 63, Tel. 918 78 01 98, www.taghostel.com, DZ 20–38 €. Das sympathische Hostel ist unten an der Ribeira de Bensafrim direkt neben der Markthalle in einem schönen alten Stadthaus mit hohen Zimmerdecken eingerichtet worden. Die großzügige Lounge lädt zum Verweilen ein, ebenso die Dachterrasse mit Blick über die Stadt und auf die Bucht. Es gibt Mehrbettzimmer und auch nette Doppelzimmer.

Gute Stadt-JH – **Jugendherberge** 8 : Rua Lançarote de Freitas 50, Tel. 282 76 19 70, lagos@movijovem.pt. Sehr gute Jugendherberge, u. a. mit Doppelzimmern, keine Schließzeiten. Gut geeignet nicht nur für jugendliche Reisende.

Baumreich – **Parque de Campismo de Valverde*** 9 : Praia da Luz, Tel. 282 78 92 11. 1500 Plätze, 6 km von Lagos entfernt in der Nähe der Praia da Luz. Weitläufiger Platz mit viel Schatten.

Trubelig – **Parque de Campismo da Trindade*** 10 : Tel. 282 76 38 93, Fax 282 76 37 35. 300 Plätze, innenstadtnaher Campingplatz oben auf der Steilküste unter hohen Eukalyptusbäumen.

Essen & Trinken

Lauschig – **Navegador** 1 : Rua da Barroca 1–3, ab 14 €. Schönes gepflegtes Restaurant mit guter portugiesischer Küche; es gibt überwiegend Fisch- und Fleischgerichte. Man sitzt entweder draußen in der ruhigen kleinen Gasse oder in dem netten Raum auf zwei Ebenen – wer einen Fensterplatz ergattert, hat einen schönen Blick über die Ribeira de Bensafrim aufs Meer.

Köstlich! – **O Alberto** 2 : Largo Convento Sra. da Glória 27, Tel. 282 76 93 87, à la Carte ab 13,50 €. Sehr beliebtes Restaurant – in der Altstadt, aber außerhalb der touristischen Fußgängerzone gelegen. Schon der Blick in die Küche garantiert Erfreuliches und die Weinkarte ist ebenfalls gut.

International – **Taberna de Lagos** 3 : Rua Dr. Joaquim Tello, Gerichte zwischen 9,50–21,50 €. Große, angenehme, eher informelle Lokalität, in der man Frühstück und später am Tag Snacks, Tapas, Crêpes, Pizza, Pasta, Fleisch, Fisch und auch Cocktails bekommt.

Ganz normal – **A Forja** 4 : Rua dos Ferreiros 17, 7–18 €. Eher abseits vom Trubel gelegenes einfaches, sehr portugiesisches Restaurant, in dem es gute Fischgerichte gibt.

Sehr versteckt – **O Escondidinho** 5 : Rua do Cemitério, 6,50–13,50 €. Gleich um die Ecke von O Alberto gibt es die etwas preisgünstigere und wesentliche schlichtere Alternative: ein typisches Lokal ohne jeden Luxus, in dem gute Grillgerichte auf den Tisch kommen.

Beliebt und gut – **Adega da Marina** 6 : Av. dos Descobrimentos 35, Tel.

Die Felsalgarve im Südwesten

282 76 42 84, 6–12,50 €. Sehr großes Lokal, das Touristen anzieht, in das aber auch die Leute aus Lagos gerne gehen. Angeboten werden vor allem gute Grillspezialitäten.
Schönes Ambiente – **A Petisqueira** [7]: Rua 25 de Abril 54, 5–15 €. Kleinigkeiten wie Tapas und *petiscos*, eine überschaubare Karte mit ausgewählten Gerichten, darunter immer auch ein vegetarisches, und jede Menge gute Weine.
Tapas & Wine – **Meu Limão** [8]: Rua Silva Lopes 40/42, Tapas (auch vegetarische) ab 4,50 €. Hier kann man abseits des Trubels in aller Ruhe einfach genießen. Wer nur eine Kleinigkeit essen möchte, findet etwas, es gibt aber auch größere Gerichte, z. B. Muscheln.

Einkaufen

In Lagos findet man problemlos alles, was man braucht.
Markt – **Mercado da Avenida** [1]: Av. dos Descobrimentos.
Mitbringsel – **Saudade Portugal** [2]: Rua 25 de Abril. Etwas ausgefallene Souvenirs und kleine Geschenke: u. a. wohlduftende Seifen und Cremes.
Mode – **Mao Mao** [3]: Rua Soeiro da Costa 4. Ausgefallene Mode, Taschen und Accessoires.

Aktiv

Bootsfahrten – Fahrten zur Ponta da Piedade und Grottenfahrten werden überall entlang der Avenida dos Descobrimentos und in der Marina angeboten, außerdem auch an der Ponta da Piedade selbst. Fahrten zum Delfinebeobachten starten ebenfalls ab der Marina.
Tauchen – **Blue Ocean Diving Center** [1]: Estrada de Porto de Mós (Motel Ancora), Tel. 964 66 56 67, www.blue-ocean-divers.de.

Paddeln – **Kayak Tours** [2]: Praia da Batata, Tel. 969 33 02 14, www.kayaktours.com.pt.
Reiten – Reitferien werden in mehreren Reiterhöfen bei Lagos angeboten. Infos bei der Touristeninformation.

Abends & Nachts

Kultur
Centro Cultural [1]: Rua Lançarote de Freitas. Das Zentrum zeigt wechselnde Ausstellungen und ein rundum interessantes Kulturprogramm, unter anderem mit guten Konzerten.

Nightlife
Lagos ist absolute Nachtleben-Hochburg. In der Rua 25 de Abril – Rua Silva Lopes konzentrieren sich die Kneipen und Klubs: **Eddie's** [2], **Zanzi-Bar** [3], gegenüber das **Millenium** [4] und an der Ecke **Bon Vivant** [5]. Guten Live-Jazz und Blues kann man ganz in der Nähe im **Stevie's Ray** [6] hören (Rua Senhora da Graça 9, 23–4 Uhr, www.stevie-rays.com). Angesagt ist außerdem das **DCs** [7] (Rua Lancarote Freitas 15, gute Musik, gute Drinks). Wem das noch nicht reicht, der findet abseits der zentralen Meile innerhalb der Stadtmauern vereinzelt weitere Kneipen und Bars.

Infos

Posto de Turismo: Praça Gil Eanes, Tel. 282 76 30 31, www.visitalgarve.pt, in der Hauptsaison tgl. 9.30–19, ansonsten Mo–Sa 9.30–13, 14–17.30 Uhr, So geschl. Im ehemaligen Rathaus in der Fußgängerzone im Zentrum von Lagos.
Bus: Busbahnhof Rossio de S. João, Tel. 282 76 29 44.
Zug: Der Bahnhof liegt nordöstlich der Innenstadt jenseits des Flusses, eine Brücke führt direkt zur Stadtseite, Tel. 707 21 02 20.

Abstecher von Lagos ▸C4

Barragem da Bravura

Von Lagos aus kann man einen Abstecher nach Norden zum **Stausee** Barragem da Bravura machen (ca. 12 km). Lohnend ist der Ausflug besonders im Frühling und Frühsommer, wenn alles frisch und grün ist. Eine landschaftlich sehr schöne Strecke – leider an einer Stelle von der Autobahnbrücke gestört – führt von Odiáxere aus durch eine liebliche Wiesenlandschaft mit Obstplantagen und später über eine etwas herbere Hochebene mit Zistrosenflächen.

Der See selbst bietet das für Portugals Stauseen übliche, etwas triste Bild: Er ist von einheitlichen Eukalyptuswäldern umzogen, meist ist auch der Wasserspiegel etwas abgesenkt. Spaziergänger finden hier aber ein paar schöne Wege vor.

Monumentos de Alcalar

Nahe M 532
Nordöstlich von Lagos, am Fuß der Serra de Monchique, befindet sich die wohl interessanteste megalithische Stätte der Algarve. Auf der N 125 von Lagos kommend, biegt man noch vor dem Abzweig nach Alvor nach links in Richtung Norden ab. Nach ca. 4 km kommt man zu den Monumentos de Alcalar, einer 5000 Jahre alten **Nekropole,** in deren Zentrum eine von Steinschichten überdeckte Rundgrabanlage steht.

Im Jahr 1880 hat man hier mit ersten Ausgrabungen begonnen. Zu den Funden gehören zahlreiche Grabbeigaben, von denen einige in den Museen in Lagos und Silves ausgestellt sind.

Alvor ! ▸D5

Wenige Kilometer östlich von Lagos erstreckt sich ein Lagunengebiet, das aus mehreren Flüssen gespeist wird. Die N 125 führt in weitem Bogen um das von zahlreichen Wasserläufen und grünen Auen durchzogene Gebiet herum, dann zweigt eine Nebenstraße nach Alvor ab.

Der kleine Fischerort liegt nicht am offenen Meer, sondern am Ostufer dieser Lagune, die hier allerdings fast den Eindruck eines flachen Meeresabschnitts erweckt. Der Fischfang spielt sich im Wesentlichen in den Gewässern der Lagune ab. Alvor geht auf eine Gründung der Araber zurück, Albur hieß die befestigte Ansiedlung damals. ›Weißer Schimmer‹ – so etwa könnte man den portugiesischen Ortsnamen übersetzen, und wenn sich Alvor in dem stillen Lagunenwasser spiegelt, bestätigt sich die schöne Bezeichnung.

Inmitten der touristischen Felsalgarve ist der kleine Ort eine Ausnahmeerscheinung: Erstens ist die unmittelbare Umgebung nicht felsig, sondern flach, zweitens hat sich der Tourismus hier bisher im Rahmen gehalten. Der Ort mit seinen weißen Häusern zieht sich einen kleinen Hügel hinauf und ist in seiner Bebauung ursprünglich geblieben. Hochhäuser gibt es nur in der Umgebung von Alvor an der wunderschönen **Praia de Alvor** südlich vom Ort. Dort allerdings hat man sich in baulicher Hinsicht wiederum nicht zurückgehalten.

Sehenswert

In Alvor selbst sollte man der hübschen **Dorfkirche** (Largo da Igreja, s. Entdeckungstour S. 140) aus dem 16. Jh. einen Besuch abstatten, ▷ S. 143

Auf Entdeckungstour: Manuelinisch dekoriert – Dorfkirche in Alvor

Dieser manuelinische Erkundungsgang führt durch die Igreja Matriz de Alvor. Wer sich Zeit nimmt und genau hinschaut, wird erleben, dass die jahrhundertealte steinerne Dekoration anfängt, von Portugals Goldenem Zeitalter zu erzählen. Als steinernes Zeugnis dokumentiert die Manuelinik die damaligen Entdeckungen und Eroberungen neuer Welten.

Reisekarte: ▶ D 5

Ort: Alvor, Largo da Igreja

Dauer: etwa 45 Min.

Öffnungszeiten: tgl. von ca. 9 Uhr bis zur Dämmerung; während der Messe Besichtigungen in der Kirche nicht möglich

Exotische Pflanzen und Früchte, fremdartige Tiere, ab und zu das Gesicht eines Menschen aus dem fernen Osten, Kreuze, gewundene Schiffstaue, nautische Instrumente und immer wieder das königliche ›M‹ – das sind die Ornamente, mit denen die portugiesischen Bauten zu Beginn des 16. Jh. verziert wurden. In diesem Dekorationsstil, der nach Manuel dem Glücklichen Manuelinik, Manuelinismus oder manchmal auch Emanuelstil genannt wird, spiegelt sich die ekstatische Hochstimmung der Entdecker- und Eroberergeneration wider. Die Manuelinik ist typisch portugiesisch und der einzige Stil in der Architekturgeschichte des Landes, der sich nicht an die großen europäischen Strömungen anlehnte – vergleichbar vielleicht mit dem zeitgleich in Spanien entstandenen Plateró-Stil. Er fällt aus der gesamten Entwicklung der Baukunst heraus, wie diese Epoche insgesamt ein einzigartiger Höhenflug in der portugiesischen Geschichte gewesen ist.

Geschichte in Stein gehauen

Der wirtschaftliche Aufschwung während des *século d'ouro*, des Goldenen Zeitalters, ermöglichte auf kulturellem Gebiet ausschweifende Projekte. Portugiesische Architekten nahmen an den Fahrten nach Übersee teil und brachten neue Anregungen aus bisher fremden Kulturkreisen mit zurück.

Überall im Land entstanden Sakral- und Profanbauten, die eine bestimmte Seereise und Entdeckungsfahrt – z. B. Vasco da Gamas Fahrt nach Indien –, Eroberungen oder einfach das neu erworbene Ansehen Portugals feierten. Große Bauprojekte gab es vor allem in der Hauptstadt Lissabon, aber auch viele kleinere Gebäude überall im Land wurden mit manuelinischer Bauplastik geschmückt, so auch die schöne Dorfkirche in Alvor aus dem 16. Jh. Sie steht fernab vom Trubel im Dorf an einem kleinen stillen Platz und gehört zu den wenigen Kirchen an der Algarve, die fast immer geöffnet sind. Sollte sie dennoch einmal verschlossen sein, kann man sich auch nur das Hauptportal an der Westseite ansehen, das nicht auf den Platz ausgerichtet ist und daher gern übersehen wird. Hier kann man sich wahrlich in die steinerne Pracht vertiefen: Pflanzen aus fer-

Die Dorfkirche in Alvor

nen Erdteilen sind zu sehen, exotische Früchte, Blätter, etwas, das von Weitem aussieht wie Korallenstöcke, aus der Nähe eher wie Wasserlinsen. Und dann figürliche Darstellungen: Vögel, Gesichter, Musikanten, Menschen, die nicht allzu freundlich wirken, die wahrscheinlich die portugiesischen Eindringlinge eher misstrauisch und abwehrend beäugen.

Auch das schmale Seitenportal neben dem Turm zum Platz hin ist manuelinisch dekoriert. Dicke exotische

Früchte hängen von dem Eingangsbogen herab. Oder sollen es vielleicht Meeresfrüchte sein? Gesichter sind auszumachen – unbestimmt schauen sie aus dem fernen, steinernen Land über den Betrachter hinweg ins Leere. Im Innern bekommt man ebenfalls Manuelinisches zu sehen: Der Altarbogen und einige der Kapitelle bestehen aus gedrehten Steinbändern, in der Sprache der Seefahrer also: dicken Schiffstauen. An den Kapitellen sind Pflanzenornamente auszumachen, an dem Pfeiler rechts neben dem Altarbogen vier Gesichter, ganz links eines mit asiatischen Gesichtszügen. Manuelinisch sind auch hinten im Raum die beiden Weihwasserbecken an den Pfeilern links und rechts des Hauptportals.

Typische manuelinische Dekorelemente sind auch das Astrolabium, ein nautisches Instrument, und das königliche ›M‹ für Manuel. Diese kann man in Alvor zwar nicht sehen, sie finden sich aber an anderen Bauten der Algarve.

Das neu entdeckte Fremde

Ganz offensichtlich ist die Manuelinik ein Zeugnis für den damaligen Begegnungsprozess mit der Fremde – allerdings präsentiert sie nur das harmlose und unverfängliche ›Exotische‹, seien es Elemente aus der Pflanzenwelt oder der fremden Architektur. Das Bedrohliche, das die Reisen in ferne Länder zweifellos auch mit sich brachten, wurde nicht gezeigt, ebenso wenig wie andere Religionen oder Denk- und Lebensweisen in irgendeiner Form dargestellt worden wären.

Lange Zeit war unter Kunsthistorikern umstritten, ob es sich bei der Manuelinik um einen architektonischen Baustil oder um eine dekorative Ornamentkunst handelt. Sie entwickelte sich kunsthistorisch gesehen zwischen Gotik und Renaissance. Die eigentliche Architektur ist im Stil der europäischen Spätgotik oder Frührenaissance gehalten, die ornamentale Auskleidung dagegen eng mit den Ereignissen im damaligen Portugal verbunden.

Lebhaft ausgeschmücktes Detail am Westportal

Alvor

Wanderung durch die Lagune der Ria de Alvor

in der einiges aus manuelinischer Zeit erhalten geblieben ist. Ein stimmungsvoller kleiner Platz mit einer Kapelle liegt beim Posto Turismo (Rua Dr. Afonso Costa Ecke Rua 25 de Abril).

Der **Hafenbereich** unten am Wasser ist komplett modernisiert worden, die einstige Beschaulichkeit des Hafens ist dabei ein bisschen verlorengegangen. Man kann auf der Uferpromenade ein Stück am Wasser entlanggehen, erst so erschließt sich die Lage an der Lagune richtig. Hier unten gehen Muschelfischer ihrer Arbeit nach, man kann Angler beobachten und der Vogelwelt lauschen – eine schöne Alternative zur trubeligen Restaurantmeile, die zum Hafen hinunterführt.

Zwischen dem Meer und der Ria de Alvor

Einfacher Rundweg, Länge ca. 5 km, Dauer 1,5–2 Std.

Südwestlich von Alvor kann man wunderbare Spaziergänge durch das Dünen- und Wattgelände machen, das die Ria de Alvor vom offenen Meer trennt. Hier sind markierte Wege angelegt worden, auf denen man spazierengehen, joggen oder radfahren kann – am besten morgens oder spätnachmittags, da es keinen Schatten gibt –, ohne dass die Natur Schaden nimmt. Von Alvor aus folgt man der Ausschilderung ›Praia‹ und landet in der Nähe eines Fußballfeldes an einem Parkplatz.

Hier startet ein **Holzbohlenweg**, der später in einen befestigten Sandweg übergeht. Man folgt ihm in Richtung Westen, kann Abstecher über die Dünen zum Meer machen, dessen Wellen die ganze Zeit auf der linken Seite zu hören sind, während man rechts die Vögel in der Lagune deutlich vernehmen und beobachten kann. Schließlich kommt man an den Mündungsbereich der Ria, hier fließt die **Ribeira de Odiáxere** ins Meer. Man kann auf die **Mole** hinaufsteigen und über die Mündung hinweg auf die Meia Praia und bis nach Lagos gucken.

Für den **Rückweg** bieten sich mehrere Varianten an: Entweder wandert man am Strand entlang oder man folgt demselben Weg zurück, hat dann aber auch die Möglichkeit, auf einen Holzbohlenweg abzuzweigen, der in einem weiten Bogen an der Lagune entlangführt. Zum Schluss kann

Die Felsalgarve im Südwesten

man sich in dem schönen **Strandlokal Restinga Ria** stärken.

Übernachten

Zentral im Ort – **Hospedaria Buganvilia**: Rua Padre Mendes 6, Tel. 913 12 95 73, DZ ab 28 €. Wer gern direkt in Alvor wohnen möchte, findet über dem Restaurant Buganvilia Zimmer und Apartments.

Essen & Trinken

Etwas feiner – **Adega d'Alvor**: Rua Marquês de Pombal 50, Fische und Meeresfrüchte nach Kilopreis, Tapas ab 5 €. Gepflegte Atmosphäre, schönes Ambiente und ein kleiner Pátio. In der Adega d'Alvor ist es ein bisschen ruhiger als in den meisten Restaurants in Alvor. Hier empfängt den Gast eine vorzügliche Küche.
Netter Service – **Casa da Maré**: Largo da Ribeira 10, 9–17 €. Man sitzt direkt unten am Hafen, und passenderweise gibt es überwiegend Fisch.
Reell – **Buganvilia**: Rua Padre Mendes, ab 7,50 €. Ein sehr empfehlenswertes Restaurant, das zwar nicht so schön gelegen ist, in dem man aber günstige und absolut gute portugiesische Gerichte bekommt. Die Nachspeisen hier sollte man unbedingt probieren!
Wohlschmeckend – **Lusitânia**: Rua Frederico Ramos Mendes 65, ab 7 €. Das Restaurant erstreckt sich über zwei Etagen. Es gibt Pizza, Nudeln, vegetarische Gerichte, Fisch und Fleisch. Lecker ist die Fischsuppe: *sopa de peixe algarvia*.

Aktiv

Bootstouren – In und um Alvor wird es einem nicht langweilig. Man kann die unterschiedlichsten Fahrten durch die Lagune, Segeltörns sowie Bootstouren mit Delfinbeobachtung und auch Angelfahrten unternehmen. Informationen und Start aller Touren unten am Kai, u. a. **Alvor Boat Trips** (Tel. 966 80 76 21, www.alvorboattrips.com).

Abends & Nachts

Ohne Ende – In der **Rua Frederico Ramos Mendes** gibt es diverse Bars, Kneipen und Karaoke.

Infos

Posto de Turismo: Rua Dr. Afonso Costa 51, 8500-016 Alvor, Tel. 282 45 75 40, turismo.alvor@turismodoalgarve.pt, www.visitalgarve.pt.

Portimão ▸ D 5

Mit etlichen Hochhäusern und Schnellstraßen macht Portimão an einigen Ecken fast den Eindruck einer Großstadt. Portimão ist mit 30 000 Einwohnern so groß wie Faro und die größte Stadt der Felsalgarve. Über die touristische Attraktivität der Stadt an der Flussmündung des Arade lässt sich streiten. Manche finden die Mischung aus Fischereihafen, Fischverarbeitungsindustrie, Einkaufszone und täglichen Staus zur Rushhour absonderlich, andere wissen die Stadt als wohltuende Alternative zu den künstlichen Urbanisationen für Touristen in der Umgebung zu schätzen. Portugiesischen Alltag bekommt man hier auf jeden Fall geboten.

Stadtgeschichte

Portimão geht auf eine phönizische Gründung zurück. Die günstige Lage an der Westseite der Arade-Mündung nutzten auch Griechen und Römer. Als

Portimão

im 15. und 16. Jh. die großen Seereisen von der Algarve-Küste aus starteten, blühte in Portimão der Schiffbau. In zahlreichen Werften wurden aus dem Holz des Monchique-Gebirges Karavellen gebaut. Bartolomeu Dias brach von Portimão aus 1487 auf und umsegelte als erster Europäer die Südspitze Afrikas. Natürlich nahm auch der Handel damals einen gehörigen Aufschwung. Am 1. November 1755, dem Tag des Erdbebens, erging es Portimão ähnlich wie den anderen Orten der Region – viel blieb von der Hafenstadt nicht übrig. Erst durch die zunehmende Bedeutung der Fischindustrie etwa 100 Jahre später erholte sich Portimão von der Katastrophe. Die Stadt lebte lange Zeit überwiegend vom Hafen und von der Fischindustrie.

Zahlreiche verlassene Sardinenfabriken zeugen von der bis Mitte der 1970er-Jahre boomenden Fischverarbeitung. Heute arbeiten in Portimão noch zwei Fischkonservenfabriken sowie mehrere kleine Werften. Die Stadt lebt auch von Touristen, die aus ihren Urlaubsdomizilen in der Umgebung gerne zum Einkaufen hierherkommen. In der Innenstadt gibt es eine kleine Fußgängerzone mit Geschäften und vielen Restaurants, außerdem zum Flusshafen hin ein paar hübsche Plätze mit verschiedenen Cafés.

Stadtrundgang

Hafenpromenade
Man kann seinen Besuch gut an der Uferpromenade beginnen, was sich auch wegen der Parkmöglichkeiten am **Largo do Dique** direkt am Wasser oder etwas weiter südlich auf dem großen Parkplatz am Clube Naval anbietet. Sowohl an der benachbarten **Praça Manuel Teixeira Gomes** (benannt nach dem Diplomaten und Schriftsteller, der 1924 Präsident von Portugal war) als auch an der parkähnlichen **Praça Visconde de Bivar** gleich anschließend kann man sich für einen ersten Kaffee oder eine andere Erfrischung niederlassen.

Am Ufer werben die Anbieter von Bootsausflügen. Man kann Grottenfahrten entlang der Küste, Ausflüge auf dem Fluss nach Silves, Touren mit Glasbodenbooten oder Hochseeangeltouren unternehmen. Weiter nördlich kommt man zu Fuß der alten Brücke zu einem kleinen Bereich, in dem sich mehrere Sardinengrillereien und -restaurants eingerichtet haben.

Largo 1° de Dezembro
Ein Stückchen in Richtung Westen liegt der rechteckige Platz, der wesentlich weniger belebt ist als die Plätze am Flussufer, trotz seiner schönen Anlage. Beim Gang durch den kleinen Park wird man mit der portugiesischen Geschichte vertraut gemacht: Die Bänke sind mit Fliesenbildern versehen, auf denen bedeutende historische Episoden gezeigt werden. Die Bezeichnung des Platzes erinnert natürlich auch an ein historisches Datum, nämlich an den 1. Dezember des Jahres 1640, als eine Handvoll portugiesischer Adeliger einen erfolgreichen Aufstand gegen die Spanier unternahm, womit die Unabhängigkeit Portugals nach 80 Jahren Fremdherrschaft durch den ungeliebten Nachbarn erreicht wurde.

Am nördlichen Ende des Platzes steht das Teatro Municipal. In der Rua Júdice Biker 1, an der Südseite des Platzes, lohnt die **Casa de Manuel Teixeira Gomes** mit guten Kunstausstellungen einen Besuch.

Nördlich des Largo
Vom Largo 1° de Dezembro aus kommt man in die belebten Geschäftsstraßen nördlich der Rua Direita. An der **Praça**

Die Felsalgarve im Südwesten

> **Vorsicht: Verkehrsstau**
> In den Hauptverkehrszeiten, vor allem am Nachmittag, sollte man die völlig verstopfte **Innenstadt von Portimão** meiden, hier hat man es zudem mit einem extremen Einbahnstraßengewirr zu tun. **Parkplätze** findet man frühmorgens noch am Largo do Dique (Parkgebühren) oder südlich davon auf dem großen Parkplatz am Flussufer nahe dem Clube Naval de Portimão, ansonsten in einem der ausgewiesenen Parkhäuser im Zentrum.

da República findet man in den Räumen des **Museu Diogo Gonçalves** eine Kunstgalerie. Ein Stück östlich davon steht die **Igreja Matriz** (Rua do Bispo Dom F. Coutinho), die auf einen ersten Kirchenbau aus dem 14. Jh. zurückgeht. Dieser Vorgängerbau wurde beim Erdbeben stark zerstört, aber das gotische Portal ist aus jener Zeit noch erhalten geblieben.

Museu de Portimão
Rua D. Carlos I, Sept.–Ende Juli Di 14.30–18, Mi–So 10–18, Aug. Di 19.30–23, Mi–So 15–23 Uhr, www.museudeportimao.pt

Das Museum lohnt allein der interessanten Räumlichkeiten wegen einen Besuch. Das städtische Museum ist in einer ehemaligen Fabrik, der Fábrica de Conservas La Rose, Feu Hermanos, südlich des Largo do Dique am Flussufer eingerichtet worden. Das Haus konnte schon vor der Eröffnung im Jahr 2008 auf ein Stück Geschichte zurückblicken, denn bereits seit 1983 bestand die Idee für Ausstellungsräume in der schönen Fabrik am Ufer des Arade. Hinter der Fassade des alten Gebäudes wurde zur Wasserseite hin ein moderner Komplex angebaut. Im Museum ist eine permanente Ausstellung zur Stadtgeschichte zu sehen mit einem Schwerpunkt auf der für Portimão so wichtigen Geschichte der Fischverarbeitungsindustrie. Daneben sind in der alten Konservenfabrik Räumlichkeiten für Wechselausstellungen und für Veranstaltungen entstanden.

Ausflüge in die Umgebung ▶ D 5 / E 4

Von Portimão aus kann man **Flussfahrten auf dem Rio Arade** nach Silves machen. Die kleinen Boote fahren in Richtung Norden unter der alten Arade- und der Eisenbahnbrücke und anschließend unter der imposanten Straßenbrücke hindurch. Danach geht es immer weiter den schmaler und idyllischer werdenden Fluss hinauf. Man fährt an einer geschützten Felsbucht mit einer Grotte vorbei, in der Bartolomeu Dias vor seiner Südafrika-Umsegelung verabschiedet worden sein soll. An der Ilha do Rosário biegt das Boot in Richtung Osten ab und kommt schließlich nach Silves.

Autofans besuchen den **Autódromo Internacional Algarve** (Sítio do Escampadinho, Mexilhoeira Grande, www.autodromodoalgarve.com) nordwestlich von Portimão in den Bergen bei Pereira. Der 4,7 km lange Circuit gilt als eine der weltweit modernsten Rennstrecken; bis zu 100 000 Zuschauer können die Rennen verfolgen.

Übernachten

In Portimão muss man eigentlich nicht übernachten – es gibt schönere Möglichkeiten am Meer oder auf dem Land. Wer über Nacht bleiben möchte, schläft gut in den folgenden Häusern.
Schönes Stadthotel – **Hotel Globo:** Rua 5 de Outubro 26, Tel. 282 40 50 30,

www.hotelsalgarvesol.pt, DZ 63–104 €. Moderne Unterkunft im Zentrum.
Praktische Bleibe – **Jugendherberge:** Rua Pousada de Juventude, Tel. 282 49 18 04, portimao@movijovem.pt.

Essen & Trinken

Kurz vor bzw. unterhalb der Aradebrücke gibt es im alten Viertel der Sardinengrillereien viele Lokale, in denen gegrillte Sardinen, aber auch andere leckere Gerichte angeboten werden. Dahinter findet man direkt an der Flusspromenade neuere Restaurants mit schönem Blick aufs Wasser.
Alles Stockfisch – **Bacalhoada:** Rua da Barca 5, ab 12 €. Dieses gemütliche Eckrestaurant ist ein Stockfisch-Eldorado – unglaublich, wie einfallsreich und köstlich dieser einstige ›Arme-Leute-Fisch‹ zubereitet werden kann!
Urig – **Dona Barca:** Largo da Barca 9, ab 11 €. Eines der alteingesessenen Lokale im Viertel an der alten Aradebrücke. Jede Menge Fisch- und Fleischgerichte sind im Angebot.
Hafencharme – **Clube Naval de Portimão Do Cais:** Ribeirinha, ab 10 €. Solides Essen in toller Lage direkt am Fluss.
Sympathisch – **Oliva & Lenha:** Av. Afonso Henriques, Edifício Oceanário Residence, loja 4, 8,50–21 €. Gerichte aus dem Holzofen, auch Pizza, und dazu ein nettes Ambiente.
Achtung: süß! – **Café A Casa da Isabel:** Rua Direita 61. Angenehmes Café: schöner kleiner Raum mit nur ein paar Tischchen, hauseigene Kuchen nach traditionellen Rezepten der Region.

Einkaufen

Günstig – In den Geschäften nördlich des **Largo 1° de Dezembro** kann man teilweise sehr preiswert einkaufen.

Aktiv

Bootstouren – Außer der Fahrt mit der Santa Bernarda (s. Entdeckungstour S. 148) werden zahlreiche Ausflüge mit kleineren Booten an der Küste entlang angeboten.

Abends & Nachts

Beachtlich – **Teatro Municipal de Portimão:** Largo 1° Dezembro, www.teatromunicipaldeportimao.pt. Im Stadttheater von Portimão wird ein recht interessantes Kulturprogramm geboten.
Kultur – In der **Casa de Manuel Teixeira Gomes** gibt es ausgewählte kleine Veranstaltungen. Der **Pavilhão do Arade** auf der anderen Flussseite ist Kultur- und Kongresszentrum.

Infos

Posto de Turismo: Largo 1° Dezembro, Tel. 282 40 24 87. Der Eingang zur Touristeninformation ist im Teatro Municipal.
Zug: Der Bahnhof liegt am nördlichen Stadtrand von Portimão.
Bus: Der Busbahnhof befindet sich am Largo do Dique/Avenida Guanaré (oder Av. Guanaré).

Strandorte bei Portimão

Praia da Rocha ▶ D 5

Von der Innenstadt von Portimão sind es nur wenige Kilometer bis nach Praia da Rocha, einem Vorort direkt an der Mündung des Arade. Die Bebauung zwischen Portimão und Praia da Rocha ist nahezu durchgehend. Praia da Rocha ist ein relativ ▷ S. 150

Auf Entdeckungstour: Mit der Santa Bernarda entlang der Felsküste

Sicher die schönste Art, die Küste bei Portimão zu erkunden! Sie weist spektakuläre Felsgebilde auf und ist von Höhlen und Grotten durchsetzt. Auf einem umgebauten alten Kutter kann man verschiedene Touren unternehmen.

Reisekarte: ▶ D 5
Planung: Touren 3–4 Std. vormittags oder nachmittags, Snacks und Getränke an Bord; auch Ganztagestouren
Start: Portimão, Cais Vasco da Gama in der Nähe des Museu; kostenloser großer Parkplatz direkt am Kai
Info: Santa Bernarda Cruzeiros, Rua Júdice Fialho 4, Portimão, Tel. 967 02 38 40, www.santa-bernarda.com

Die Santa Bernarda wurde 1968 als Fischkutter in Frankreich gebaut. Bis 1992 war sie auf dem Atlantik und in der Biskaya unterwegs, 1995 kam sie nach **Portimão** und konnte den Hafen wegen eines größeren Schadens nicht mehr verlassen. In mehrjähriger Arbeit wurde sie in einer Werft in Portimão umgebaut und wunderschön restauriert. Heute kann man mit dem knapp 25 m langen Zweimaster die Felsalgarve entlangfahren, teils unter Segeln, Grotten besichtigen und baden.

Grandiose Felsgebilde
Die Santa Bernarda fährt den **Rio Arade** entlang Richtung Mündung, vorbei

an **Ferragudo** auf der linken Seite und der Marina und den Hochhäusern von **Praia da Rocha** auf der rechten Seite. Dann ist der **Farol da Ponta do Altar**, der die Arade-Mündung markiert, in Sicht und der offene Atlantik erreicht.

Die zerklüftete Küste vom Wasser aus zu sehen ist ausgesprochen spannend: Sandbuchten, die man nur von See aus erreicht, die ungewöhnlichsten Felsformationen, die steilen Klippen und die Höhlen, die auf der Fahrt Richtung **Benagil** und **Armação de Pêra** inspiziert werden sollen.

Das Besondere an dem Küstenabschnitt etwa zwischen Albufeira und Lagos ist das weiche Gestein, das die spektakulären Felsformationen überhaupt erst ermöglicht: Sedimentschichten aus Muschelkalkstein, die bis zu 60 Millionen Jahre alt sind und in ebendiesem Küstenbereich im Lauf von mehreren Millionen Jahren angehoben wurden. Seit geraumer Zeit liegen sie in Höhe des Meeresspiegels und sind dadurch dem steten Einfluss von Wasser und Wetter ausgesetzt.

Winde, Regen und Wellen haben im Lauf der Zeit den Kalkstein weggespült, abgebrochen, ausgehöhlt, und so Grotten und Höhlen aus dem weichen Stein gewaschen und diese wieder in sich zusammenstürzen lassen, wie etwa die **Gruta do Xorino** bei Albufeira. Manche Grotten reichen fast 150 m tief in die Felsen hinein, und es gibt Höhlen, die eine Höhe von 25 m und einen Durchmesser von 70 m haben. Eine der bekanntesten Höhlen ist **O Algar** bei Benagil/Carvoeiro, in die durch eine große Öffnung in der Decke Sonnenlicht einfällt (s. Abb. S. 50).

Spannendes Höhlenerlebnis

Die Höhlen können nur mit kleinen Motorbooten befahren werden. Von der großen Santa Bernarda müssen also alle in die wendigen Beiboote umsteigen. Einheimische steuern die Boote, sie kennen sich aus: Man muss mit der Welle hineinfahren und mit dem rücklaufenden Wasser wieder heraus. Beim Hineinfahren sind es nicht mehr als 50 cm Abstand zwischen Boot und Felswand und über den Köpfen ist es auch nicht viel mehr. Die Bootsführer wissen genau, in welche Höhle sie bei welchem Wasserstand fahren können. Die Höhlen, die angesteuert werden, sind relativ klein, das Wasser hat meist eine Tiefe zwischen ein und fünf Metern.

Nach dem Höhlenbesuch geht es wieder zurück – noch einmal vorbei an der faszinierenden Felsküste mit ihren Buchten und Grotten – und schließlich landet der großartige Zweimaster Santa Bernarda wieder am Cais Vasco da Gama in Portimão.

Die Felsalgarve im Südwesten

> ### Mein Tipp
>
> **Esplanada da Fortaleza**
> In der Fortaleza de Santa Catarina gibt es ein kleines Café, in dem man Kleinigkeiten wie Salate, Toasts, Hamburger und Eis bekommt. Ein wirklich schöner Platz am Rand von Praia da Rocha oberhalb des Jachthafens mit Blick auf die Flussmündung und aufs Meer.

städtisches Touristenzentrum, dessen Hochhäuser sich an zwei parallel zum Strand verlaufenden Straßen aneinanderreihen. Wer Trubel und Menschenmengen nicht scheut, kommt hier auf seine Kosten. Tagsüber lässt der traumhafte, breite Strand nichts zu wünschen übrig. Es gibt zahllose Geschäfte, Cafés, Boutiquen, Restaurants und Kneipen. Auch abends und nachts ist hier viel los: Man promeniert über die belebte Uferstraße, Casino, Bars, Diskotheken gibt es ausreichend.

Stadtgeschichte

Praia da Rocha entwickelte sich zu Beginn des 20. Jh. zu einem mondänen Seebad. Attraktion Nummer 1 war natürlich der herrliche Strand direkt an der Flussmündung, Attraktion Nummer 2 sicher das 1910 erbaute **Spielkasino**, das erste der Algarve. Aus den Anfängen ist noch das restaurierte **Hotel Bela Vista** erhalten, das heute fast als Sehenswürdigkeit gelten kann. Zumindest aber vermittelt es einen guten Eindruck von der Atmosphäre, die hier geherrscht hat, bevor der Bauboom einsetzte. Landschaftlich ist das einst herrliche Fleckchen durch dieses ›städtebauliche Verbrechen‹, wie die Kritiker von Praia da Rocha sagen, jedenfalls ein für alle Mal dahin.

Sehenswert

Die Uferstraße Avenida Tomás Cabreira zieht sich über 2 km parallel zum Hauptstrand hin, sie endet an der **Fortaleza de Santa Catarina,** einer Festung, die im 17. Jh. oberhalb der Arade-Mündung gebaut wurde. Zusammen mit der Fortaleza de São João gegenüber auf der anderen Seite bei Ferragudo sollte so der Mündungsbereich gegen Angriffe von holländischen, englischen und nordafrikanischen Piraten geschützt werden.

Von der Fortaleza de Santa Catarina hat man einen hervorragenden Blick auf die Arade-Mündung, den Arade entlang, auf das gegenüberliegende Ferragudo und auf den großartigen Küstenabschnitt von Praia da Rocha.

Direkt unterhalb der Festung liegt die **Marina von Portimão,** die eine kleine Welt für sich darstellt und einen ganz eigenen Akzent setzt. Die Marina ist mit 620 Liegeplätzen für Boote bis zu 30 m Länge einer der größten Sportboothäfen in Portugal. Umrahmt werden die Hafenanlagen von farbenfrohen kleinen Apartmenthäusern.

Praia do Vau ▸ D 5

Westlich von Praia da Rocha herrscht an der Praia do Vau, einer schönen großen Strandbucht mit pittoresken Felsen, reges Leben und Treiben. Die Bebauung ist etwas angenehmer als im Nachbarort.

Übernachten

Klassiker in modernem Gewand –
Hotel Bela Vista: Av. Tomás Cabreira, Praia da Rocha, Tel. 282 46 02 80, www.hotelbelavista.net, Standard-DZ 160–264 €, alle anderen Kategorien und Meerblickzimmer sind deutlich

Strandorte bei Portimão

teurer. Eine Luxusadresse, die von alten Zeiten zeugt.

Direkt am Strand – **Hotel Oriental:** Av. Tomás Cabreira, Praia da Rocha, Tel. 282 48 08 00, www.tdhotels.pt, DZ 78–248 €. Schönes Hotel mit Swimmingpool, das sich von den Hotelburgen wohltuend abhebt. Alle Zimmer haben zumindest seitlich Strandblick, die mit direktem Meerblick sind etwas teurer.

Überraschend angenehm – **Vila Lido:** Av. Tomás Cabreira (neben der Festung Sta. Catarina), Praia da Rocha, Tel. 282 42 41 27, www.hotelvilalido.com, DZ 70–125 €. Stilvolle Pension mit zehn Zimmern, acht davon mit Balkon oder Terrasse und Meerblick. Eine unerwartete, gute Adresse in all der Betonpracht.

Essen & Trinken

Schön gelegen – **A Casa da Rocha:** Sítio dos Castelos, Praia da Rocha, So geschl., 11–17 €. Restaurant über dem Strand am Westende der Av. Tomás Cabreira. Gute Fisch- und Fleischgerichte.

Infos

Posto de Turismo: Av. Tomás Cabreira, Praia da Rocha, Tel. 282 41 91 32.

Wunderbar breit erstreckt sich der Strand bei Praia da Rocha

Die Felsalgarve im Südwesten

Ein beliebtes Fotomotiv: Fischerboot im Hafen von Ferragudo

Ferragudo ▸ D 5

Eine völlig gegensätzliche Atmosphäre erwartet Besucher in Ferragudo am gegenüberliegenden Arade-Ufer. Von Portimãos Innenstadt aus führt die alte Stadtbrücke über den Fluss. Das malerische Bild, das das Fischerdorf bietet, ist der absolute Kontrast zu Praia da Rocha. Ferragudo zieht sich über einen flachen Hügel hin, der von der kleinen **Dorfkirche** gekrönt wird. Bei einem Bummel durch die Gassen bekommt man einen guten Eindruck von der Atmosphäre eines alten Algarve-Dorfes. Unten am Platz und in der kleinen Hauptgasse mit ihren Läden, Lokalen, Pastelarias und Tascas spielt sich das Leben von Ferragudo ab. Der Weg nach oben lohnt sich wegen des **Miradouro** vor der Kirche, von dem aus man eine schöne Aussicht auf die Arade-Mündung hat – allerdings bleibt einem auch der Blick auf die Hochhaussilhouette von Praia da Rocha nicht erspart. Südlich des Dorfes kann man die **Fortaleza de São João** aus nächster Nähe anschauen. Bei Ferragudo soll eine Marina entstehen, die das Gesicht des Ortes in näherer Zukunft vermutlich verändern wird.

Strände bei Ferragudo

Die kleine **Praia da Angrinha** ist zum Baden nicht so gut geeignet, weil die Wasserqualität im Mündungsbereich des Arade zu wünschen übrig lässt. Besser und sehr beliebt ist die **Praia Grande** ein Stück weiter südlich. An der **Praia do Molhe,** an der sich auch Surfer tummeln, gibt es eine lange Mole, die auf der meerabgewandten Seite für ruhigeres Wasser sorgt.

Die **Praia do Pintadinho** ist an heißen Sommertagen gut geeignet, an beiden Seiten gibt es Höhlen, in denen es schattig ist. Ein schöner Strand ist auch die **Praia dos Caneiros,** von der aus man den Leuchtturm auf der **Ponta do Altar** sehen kann. Alle die-

Carvoeiro und Umgebung

se Strände (außer Praia da Angrinha) haben in der Hauptsaison Strandbars und eine Badeaufsicht. Ohne Strandlokal ist die kleine, aber landschaftlich schöne **Praia do Vale da Azinhaga**.

Übernachten

Wunderbar! – **Casabela Hotel:** Vale de Areia, Tel. 282 49 06 50, www.hotel-casabela.com, DZ 150–240 €. Ein gepflegtes Hotel in herrlicher Lage über dem Meer, etwas außerhalb von Ferragudo. Es gibt einen Swimmingpool und eine schöne Lounge mit Blick aufs Meer.

Lagoa ▸ E 5

Fährt man von Portimão aus auf der N 125 in Richtung Osten, dann ist der nächste größere Ort Lagoa, mit etwa 7000 Einwohnern die Hauptstadt des gleichnamigen Distrikts und wichtiges Zentrum für Algarvios aus der umliegenden Region. Der Ortskern liegt nördlich der belebten N 125, und wer sich für eine schlichte Algarve-Kreisstadt interessiert, sollte einen Abstecher ins Zentrum machen. Viel zu sehen gibt es nicht, aber die Atmosphäre verrät etwas vom normalen Algarve-Alltag und es macht Spaß, durch den schönen alten Ortskern zu bummeln. Es gibt eine hübsche **Pfarrkirche** am Largo Combatentes da Grande Guerra, einem liebevoll gestalteten Platz, außerdem ein kleines Kulturzentrum: den **Convento de São José** in der Rua Eugénio Júdice 13. Hier finden interessante Ausstellungen statt, regelmäßig werden Konzerte veranstaltet.

Essen & Trinken

Für Feinschmecker – **Chrissy's:** Praça da República 16–18, So geschl., Menü

Mein Tipp

Wein und Kunst
In der **Única – Adega Cooperativa do Algarve** in Lagoa (direkt an der N 125, Bemparece, Tel. 282 34 21 81, facebook.com/unicadegalgarve, adega.lagoa@sapo.pt, Mo–Fr 10–13, 14–18 Uhr, s. auch Entdeckungstour S. 216) kann man nicht nur Wein verkosten. Der große Gebäudekomplex beherbergt auch die Galerie **Arte Algarve** (www.artealgarve.net), die auf immens viel Fläche Werke von Künstlern verschiedener Länder zeigt – ein Blick lohnt sich.

ab 28 €. Eine besondere und edle Adresse. Exzellente Gourmetküche, die Gäste von nah und fern anzieht. Es gibt eine kleine, aber feine Auswahl an Speisen, auch vegetarische Gerichte und etwas für Kinder.

Carvoeiro und Umgebung ▸ D 5

Von dem einst idyllischen Fischerdorf Carvoreiro in der malerischen Strandbucht ist nichts mehr übrig geblieben, denn auch hierher hat es die Touristenmassen gezogen. Die Architektur in und um Carvoeiro ist aber akzeptabel. Es sind keine Hochhäuser gebaut worden, dafür im Ort und vor allem in der Umgebung flächendeckend Flachbauten. Um ebene Grundstücke zu erhalten, wurden teilweise rigorose Sprengungen in der felsigen Küstenlandschaft vorgenommen. Die vielen Neubauten wurden u. a. auch von Deutschen errichtet – Carvoeiro

Die Felsalgarve im Südwesten

ist Hochburg von deutschen Residenten, die sich hier teils eine ganz neue Existenz aufgebaut haben. Attraktion sind die herrlichen Felsformationen und Strandbuchten in der Umgebung von Carvoeiro.

Die Region Carvoeiro bietet unendlich viele Freizeitmöglichkeiten: Man kann Bootsausflüge entlang der Küste unternehmen, die künstlichen Badelandschaften – ein Hit für Kinder – sind in erreichbarer Nähe, zudem hat man u. a. Gelegenheit, zu tauchen, zu schnorcheln, Boot zu fahren.

Algar Seco ▶ E 5

Unmittelbar östlich von Carvoeiro kommt man zu den berühmten Kalksteinfelsen von Algar Seco. Hier ist eine ganz eigene Welt aus Felsen entstanden mit Türmen, Höhlen, Bögen und Fenstern, aus denen man auf das tief unten gelegene Meer schauen kann. Nach der Erkundung der bizarren Landschaft kann man sich inmitten von Felstürmen in einem Café niederlassen.

Strände bei Carvoeiro

▶ D 5 / E 5

Östlich von Algar Seco liegen **Rocha Brava** und **Benagil** mit jeweils gut zugänglichen Strandbuchten. Ein beliebter Strand ist vor allem die **Praia da Marinha,** die sich vor hohen Felsen entlangzieht. Ein paar kleine Buchten schließen sich nach Westen hin noch an. Durch einen schlüssellochähnlichen Durchbruch und einen niedrigen Felsengang kommt man in eine östliche Nachbarbucht. Die Strandbar hat nur in der Saison geöffnet.

Die **Praia do Carvalho** erreicht man über eine Treppe, die durch einen Felsdurchbruch führt – es gibt am Strandeingang sogar eine Bar im Felsen! Die relativ kleine Bucht wird von hohen Sandsteinfelsen gerahmt. Von einem kleinen Felsvorsprung, auf den man über eine schmale Treppe und durch einen Felsbogen kommt, kann man hinunter ins Wasser springen – ein beliebter Zeitvertreib, allerdings nur bei Flut. An der Praia do Carvalho gibt es keinen Kiosk oder andere Infrastruktur.

Weitere schöne Strände an diesem Küstenabschnitt sind die **Praia de Vale Centianes** (mit Lokal in der Saison) und die pittoreske **Praia da Albandeira** mit ihren Felsblöcken und den Wasserbecken in den flachen Felsen (ohne Lokal etc.). An allen Stränden kann man gut schnorcheln.

Wanderung an der Steilküste

Von der Praia da Marinha nach Benagil und zurück, Länge ca. 3,5 km, Dauer ca. 1,5 Std., festes Schuhwerk und Sonnenschutz (kein Schatten) erforderlich

Diese lohnende Wanderung führt über einen Teilabschnitt des markierten **Percurso dos Sete Vales Suspensos** (Sieben-Hängende-Täler-Weg). Direkt am Parkplatz oberhalb der **Praia da Marinha** befindet sich der Einstieg, die Strecke ist gut mit gelb-roten Querstrichen markiert und verläuft im Zweifelsfall immer parallel zur Küste. Allerdings sollte man nie zu nah an die Felskante gehen, da sie meist ungesichert ist.

Zunächst entfernt sich der Weg ein wenig vom Meer, senkt sich nach einer Weile in ein Tal hinab, um sich dann im Bogen wieder der Küste zu nähern. Man passiert mehrere abgezäunte *algares,* senkrechte Höhlenschächte,

Carvoeiro und Umgebung

durch die man das Meerwasser tief unten gurgeln hören kann.

Der Weg folgt der zerklüfteten Küstenlinie, umrundet hoch oben eine Strandbucht und erreicht einen weiteren *algar,* unter dem sich die berühmte Grotte **O Algar** (s. Abb. S. 50). befindet. Nur für kurze Zeit am Tag fällt durch das große Bodenloch, neben dem man hier steht, Sonnenlicht auf den Sandstrand im Innern der Höhle. Wer das Schauspiel anschauen will, muss sich von den Fischern in Carvoeiro oder Benagil mit kleinen Booten zur Strandhöhle fahren lassen.

Kurze Zeit später führt der Weg hinab zu dem kleinen Fischerdorf **Benagil**. Am Strand kann man eine Pause einlegen, bevor es entlang der Steilküste zum Parkplatz an der Praia da Marinha zurückgeht.

Übernachten

Bezahlbar und gut – **Casa Luíz:** Rua Nossa Senhora da Encarnação 4, Carvoeiro, Tel. 282 35 40 58, www.casaluiz.com, DZ 40–70 €. Direkt im Ort, Privatzimmer und kleine Apartments mit Top-Blick östlich oberhalb vom Hauptstrand.

Individuell – **O Castelo:** Rua do Casino 59–61, Praia do Carvoeiro, Tel. 282 08 35 18, DZ 50–125 €, www.ocastelo.net. Angenehme Privatadresse in Carvoeiro westlich oberhalb vom Hauptstrand. Die Zimmer sind unterschiedlich groß und unterschiedlich ausgestattet.

Essen & Trinken

Exzellent – **A Galé:** Estrada do Farol, Carvoeiro, Tel. 282 35 73 30. Kleines familiäres Restaurant mit ausgezeichneter Küche. Sehr zu empfehlen sind die Steaks mit feinen Saucen.

Über dem Meer – **Mar d'Fora:** Praia do Paraíso, Carvoeiro, ab 12 €. An der Küstenstraße am westlichen Ortsausgang, mit schöner Terrasse. Es gibt Fisch, Pasta, Salate und Gerichte für Kinder.

Mit Strandblick – **Tia Ilda:** Praia do Carvoeiro, 10–21 €. Bei Tia Ilda sitzt man direkt über dem Stadtstrand. Auf der Karte stehen Gegrilltes, Fisch, Meeresfrüchte, Pizza und Salate.

Weinbar – **Terroir:** Estrada do Farol 101. Von guten Weinen kann man hier ein bezahlbares Glas bestellen. Dazu gibt es Kleinigkeiten zu essen.

Wanderung an der Steilküste bei Benagil

Die Felsalgarve im Südwesten

Aktiv

Bootsfahrten – An der Praia de Carvoeiro bieten Fischer Fahrten in kleinen Booten entlang der Küste an.

Familienausflüge – **Aqualand:** An der N 125 zwischen Lagoa und Alcantarilha, Badelandschaft mit Kamikaze-Rutsche, Labyrinthrutsche, Wellenbecken etc. (Juni–Sept.; Buszubringer von diversen Hotels an der Südküste).
Slide & Splash: An der N 125 zwischen Estômbar und Lagoa, Badelandschaft mit verschiedenen Riesenrutschen.

Tauchen – **Tauchbasis Divers Cove:** Quinta do Paraiso, Carvoeiro, Tel. 282 35 65 94; mit Anfängertauchen.

Infos

Posto de Turismo: Largo Praia do Carvoeiro, Tel. 282 35 77 28.
Bus: Gute Busverbindungen von und nach Lagoa und Portimão.

Armação de Pêra

▶ E 5

Von der N 125 aus in Richtung Süden fährt man zunächst durch eine recht einladende Ländlichkeit, bis plötzlich hinter einem Hügel wie ein ferner Spuk die Hochhaussilhouette von Armação de Pêra auftaucht. Es handelt sich um einen jener Orte, an denen die Bausünden in den Himmel gewachsen sind und für echte *tristeza* sorgen.

In den letzten Jahren versuchte man immerhin, den Anblick der Hochhäuser mit neuen Anstrichen erträglicher zu machen. Zum Wasser hin wird es etwas besser, und die Uferpromenade ist akzeptabel. Am östlichen Ortsende ist mit den Überresten einer kleinen **Festung** und der **Santo-António-Kapelle** (Av. Marginal) noch ein wenig von dem alten Dorf erhalten. Ein Stück weiter liegen die

Die Ermida Nossa Senhora da Rocha steht auf einem schmalen Felsvorsprung direkt über dem Meer

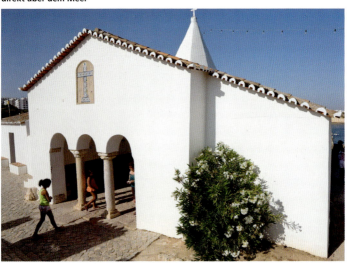

berühmten bunten **Fischerboote** von Armação de Pêra am Strand, von denen mittlerweile viele auch für touristische Ausflugsfahrten genutzt werden – ein Postkartenfoto sind sie allemal wert.

Ermida Nossa Senhora da Rocha
Westlich von Armação de Pêra gibt es ein ganz besonderes Kleinod zu besichtigen: die Ermida Nossa Senhora da Rocha, eine kleine Kapelle, die auf einen spitzen Felsvorsprung gebaut wurde, der weit ins Meer hineinragt. Unmittelbar neben der Kapelle fällt die Felswand über 30 m steil in die Tiefe. Bis zum Erdbeben hat eine kleine Festung das Gebäude geschützt. Das Kirchlein ist Unserer Lieben Frau vom Felsen geweiht, deren Bildnis im offenen Altarraum zu sehen ist und stets von Einheimischen besucht wird. Sehr schön sind die romanischen Kapitele an den Säulen der offenen Halle. Eines der Kapitele soll sogar noch aus westgotischer Zeit stammen.

Strände bei Armação de Pêra
Unterhalb der Ermida Nossa Senhora da Rocha liegen die **Praia da Nossa Senhora da Rocha** und die **Praia Nova** zwischen Felsvorsprüngen. An der Praia da Nossa Senhora da Rocha gibt es ein Lokal und Badeaufsicht im Sommer. Ein paar Fischerboote liegen am Strand und machen auf Anfrage Fahrten zu den Höhlen in der Nähe.

Lagoa dos Salgados
Östlich von Armação de Pêra liegt die Lagoa dos Salgados, ein Lagunengebiet, an dessen Rändern große Hotelanlagen und ein Golfplatz entstanden sind. Obwohl das Areal von BirdLife International zum wichtigen Lebensraum für Vögel erklärt wurde, soll es weiter bebaut werden. Umweltschutzverbände laufen Sturm und haben auf EU-Ebene Klage eingereicht. Man kann Spaziergänge durch das gefährdete Gebiet zwischen Strand und Lagunenwasser machen und die Vogelwelt beobachten. Beliebt ist das Strandlokal Os Salgados.

Infos
Posto de Turismo: Av. Marginal, Tel. 282 31 21 45.

Albufeira ▸ F 5

In wunderschöner Lage zieht sich Albufeira oberhalb einer langen Strandbucht über die Felsen. Die Stadt zählt 17 000 Einwohner und sie wächst weiter. Sie ist touristischer als alle anderen großen Städte der Felsalgarve und – anders als Lagos oder Portimão – keine Stadt nur für einen Tagesausflug.

Viele Urlauber verbringen hier ihre gesamten Ferien. Denn zu Albufeira gehört ein herrlicher Strand, der aber in den Sommermonaten leider völlig überfüllt ist. Im eigentlich recht einnehmenden Zentrum ist alles auf Touristen eingestellt, etwas ursprünglich Portugiesisches sucht man hier vergeblich. In der Fußgängerzone reihen sich Boutiquen und Souvenirläden, Restaurants und Cafés aneinander, und mit Sonnenuntergang startet ein ausgelassenes Nachtleben.

In keiner anderen Algarve-Stadt kann man die Veränderungen durch den Tourismus so gut nachvollziehen wie in Albufeira. Beim Blick vom Boa-Vista-Aussichtspunkt kann man sich gut vorstellen, wie sich das kleine Fischerdorf Albufeira einst vom Strand aus die Felsen hochzog. Mit dem zunehmenden Tourismus begann in den 1960er-Jahren die ausufernde Bebauung in Albufeira und Umgebung. Von

Albufeira

Sehenswert
1. Igreja São Sebastião
2. Igreja Matriz
3. Igreja Sant'Ana
4. Museu Municipal de Arqueologia
5. Misericórdia-Kapelle
6. Galeria de Arte Pintor Samora Barros
7. Boa Vista
8. Marina

Übernachten
1. Vila São Vicente
2. Hotel Boa Vista
3. Hotel Rocamar
4. Hotel Vila Recife

5. Dianamar
6. Vila Branca
7. Parque de Campismo de Albufeira

Essen & Trinken
1. A Ruina
2. Cabaz da Praia
3. Casa del Mar
4. Downtown

Einkaufen
1. Soares

Aktiv
1. Zoomarine-Park
2. Krazy World

Abends & Nachts
1. Kadoc
2. Libertos
3. Kiss Disco
4. Capítulo V

Hochhäusern wie in Praia da Rocha und Armação de Pêra hat man abgesehen, dafür ist die schöne Felsküste über Kilometer flächendeckend zubetoniert. Bevor Albufeira von der Tourismusindustrie erobert wurde, lebte der Ort von Fischfang, Fischverarbeitung und Schiffsbau – Branchen, mit denen es allerdings schon in den 1950er-Jahren rapide bergab gegangen war.

Stadtgeschichte

Albufeira geht auf ein römisches Fischerdorf zurück, das vom Fischfang und von der Salzproduktion lebte. Die Mauren nannten den Ort Al-Buheira, wovon sich der portugiesische Ortsname Albufeira (Lagune) ableitet. Unter den Mauren blühte der Handel mit den nordafrikanischen Mittelmeerhäfen. Die Handelsbeziehungen zu Nordafrika wurden nach der Eroberung durch die Christen aber abgebrochen. Einen Aufschwung gab es für Albufeira erst wieder mit dem Goldenen Zeitalter (s. S. 85). Starke Zerstörungen musste der Ort beim Erdbeben 1755 hinnehmen sowie während der portugiesischen Bürgerkriege im 19. Jh., als Anhänger Königs Miguel I. die Stadt überfielen und niederbrannten.

Stadtrundgang

Im Zentrum

Die zentrale Straße in Albufeiras Innenstadt ist die **Rua 5 de Outubro.** Diese Fußgängerstraße mit hübschen Bodenmosaiken führt auf einen Tunnel zu, der in den 1930er-Jahren durch die Felswand geschlagen wurde. Damit wurde die direkte Verbindung zwischen Zentrum und der Praia do Peneco hergestellt.

Westlich oberhalb der Rua 5 de Outubro kann man mehrere Kirchen besichtigen: die kleine **Igreja São Sebastião** (Praça Miguel Bombarda) 1 mit dem manuelinischen Seitenportal, die **Igreja Matriz** (Rua dos Sinos/Travessa da Igreja Matriz) 2, die Pfarrkirche aus dem 18. Jh., mit dem Gemälde der Nossa Senhora da Ora-

da, das jedes Jahr von Fischern auf eine Wasserprozession mitgenommen wird, und die hübsche **Igreja Sant'Ana** (Rua 1° de Dezembro) 3 mit der weißen Kuppel, eine für die Algarve typische kleine Barockkirche. Ein kurzer Spaziergang führt von der Praia do Peneco aus unten an den Felsen entlang weiter nach Westen.

Östlich oberhalb der Rua 5 de Outubro steht an der **Praça da República** ein Uhrenturm mit einer auffälligen schmiedeeisernen Konstruktion, die die Glocke hält. Im **Museu Municipal de Arqueologia** 4 (Praça da República 1, Mi–Fr 9.30–17.30, Sa, So, Di 9.30–12.30, 13.30–17.30 Uhr, im Sommer teilweise auch abends geöffnet), dem städtischen Museum, werden archäologische Exponate und Fundstücke aus der Region gezeigt, darunter Menhire aus der Zeit 5000–4000 v. Chr., ein römisches Mosaik und Architekturfragmente von Kirchen aus dem 16. Jh., also aus der Zeit vor dem Erdbeben.

In der Rua Henrique Calado kommt man an der kleinen **Misericórdia-Kapelle** 5 vorbei, deren gotisches Portal das Erdbeben unversehrt überstand, und an letzten Überresten der Stadtbefestigung, deren Anlage auf die Mauren zurückgeht.

Lohnend ist ein Bummel durch die **Rua Latino Coelho**, in der es mehrere nette und etwas ruhigere Café-Bars gibt. Vom **Miradouro do Rossio** hat man einen schönen Blick über die Küste. Wer nicht so weit gehen möchte, hat schon vorher gute Ausblicke von der oberen Plattform des **Fahrstuhls** hinunter zum Strand und von dem schmalen **Holz-Miradouro**.

Largo Engenheiro Duarte Pacheco

Schließlich kommt man wieder hinunter in den Fußgängerbereich und zum Largo Engenheiro Duarte Pacheco, benannt nach dem Ingenieur und Bauminister von Salazar, unter dessen Leitung der Tunnel an der Rua 5 de Outubro in den Felsen geschlagen wurde. Um den weitläufigen Platz ziehen sich Restaurants, Cafés und Läden. Die **Galeria de Arte Pintor Samora Barros** 6 (Largo Eng. Duarte Pacheco, Winter Mo–Sa 9–13, 14–18, Sommer mitunter bis 23 Uhr) zeigt hier moderne Kunst.

Lieblingsort

Sympathisches Restaurant an der Praia do Evaristo ▶ F 5
Der Platz ist wunderbar – ein Strandrestaurant, gepflegt, aber nicht übertrieben. Am schönsten sitzt man auf der kleinen Rasenfläche vor dem Lokal, direkt neben der seichten Sandbucht. Es gibt köstliche Meeresfrüchte und Fische – zu empfehlen sind *robalo* (Seebarsch) oder *pargo* (Seebrasse) – und gute Weine. Und zum Nachtisch am besten eine *tarte de amêndoa* (Mandelschnitte). Für Genießer mit gut gefülltem Portemonnaie (Praia do Evaristo zwischen Praia da Galé und Praia do Castelo, Tel. 289 59 16 66, Reservierung empfohlen, ab 16 €).

Die Felsalgarve im Südwesten

> ## *Mein Tipp*
>
> **Shoppingvergnügen**
> **Algarveshopping** an der N 125 bei Guia ist ein wahres Einkaufsparadies – bis spätabends. Wer irgendetwas braucht und auch wer eigentlich nichts braucht, wird hier fündig. Es gibt alles: Bekleidung, Interieurs und Wohnaccessoires, Schuhe, Mode, Parfümerien, einen Fnac mit allem rund um Audio, Video und Foto, Lederwaren und einen nicht allzu gemütlichen Food Court, in dem Pizza Hut, Burger King und Konsorten zu finden sind. Und wer vom Shoppen genug hat, vergnügt sich im Kino.

Largo Cais Herculano

Ein trubeliges Plätzchen ist auch der Largo Cais Herculano unten an der Praia dos Pescadores (Strand der Fischer), wo Bootsfahrten entlang der Felsküste und zu den Grotten angeboten werden.

Hier unten erinnert heute nichts mehr an die Zeiten des Fischfangs, der einstmals so wichtig für Albufeira war und dem Strand seinen Namen gab. Noch vor einigen Jahren lagen die letzten Fischerboote an der Praia, mittlerweile sind auch sie verschwunden, stattdessen rollen jetzt Segways über den Platz. Auch die alte Fischmarkthalle, heute offen, früher eine geschlossene kleine Halle, geht in dem Urlaubstrubel fast unter.

Weiteres Sehenswertes

Boa Vista 7

In östlicher Richtung liegt oberhalb des Largo Cais Herculano und des Strandes der Aussichtspunkt Boa Vista, zu dem eine Rolltreppe vom Platz hinaufführt. Von oben hat man einen schönen Blick auf die Altstadt und die Strände. Dass die herrliche Lage dieser Stadt schon früh Touristen in Scharen anzog, wird einem hier oben schnell klar.

Marina 8

Westlich der Innenstadt liegt ein großer Jachthafen, eine Marina mit über 400 Anlegestellen, Apartments, Hotels und Geschäften. Recht farbenfrohe, um nicht zu sagen kunterbunte Häuser prägen das Bild der Marina.

Im Vorfeld der Bauarbeiten für die Marina in Albufeira stießen die Planer auf heftige Kritik: Zum einen wurde ein ökologisch wichtiges Sumpfgebiet mit dem Bau zerstört, zum anderen soll der Boden hier nicht erdbebensicher sein.

Strände ▶ E/F 5/6

Schöne kleine Strandbuchten findet man westlich von Albufeira: **Praia da Galé, Praia Manuel Lourenço, Praia do Evaristo, Praia do Castelo, Praia da Coelha, Praia dos Arrifes.** Die meisten von ihnen sind von flacheren Felsen umrahmt oder etwas breiter und haben einen recht lieblichen Charakter. An allen gibt es Strandlokale und im Sommer bewachte Badebereiche.

Fast alle Wassersportarten sind vor Ort möglich. Gute Bedingungen zum Windsurfen findet man vor allem an der Praia da Galé.

Übernachten

In Albufeira muss man keinen Urlaub machen, aber wer über Nacht bleiben möchte, findet hier einige gute Adressen.

Albufeira

Schöne Strandkulisse: die weißen Häuser von Albufeira

Individuell – **Vila São Vicente** 1 : Largo Jacinto d'Ayet, Tel. 289 58 37 00, www.hotelsaovicentealbufeira.com, DZ 65–155 €. Sehr hübsches, kleines Hotel, modern, gepflegt, in herrlicher Lage über dem Meer. Tipp zum Relaxen: Einfach einen Tag auf der Sonnenterrasse am Pool verbringen.
Guter Blick – **Hotel Boa Vista** 2 : Rua Samora Barros 20, Tel. 289 58 91 75, www.hotelboavista.pt, DZ 65–165 €. Großzügiges, geschmackvolles Hotel, 86 Zimmer, direkt über dem Meer. Sonnenterrasse mit Swimmingpool.
Mit Meeresblick – **Hotel Rocamar** 3 : Largo Jacinto d'Ayet, Tel. 289 54 02 80, www.rocamarhotels.com, DZ 50–160 €. Hotel mit 91 Zimmern in schöner Lage über dem Strand, ansonsten aber wenig Flair.
Zum Ausspannen – **Hotel Vila Recife** 4 : Rua Miguel Bombarda 6, Tel. 289 58 37 40, www.grupofbarata.com, DZ 21–100 €. Haus mit Gartenhof in zentraler, aber dennoch relativ ruhiger Lage mit 92 schlichten, modernen Zimmern.

Empfehlenswert – **Dianamar** 5 : Rua Latino Coelho 36, Tel. 964 18 35 96, www.dianamar.com, DZ 50–65 €. Sympathisches B & B in Strandnähe. Von außen vermutet man es nicht – es gibt eine Dachterrasse mit tollem Meerblick. Einfache, angenehme Zimmer und ein gutes Frühstücksbuffet.
Nüchtern – **Vila Branca** 6 : Rua do Ténis 4, Tel. 289 58 68 04, www.vilabranca.com.pt, DZ 30–80 €. Moderne kleine Pension mit 16 Zimmern, sauber und freundlich. Zur Vila Branca gehören die Zimmer der Vila Emília und die Casa-Mitchell-Apartments mit ähnlichem Standard.
Funktional – **Parque de Campismo de Albufeira****** 7 : Tel. 289 58 76 29, Fax 289 58 76 33, 980 Plätze. Der Campingplatz liegt 2 km nördlich von Albufeira bei Alpouvar, nahe der Straße zum Bahnhof und nach Ferreiras.

Essen & Trinken

International – **A Ruina** 1 : Cais Herculano, ab 17 €. Die Ruina gibt es

Die Felsalgarve im Südwesten

Großer Spaß für alle: Bootsfahrt entlang der Felsküste

schon ewig. In dem Restaurant oberhalb der Praia dos Pescadores sitzt man wunderbar auf Terrassen auf mehreren Ebenen. Die umfangreiche internationale Speisekarte ist auf Touristen ausgerichtet.

Ausgewählte Küche – **Cabaz da Praia** 2 : Praça Miguel Bombarda 7, ab 13,50 €. Hier ist man stolz darauf, Eingang in den Michelinführer gefunden zu haben. Der Schwerpunkt liegt im Cabaz da Praia auf dem Abendessen, mittags gibt es leichtere Gerichte. Im Angebot ist auch Vegetarisches.

Schöner Blick, gutes Essen – **Casa del Mar** 3 : Praça Miguel Bombarda, ab 13 €. Auch hier hat man einen schönen Blick, wenn man im hinteren Teil des Restaurants einen Platz bekommt. Es gibt leckere Fischgerichte und Meeresfrüchte.

Pizza gefällig? – **Downtown** 4 : Largo Engenheiro Duarte Pacheco, ab 7,50 €. Wer etwas Abwechslung zum portugiesischen Speiseplan haben möchte, bekommt hier Pizza und Pasta (auch für Vegetarier), Bruschetta und kleine Salate. Man kann draußen sitzen und das Leben auf dem Platz beobachten.

Einkaufen

Weine – **Soares** 1 : Largo Engenheiro Duarte Pacheco. Viele, viele Weine aus ganz Portugal. Im Angebot sind auch mehrere bekannte Portweine. Wer möchte, hat hier auch die Möglichkeit, ein paar Weine zu probieren.

Aktiv

Familienausflug – **Zoomarine-Park** 1 : An der N 125 bei Guia, westlich von Albufeira, www.zoomarine.com, Juni–Aug. tgl. 10–19.30, April, Mai, Sept. Di–Sa 10–18, März, Okt. Di–Sa 10–17 Uhr. Mit Schwimmbecken, Delfinbecken, Robben-, Delfin- und Papageienshow sowie Riesenrad. Attraktion ist das Schwimmen mit Delfinen.

Fun – **Krazy World** 2 : Nördlich von Albufeira bei Algoz, Lagoa de Viseu,

Estrada Algoz–Messines, www.krazy world.com, Juli, Aug. tgl. 10–18.30, März–Juni, Sept., Okt. tgl. 10–18 Uhr, in den übrigen Monaten stark eingeschränkte und unregelmäßige Öffnungszeiten. Mit Algarve-Zoo und großem Familienprogramm.

Abends & Nachts

Albufeira ist für ausgiebiges Algarve-Nachtleben bekannt. Im Zentrum gibt es die unterschiedlichsten Kneipen und Bars, und Karaoke en masse.

Ortsteil Guia

Dies ist die eigentliche Nightlife-Zone Albufeiras, sie liegt östlich des Zentrums. In der Avenida Sá Carneiro (Partymeile **The Strip**) reiht sich eine Lokalität an die andere (s. 2 – 4).
Edel – **Kadoc** 1: An der Straße nach Vilamoura, Cerca da Areia, Bouliqueime (M 526). Ein Disco-Klassiker – die wohl bekannteste Diskothek an der Algarve-Küste, etwas edel, man spielt Techno und anderes.
Gute Adresse – **Libertos** 2: Rua Antero de Quental 59. Bar, Livemusik und Swimmingpool.
Landesweit bekannt – **Kiss Disco** 3: Rua Vasco Da Gama, Areias De São João. Groß-Disco mit drei Tanzflächen. Hits der 1980er- und 1990er-Jahre.
Direkt am Strand – **Capítulo V** 4: Rua Ramalho Ortigão, Complexo Turístico Borda d'Água, Praia da Oura. Bar und Disco. Schönes Ambiente, gute Drinks, hervorragende Tanzfläche über dem Meer, drinnen quirlig, draußen ruhiger. Überwiegend portugiesische Gäste, 23–6 Uhr.

Infos & Termine

Touristinformation
Posto de Turismo: Rua 5 de Outubro, Tel. 289 58 52 79.

Verkehr
Parken: Ein guter Parkplatz befindet sich oben an der Avenida da Liberdade. Man wird von der N 125 dorthin geleitet und hat nur einen kurzen Fußweg ins Zentrum.
Zug: Ein Touristenzug fährt vom Aussichtsplatz oberhalb der Praia dos Pescadores nach Oura zur Kreuzung Avenida dos Descobrimentos/Avenida Sá Carneiro.

Feste
Nossa Senhora da Orada: 14. Aug. Bootsprozession auf dem Wasser, zu Ehren der Schutzheiligen der Fischer.
Festas do Pescador: Erstes Septemberwochenende. Fischerfest mit Fischgerichten und Meeresfrüchten.

Von Albufeira ins Landesinnere

Algoz ▸ F 5

Wer die ländliche Algarve jenseits des Küstentrubels kennenlernen möchte, sollte von Portimão oder Albufeira (ca. 10 km) aus einen Abstecher nach Algoz machen – ein größeres, nettes Dorf ohne spektakuläre Sehenswürdigkeit. Ein hübsches Fleckchen ist die Erhebung am Rand von Algoz mit der **Kapelle Nossa Senhora do Pilar** (nahe Rua Doutor Ataíde de Oliveira), die einen schönen Blick ins Hinterland gewährt.

Paderne ▸ F 4

Von Algoz aus kommt man über Tunes nach Paderne. Ein eindrucksvoller Platz 4 km südlich des hübschen Dorfes ist eine alte **Burgruine** auf einem

Die Felsalgarve im Südwesten

Hügel, in deren noch erhaltenen Resten von Turm und Mauern archäologische Grabungen vorgenommen werden. Reste der Mauern und eines Turms sind noch zu sehen. Die Festung wurde von den Mauren errichtet, man hat es hier also mit einem der wenigen originalen Überreste der arabischen Kultur an der Algarve zu tun. Die Burg wurde im 12. und 13. Jh. unter den Almohaden aufgebaut und diente zu diesem Zeitpunkt als Verteidigungsbau gegen die Christen, die den Landstrich zurückzuerobern versuchten. Als die Rückeroberung dann gelungen war, setzten die Christen sogleich eine kleine gotische **Kapelle** hier oben zwischen die Mauern, deren Überbleibsel ebenfalls noch erhalten sind.

Über **Bouliqueime**, einen verschlafenen Ort, aus dem sowohl der langjährige portugiesische Ministerpräsident und Staatspräsident Aníbal Cavaco Silva als auch die Schriftstellerin Lídia Jorge stammen, geht es zurück nach Albufeira.

Essen & Trinken

Wein-Eldorado – **Veneza:** Estrada de Paderne, Mem Moniz, Paderne, Tel. 289 36 71 29, ab 18 €. Ungewöhnliche Adresse mitten im Nichts, gutes Essen und ca. 1000 Weine aus ganz Portugal!

Östlich von Albufeira

Olhos de Água und Praia da Falésia ▸ G 5

Einige Kilometer östlich von Albufeira liegt der bekannte Strand **Olhos de Água** (Wasseraugen), benannt nach den Süßwasserquellen, die es hier gibt. Bis hinunter zum Strand erstreckt sich der gleichnamige Ort. Etwas weiter östlich beginnt die **Praia da Falésia**, ein Sandstrand, der sich über mehrere Kilometer bis nach Vilamoura zieht und für seine landschaftliche Schönheit geradezu berühmt ist. Er wird von einer Felswand begrenzt, die besonders in den Abendstunden in allen erdenklichen Rottönen schimmert. Im westlichen Abschnitt wurden Ferienanlagen größeren Ausmaßes auf den Felsen gebaut. Weiter nach Osten an der Praia dos Tomates (s. Lieblingsort S. 168) wird es flacher – zwischen Strand und Hinterland erstreckt sich ein niedriger Dünengürtel. Hier beginnt bereits die sogenannte Sandalgarve.

Übernachten

Ländlich-kultiviert – **Quinta do Mel:** Olhos de Água, Tel. 289 54 36 74, www.quintadofreixo.org/quintadomel, DZ 90–155 €. Ein Kleinod mitten in der Landschaft mit 10 Zimmern und Swimmingpool. Im Restaurant werden gute portugiesische Gerichte aus Produkten der Region angeboten.

Vilamoura ▸ G 5

Vilamoura, östlich der Praia da Falésia, ist eine komplett künstliche Urbanisation, die in den 1970er- und 1980er-Jahren um einen Jachthafen gebaut wurde. Diese Marina war lange Zeit die mit Abstand größte an der Algarve-Küste. Eine Promenade führt einmal um den Hafen herum, vorbei an einem Einkaufszentrum und zahllosen Cafés und Restaurants jeglicher Nationalität. Rund 1000 Liegeplätze für teilweise ziemlich luxuriöse Jachten stehen zur Verfügung. Die Be-

Östlich von Albufeira

bauung mit Hochhäusern und Apartmentblöcken ist entsprechend eher großzügig und mondän. Es existieren Pläne für den Bau einer weiteren Marina westlich der jetzigen, außerdem sollen in diesem Gebiet mehrere Naturparks entstehen.

Ausflüge ab Vilamoura
In der Marina von Vilamoura werden diverse Ausflugsmöglichkeiten angeboten, darunter Grottenfahrten, Angeltouren und Ausflüge an Bord einer Motorjacht, von der aus man schnorcheln und angeln kann.

Cerro da Vila
Museu Cerro da Vila, Av. Cerro da Vila, Di–So 9.30–12.30, 14–17, im Sommer bis 18 Uhr
Unmittelbar westlich der Urbanisation gibt es ein interessantes Museum. Aufgrund archäologischer Untersuchungen weiß man, dass der Küstenstreifen vor etwa 10 000 Jahren wegen des niedrigeren Meerwasserspiegels weiter seewärts lag. Zu römischer Zeit stieg der Meeresspiegel an, und im Mündungsbereich der Ribeira da Quarteira entstand ein großes Lagunengebiet. Cerro da Vila ist die Ausgrabungsstätte einer römischen Ansiedlung, die mit einem Hafen am Rand der Lagune Zugang zum Meer hatte. Vom Hafen aus gingen u. a. die Transporte von Garum, eines römischen Gewürzes, vonstatten.

1963 begannen die Ausgrabungen, nachdem man bei landwirtschaftlichen Arbeiten auf Mosaiksteine gestoßen war. Bis heute wurden u. a. mehrere Häuser, Badeanlagen, Wasserreservoirs, Brunnen und Hafenkais freigelegt. In dem Museum, das dem Gelände angeschlossen ist, sind einzelne Ausgrabungsstücke ausgestellt wie Ringe und diverser Schmuck, Öllämpchen etc.

Essen & Trinken

Blau-weiß maritim – **Buzíos Beach Club:** Am Strand von Vilamoura, ab 14,50 €. Gleich das erste Strandlokal östlich der Marina. Es gibt Kleinigkeiten wie Salate, aber auch Fisch- und Fleischgerichte und relativ viele Weine. Auch für ein stimmungsvolles Abendessen geeignet.

Aktiv

Minigolf – **Family Golf Park:** Rua dos Marmeleiros. In der Nähe der Ausgrabungen Cerro da Vila gibt es eine Superminigolfanlage, in deren Spielfeld ›Römisches‹ an die Historie des Ortes erinnert.

Quarteira ▶ G 5

Direkt an Vilamoura schließt sich Quarteira an, ein aus Straßenzügen mit Hochhausblocks bestehendes Gebilde, das man kaum Ort nennen mag. Ein Großteil der baulichen Entgleisungen, die man den Planern an der Algarve-Küste vorwerfen kann, konzentriert sich hier auf einigen Quadratkilometern. Immerhin gibt es im westlichen Teil an der Küstenstraße eine hübsche Fisch- und Früchtemarkthalle.

Essen & Trinken

Beliebte Marisqueira – **Rosa Branca:** Av. Infante Sagres, Quarteira, ab 9,50 €. Das Restaurant in der Nähe der Markthalle am Westrand lohnt die Fahrt in die Hochhausstadt. Im Angebot sind ganz frische Fischgerichte: *arroz de marisco*, *cataplana*, aber auch Raritäten wie gegrillte Stichlinge und Sardinen. Man sitzt am besten auf der Veranda mit Blick aufs Meer.

Lieblingsort

Zwischen Sand und roten Felsen – Praia dos Tomates ▶ G 5

Am ›Tomatenstrand‹ beginnt die rote Felswand der berühmten Praia da Falésia. Hier ist der Strand noch flach, aber direkt neben dem Quebra-Côco türmen sich die ersten roten Steine. In dem Strandcafé an der Praia dos Tomates kann man alles rundum genießen: Man sitzt auf der Holzveranda, guckt durch hohe Agavenblüten auf den Strand und hört das Meer rauschen (Anfahrt: am Westrand von Vilamoura parken und zu Fuß am Strand zum Quebra-Côco oder mit dem Auto aus Richtung Olhos de Água am Hotel Alfamar vorbei und weiter auf der Piste Richtung Vilamoura, hier kommt man direkt zum Quebra-Côco).

Das Beste auf einen Blick

Die Berge im Nordwesten

Highlight!

Serra de Monchique: Ein herrliches kleines Gebirge, das die Algarve nach Norden hin begrenzt. Der Serra de Monchique verdankt die südlichste Region Portugals ihr fast schon nordafrikanisches Klima, denn sie schirmt sie gegen kühlere Witterungseinflüsse von Norden her ab. S. 172

Auf Entdeckungstour

Wanderung in der Serra de Monchique: Bei einer Wanderung durch die Berglandschaft erhält man Einblick in ein Leben fernab der Küste – eine komplett andere Algarve als die Urlauberregion, die in den Reiseprospekten beworben wird. Wer die Serra de Monchique zu Fuß durchstreift, erlebt die Tier- und Pflanzenwelt im südlichen Portugal hautnah! S. 178

Kultur & Sehenswertes

Igreja Matriz in Monchique: Das manuelinische Eingangsportal mit seinen steinernen Schiffstauen und Knoten kennen viele schon von Fotos. S. 175

Fóia: Ausgesprochen lohnend ist eine Fahrt die kurvige Bergstraße auf den höchsten Gipfel der Algarve hinauf – die Fóia mit ihren 902 m. Von hier hat man einen sagenhaften Blick: Man sieht bis zur Küste hinunter, und sogar Sagres, das südwestlichste Kap Europas und die Algarve-Westküste sind zu erkennen. S. 176

Aktiv unterwegs

Biken und Wandern: Im unteren, flacheren Bereich der Serra de Monchique bieten sich etwas geruhsamere Fahrradtouren an; die Höhen lassen sich nur von geübten Radsportlern erklimmen. Wanderer finden viele attraktive Wege, sie können sich auch geführten Touren anschließen. S. 173, 174

Genießen & Atmosphäre

Jardim das Oliveiras: Das Restaurant unterhalb der Fóia ist ein beliebtes Ausflugslokal und das reinste Idyll inmitten der grünen Bergwelt. Hier kann man hervorragende Spezialitäten der Serra probieren. S. 178

Caldas de Monchique: In dem nostalgischen Mini-Kurort kann man sich einmal rundum verwöhnen lassen. S. 180

Abends & Nachts

In Ausgehlaune? In Monchique werden im Barlefant Cocktails geschlürft und ab und zu gibt's auch Livemusik. S. 176

Estalagem Abrigo da Montanha: Wer sich hier, nahe der Fóia, einmietet, kann den fantastischen Blick hinunter auf das nächtlich beleuchtete Portimão und die Bucht genießen! S. 177

Kleines Algarve-Gebirge

Schon die Römer wussten die warmen Quellen der Serra de Monchique zu schätzen. Später kamen die portugiesischen Könige hierher, um ihre Leiden zu kurieren oder sich ganz einfach nur bei einem Wellness-Urlaub von den Strapazen des Regierens zu erholen. Aus dem vulkanischen Boden sprudelt Thermalwasser, das bei Rheuma gut hilft. Auch Atemwegserkrankungen und Malaisen im Magen-Darm-Bereich kann man in der Serra de Monchique behandeln lassen.

Das kleine Thermalbad Caldas de Monchique ist vor einiger Zeit ein wenig aufgemöbelt worden; heute bieten sich hier mehrere Hotels für einen Aufenthalt an, bei dem man sich ein wohltuendes Spa-Programm gönnen kann.

Infobox

Reisekarte: ▶ C 3–E 3

Internet
www.monchiquetermas.com/en: Informationen speziell zu Caldas de Monchique – Unterkunft, Gastronomie und unter »Thermal Spa« verschiedene Wellnessangebote.

Anreise und Weiterkommen
Von der Küste führt die **N 266** hinauf in die Serra de Monchique. In Ost-West-Richtung quert die kaum befahrene **N 267** die Serra, sie führt bis an die Westküste.
Von Portimão aus fahren mehrmals täglich **Busse** der Gesellschaft Frota Azul nach Monchique (www.frotazul-algarve.pt).

In den Bergen, die die Algarve vom Alentejo im Norden trennen, zeigt sich das Algarve-Hinterland von seiner schönsten Seite: üppige, urwüchsige Vegetation, alter Baumbestand – subtropische und zugleich mediterrane Pflanzenwelt, so weit das Auge reicht. Es duftet nach Macchia und Eukalyptus, und wer hier oben einmal Nebel und Regen erlebt, kann sich an einem besonders intensiven Duft erfreuen. Eine Attraktion nicht nur für Naturliebhaber ist die Fóia, der höchste Berg der Algarve, zu dem eine Straße hinaufführt und der sich als schönes Ausflugsziel auch für Küstenurlauber anbietet. Von hier hat man einen Blick über den gesamten Westteil der Algarve. Zudem ergeben sich bei der Anfahrt hinauf zum Fóia-Gipfel auch weite Ausblicke in Richtung Norden in die Nachbarregion Alentejo hinein.

Serra de Monchique ❗ ▶ C 3–E 3

Das Gebirge nördlich von Portimão bildet in jeder Hinsicht einen immensen Kontrast zur Küstenregion der Felsalgarve. Wer sich an der Küste um Portimão aufhält, kann es bestens auf einem Tagesausflug erkunden. Die Serra erstreckt sich in Ost-West-Richtung und bildet die Nordgrenze für den westlichen Teil der Algarve, und das gleich in mehrfacher Hinsicht: Geografisch trennt sie den südlichen Küstenstreifen der Algarve von den weiten Alentejo-Ebenen im Norden. Diese natürliche Grenze wurde als Verwaltungsgrenze übernommen. Und zudem bildet die Serra de Monchique eine Klimagrenze, da sie die

Serra de Monchique

Die Serra de Monchique kontrastiert mit der Küstenlandschaft

kühleren Winde und Wettereinflüsse aus dem Norden abhält und der Algarve damit schon nordafrikanische Klimaverhältnisse beschert.

Bis auf 902 m steigen die Berge an der Fóia an, die Picota hat eine Höhe von 892 m, die Madrinha 807 m, die Carapitolas 664 m und die Asseiceira 610 m. Hohe Luftfeuchtigkeit und ein insgesamt mildes und warmes Klima sorgen in der Serra de Monchique für eine ausgesprochen vielfältige Vegetation. Walnussbäume gedeihen hier ebenso wie Orangenbäume, Bananenstauden, Edelkastanien, Pinien, Oleander, Bougainvillea, Mimosen und Erdbeerbäume. Aber man darf sich von der üppigen Pflanzenwelt nicht täuschen lassen: 1999 wurde die Serra de Monchique vom WWF als eines von zehn bedeutenden Waldgebieten in Südeuropa eingestuft, deren biologische Vielfalt durch Feuer, verfehlte Forstwirtschaft und durch Tourismus gefährdet ist. Besonders die enormen Waldbrände der vergangenen Jahre haben der Serra de Monchique enorm zu schaffen gemacht.

Outdoor-Aktivitäten in der Serra de Monchique

Bisher gibt es keine ausgewiesenen **Wanderwege** durch die Serra de Monchique – allerdings laufen die Vorbereitungen von offizieller Seite, und man sollte bei der Tourismusinformation in Monchique nach Wegen und Karten fragen. Sehr lohnend sind geführte Wanderungen durch die Serra de Monchique, die teilweise auch von ortsansässigen Deutschen veranstaltet werden. Dabei erfährt man viel über die Tiere und Pflanzen, über Menschen, Leben und Bräuche in der Bergwelt (s. auch Entdeckungstour S. 178). Andere Outdooraktivitäten wie **Biken** und **Nordic Walking** werden in Maßen angeboten.

Die Berge im Nordwesten

Aktiv

Wandern – **Wandern mit Uwe:** Uwe Schemionek, Mobiltel. 966 52 48 22 oder www.wandern-mit-uwe.de.
Outdoor – **Alternativtour:** Sítio das Relvinhas, Monchique, Tel. 965 00 43 37. Großes Angebot an verschiedenen Aktivitäten, www.alternativtour.com; **Outdoor-Tours.com:** Sitio das Boiças, N 125 bei Mexilhoeira Grande, Tel. 282 96 95 20, www.outdoor-tours.com. Outdoor-Aktivitäten in der Serra und Umgebung: Wanderungen und Fahrradvermietung; (Mountain-)Biken, Nordic Walking.

Monchique ▶ D 3

Knapp 460 m über dem Meeresspiegel liegt Monchique, das größte Städtchen der Serra de Monchique, eingebettet in die wunderschöne Berglandschaft, die von Eukalyptuswäldern, Korkeichen, Zistrosenflächen und Rhododendronbüschen durchzogen ist. Monchique mit seinen gut 8000 Einwohnern wäre ohne die Tagestouristen ein völlig verschlafener Bergort. Aber auch die Besucher stören die behagliche Atmosphäre nicht wesentlich. Der Ort liegt in einer Talsenke zwischen den höchsten Bergen der Serra, zwischen der Picota und der Fóia. Er zieht sich ein Stück an den Ostausläufern der Fóia hinauf. Monchique hat lange Zeit recht gut von der Textil- und Holzverarbeitung gelebt, heute bietet überwiegend der Tourismus in den Küstenregionen Arbeitsplätze.

Sehenswert

Largo dos Chorões
An dem zentralen Platz gibt es mehrere Cafés, die tagsüber Treffpunkt von Einheimischen und Touristen sind. Auf dem Platz fällt ein ungewöhnlicher **Brunnen** auf, der eine sogenannte

Monchique schmiegt sich in die Berge

Nora darstellt. Diese von den Arabern ins Land gebrachte Wasserschöpfanlage ist bis heute noch hier und da in der Algarve-Landschaft zu sehen. Neben dem Platz ist jenseits der Hauptstraße zur Talseite hin eine Art hängender Garten mit Büschen und Blumenrabatten angelegt worden.

Igreja Matriz
Rua da Igreja
Vom Largo dos Chorões aus ziehen sich die teilweise hübsch mit Pflanzenkübeln geschmückten Gassen den Hang hinauf. Sehenswert ist auf dem Weg durch den kleinen historischen Ortskern insbesondere die Igreja Matriz (15./16. Jh.) mit ihrem schönen, schlichten manuelinischen Hauptportal, das die typischen gedrehten Steinbänder und fünf Strahlen mit Knoten aufweist. Auch ein Blick ins Innere lohnt: Der dreischiffige Raum wird von Säulen unterteilt, an deren Kapitellen wiederum gedrehte Steinbänder zu sehen sind. Auf dem Fliesensockel ist die Ponta da Diamante zu sehen, eines der Standardmuster auf den Wandfliesen des 18. Jh.

Einen Blick sollte man in die Kapelle links vom Chor werfen. Sie ist fast vollständig mit Fliesen ausgekleidet – bis hinein in die Kuppeldecke. Kurios: Die Fliesengemälde links und rechts sind beim Einsetzen der Fenster einfach oben gekappt worden.

Convento de Nossa Senhora do Desterro
Caminho do Convento
Oberhalb von Monchique sieht man auf halber Höhe am Hang ein etwas trostlos wirkendes Gebäude stehen – es ist das verfallene Kloster Nossa Senhora do Desterro aus dem 17. Jh., das durch das Erdbeben 1755 starke Schäden erlitten hatte. Seit geraumer Zeit steht es leer, vorübergehend gab es

Mein Tipp

Schönes Mobiliar
In und um Monchique werden die typischen **Scherenstühle** hergestellt und verkauft. Sie sind gar nicht so schwierig zu transportieren und dienen vielleicht sogar als schönes Souvenir oder Mitbringsel. In Monchique gibt es mehrere Läden und auch in ein paar Dörfern etwas weiter unterhalb findet man direkt an der Straße nach Monchique die typischen Scherenstühle.

Überlegungen, das Gebäude zu restaurieren und zur Pousada umzubauen. Derzeit haben sich Obdachlose halbwegs provisorisch dort eingerichtet.

Wer die Klosterruine näher in Augenschein nehmen möchte, folgt in Monchique dem braunen Wandererzeichen mit dem Fernglassymbol beziehungsweise dem Hinweisschild »Convento«. Der Weg ist allerdings steil und steinig und nicht sonderlich schön.

Galeria Santo António
Die Kunstgalerie in dem schönen Monchique-Haus in der Calçada de Santo António zeigt auf zwei Ebenen Wechselausstellungen von Künstlern aus dem In- und Ausland.

Atelier de Cerâmica Leonel Telo
Rua do Corro 2/Escadinhas do Adro
Ein lauschiges Plätzchen ist dieses Atelier mit einer Verkaufsausstellung, an der Rua do Côrro gelegen, einer mit Hortensien geschmückten Treppe.

Übernachten

Schöner als in Monchique selbst kann man etwas außerhalb des Ortes über-

Die Berge im Nordwesten

nachten. Auch die Ausflugslokale in der Umgebung sind netter als die Restaurants im Ort. Gegebenenfalls kann man in Monchique folgende Adressen ansteuern:

Einfach und günstig – **Bela Vista:** Largo 5 de Outubro 10 (Largo dos Chorões), Tel. 282 91 22 52, DZ 20–25 €. Sehr einfache, saubere Zimmer mit Badezimmer auf dem Flur, freundliche Atmosphäre, zwei Zimmer haben einen schönen Blick.

Essen & Trinken

Lecker und deftig – **A Charette:** Rua Dr. Samora Gil 30, Tel. 282 91 21 42, Gerichte 6–14 €. Das Charette findet man in unmittelbarer Nähe des Rathauses, ein sehr beliebtes Restaurant, in dem es vor allem mittags meist recht voll ist. Durchweg wird schmackhafte regionale Küche geboten. Zum Nachtisch gibt es gute *doces regionais,* typische Süßspeisen aus der Serra.

Entspannend – **Óchálá:** Rua Dr. Samora Gil 12, Kleinigkeiten bis 4 €. In dieser netten *casa de chá* (Teesalon) bekommt man Sandwiches, Quiches, Crèpes, Salate, Süßes und viele Tees.

Einkaufen

Köstlichkeiten der Serra – **Mel e Medronho:** Largo dos Chorões. In dem kleinen Laden am Hauptplatz werden hochprozentiger *medronho* (Schnaps aus Früchten des Erdbeerbaums) und milder Honig aus den Bergen verkauft.

Abends & Nachts

Die (!) Adresse – **Barlefant:** Travessa dos Guerreiros. Tapas und Toasts, Cocktails und manchmal Livemusik, an Wochenenden bis 4 Uhr geöffnet.

Zum Abspannen – **Café da Vila:** Am Largo dos Chorões. Tagsüber sitzt man hier sehr schön, spät am Tag gibt's ab und zu Karaoke oder Livemusik.

Infos

Posto de Turismo: Largo São Sebastião, Tel. 282 91 11 89.

Fóia ▶ C 3

Von Monchique aus führt die N 266-3, die Estrada da Fóia, in weiten Kurven hinauf zum Fóia-Gipfel. An der Straße liegen Ausflugslokale, außerdem gibt es Aussichtspunkte, von denen man fantastische Panoramablicke in die Bergwelt und bis hin zur Küste hat. Die Straße steigt über 400 m an, und am Ende zieht sie einen Bogen in Richtung Norden. Hier öffnet sich wiederum ein herrlicher Ausblick in die Bergwelt und weit hinein in die Alentejo-Region.

Schließlich erreicht man die Fóia-Spitze (902 m). Hier oben sind diverse Antennen und Funkeinrichtungen installiert, um nicht zu sagen: Man findet sich leider in einem Wald von Sendemasten wieder. Ein etwas lieblos hingesetzter Souvenirladen und ein Restaurant sollen für das Wohl der Besucher sorgen.

Lohnend ist der Weg hierher allerdings wegen der atemberaubenden Aussicht: Direkt südlich an der Küste erkennt man Portimão sowie die Hochhäuser von Praia da Rocha und die leicht geschwungene Bucht von Lagos, nach Osten hin kann man bei guten Sichtverhältnissen die Algarve-Südküste entlangschauen, so weit das Auge reicht. Markante Punkte sind – wegen der Hochhäuser – Armação de Pêra und weiter östlich Quarteira. Im Südwesten lässt sich das Cabo de São Vicente ausmachen, von dem aus sich die Westküste in Richtung Norden zieht. Direkt westlich sieht man den Küstenstreifen bei Aljezur.

Übernachten

Tolle Lage! – **Estalagem Abrigo da Montanha:** Estrada da Fóia, Tel. 282 91 21 31, 282 91 27 50, www.abrigodamontanha.com, DZ 45–70 € (je nach Saison), Suiten 70–90 €. Das Granithaus liegt am Südhang der Serra mit herrlichem Blick bis zur Küste hinunter. Wer sich nicht an der in die Jahre gekommenen Einrichtung stört, hat hier eine preisgünstige schöne Unterkunft mit Pool. Das Haus steht derzeit allerdings zum Verkauf …

Mit Meerblick – **Vilafoia:** Corte Pereiro, Tel. 282 91 01 10, www.vilafoia.com, DZ 70–126 €. Modernes Haus in schönem Garten. Zimmer mit Balkon/Terrasse und Blick bis zum Atlantik.

Essen & Trinken

An der Straße zur Fóia findet man mehrere Restaurants.
Zu empfehlen – **Luar da Fóia:** Estrada da Fóia, Tel. 282 911 149, tgl. geöffnet, 6–11,50 €. Man hat einen schönen Blick bis zur Küste hinunter. Auf den Tisch kommt regionale Küche, überwiegend Fleischgerichte. Es gibt auch frische Salate.

Mein Tipp

Idyllisch gelegener Miradouro
An der Straße hinauf zur Fóia gibt es einen schönen Aussichtspunkt. Von hier ist der Blick nicht ganz so umfassend wie vom höchsten Algarve-Berg, dafür ist dieser Platz weitaus idyllischer. Man muss auf die Ausschilderung ›Miradouro‹ achten und ›Fonte‹, denn an dem Aussichtspunkt gibt es eine Quelle mit gutem Wasser aus der Serra. Viele Einheimische füllen hier ihre Wasserflaschen auf. Wenn man Glück hat, steht auf dem Miradouro auch jemand, der Leckereien der Serra verkauft: mit Mandeln gespickte getrocknete Feigen, Mandelkekse, blütenzarten Honig, kräftigen *medronho*.

Auf Entdeckungstour: Natur pur – Wandern in der Serra de Monchique

Vegetation und Stimmung des Monchique-Gebirges erlebt man am besten auf einer Wanderung. Bei dieser Tour geht es vom höchsten Algarve-Gipfel, der Fóia, über kahle Höhen hinunter in liebliche Gefilde. Am schönsten ist es im Frühjahr, wenn hier alles grünt und blüht.

Reisekarte: ▶ C 3
Zeit: ein halber Tag
Länge: knapp 10 km hin und zurück, ca. 400 Höhenmeter Differenz
Planung: Start in den Vormittagsstunden, mittags Einkehr im Ausflugslokal Jardim das Oliveiras (tgl. geöffnet)
Start und Ziel: Fóia-Gipfel, keine Zufahrt mit öffentlichen Verkehrsmitteln (s. auch S. 176)

Man verlässt die Fóia in Richtung Osten auf einer schmalen Straße, auf die das Schild ›Jardim das Oliveiras 2,5 km‹ verweist. Der **Jardim das Oliveiras,** das angepeilte Halbzeitziel, ist entgegen der Angabe auf dem Schild ca. 4,5 km entfernt. Die kleine Straße führt auf einen rot-weißen Mast zu und dann links daran vorbei – damit ist man der unschönen Mastenansammlung auf dem Gipfel erst einmal entkommen.

Karge Berghöhe
Es geht in einem leichten Bogen abwärts über eine recht kahle

Hochfläche, die von niedrigen Macchiagewächsen überzogen und von kleineren Felsblöcken durchsetzt ist. Man hat einen freien Blick nach Norden in die Weite der angrenzenden Provinz Alentejo – hügeliges Land bis zum Horizont. Im Westen sieht man an klaren Tagen das Meer: die westliche Atlantikküste Costa Vicentina. Etwas weiter abwärts wachsen Farne am Wegesrand. In kleinen Talmulden weiden Rinder und Schafe, die mit Glockengebimmel über die wenigen Grasflächen ziehen. Weiter unten sieht man einzelne Bauernhäuser oder die Ruinen verlassener Gehöfte – und kann sich ohne viel Mühe vorstellen, dass ein Lebensunterhalt hier oben schwer zu erwirtschaften ist.

Grüne Hänge

Schließlich geht es leicht bergan, und auf einer kleinen Zwischenhöhe hinter einer Rechtsbiegung erstreckt sich ein lichter Wald aus jungen **Eukalyptusbäumen.** Nach den Waldbränden, die in der Serra de Monchique insbesondere 2003 und 2004 schwere Schäden verursacht haben, wurde eine Aufforstung der abgebrannten Flächen vielfach mit Eukalyptus vorgenommen. Ein zweischneidiges Unterfangen: Eukalpytus wächst zwar schnell, führt aber andererseits zur Austrocknung der Böden und brennt außerdem selbst sehr leicht. Die kleine Straße führt abwärts durch die Eukalyptuspflanzung und beschreibt an einer ummauerten Hausruine eine erste Haarnadelkurve. Hier bietet sich ein fantastischer freier Blick bis hinunter zur Küste.

Allmählich wird es etwas lieblicher. Es geht in mehreren kleinen **Serpentinen** vorbei an Ginster, Zistrosen, Eichen und Pinien. Dann durchquert man nochmals einen **Eukalyptuswald.** An der Stelle, an der man den Wald wieder verlässt, hat man plötzlich freien Blick und kann einen Teil von Monchique sehen, außerdem in der Ferne die Südküste der Algarve. Es geht weiter abwärts, bis man auf eine größere, kaum befahrene Straße stößt.

Auftanken im Berglokal

Hier – etwa an der Einmündung des Asphaltwegs auf die Straße – hängt in einem Baum ein Hinweisschild ›Restaurante **Jardim das Oliveiras** 200 m‹. Man folgt dem Schild nach rechts und biegt hinter der dritten Kurve in einen kleinen Weg ein. Nach wenigen Metern ist das Restaurant erreicht. Von hier hat man einen schönen Blick in die Bergidylle. Nachdem man sich gestärkt hat, geht es auf dem selben Weg zurück, von etwa 500 m Höhe hinauf zum 902 m hohen Gipfel.

Die Berge im Nordwesten

Caldas de Monchique ▶D3

Eines der schönsten und ungewöhnlichsten Ausflugsziele im Hinterland der Algarve war lange Zeit der kleine Ort Caldas de Monchique, ca. 6 km unterhalb von Monchique westlich der N 266. Um die ›warmen Quellen von Monchique‹ ist in 350 m Höhe ein Kurbad entstanden, das von einem großen Waldgebiet mit Kastanien, Eukalyptusbäumen und Korkeichen umzogen wird.

In diesem Tal am Südhang der Serra gibt es, bedingt durch den vulkanischen Ursprung, Thermalquellen, die mit mehr als 30 °C aus dem Erdreich kommen. Pro Tag strömen etwa 500 000 l Wasser aus dem vulkanischen Boden. Heilend wirkt das Wasser bei Rheumatismus, Gelenk- und Atemwegserkrankungen sowie bei Magen- und Darmleiden. Abgefüllt in Flaschen bekommt man das *Água de Monchique* überall an der Algarve und in Portugal zu kaufen.

Die warmen Quellen wurden schon – und wahrscheinlich nicht zuerst – von den Römern aufgesucht. Von ihnen erhielt Monchique auch seinen Namen: Sie nannten den Berg, aus dem das heilende Wasser hervorquellt, angeblich Mons Cicus. Aufgrund von Fundstücken, u. a. auch Münzen, schließt man auf ein reges römisches Badeleben. In späteren Jahrhunderten wurde Caldas de Monchique zum Luxusbad, das u. a. die portugiesischen Könige aufsuchten: Dom Sebastião, João II. wie auch João V. kamen hierher.

Der Kurort

Die wenigen Häuser von Caldas de Monchique liegen in dem engen, aber hellen Tal. Über Jahrzehnte strahlte der kleine, ruhige Kurort den Charme einer längst vergangenen Belle Époque aus – bescheidene portugiesische Bäderarchitektur, die nur von wenigen als solche zur Kenntnis genommen wurde. Die **Bauten der Jahrhundertwende**, die sich um den zentralen kleinen Platz unter hohen Bäumen gruppieren, führten ein selbstverständliches und kaum beachtetes Eigenleben. Bis man ihren Wert erkannte und anfing, ihren Charme zu vermarkten.

Die **Fundação Oriente** eines aus Macao stammenden Lissabonners erwarb 1994 einen Großteil von Caldas de Monchique aus dem Besitz der Enatur, der früheren Betreibergesellschaft der staatlichen Pousadas, die nach dem Ende der Diktatur 1974 den Kurort überantwortet bekam. Die Fundação Oriente führte groß angelegte Restaurierungs- und Umbauarbeiten durch. Modernisiert wurde vor allem das Innenleben, den Charakter der alten Fassaden hat man erhalten.

In dem kleinen Badeort lockt ein Thermalbad. In einem schlichten Gewerbebau südlich des Ortes wird das bekannte Heilwasser vom übermäßigen Schwefelgeschmack befreit, aufbereitet und in Flaschen abgefüllt. Der kleine Kurkomplex trägt nun den etwas groß geratenen Namen **Villa Termal das Caldas de Monchique Spa Resorts.** Zu dem Komplex gehören mehrere Hotels und Restaurants wie das Restaurante 1692 und das Weinlokal O Tasco. Draußen sitzt man auf einer großen Terrasse unter Ulmen, drinnen schick und kühl an gepflegt eingedeckten Tischen.

Wer Caldas de Monchique nur einfach einen kürzeren Besuch abstatten möchte, kann durch den winzigen Ort spazieren, den **Bachlauf** mit dem **Picknickplatz** und die kleine **Kapelle** am oberen Ortsende an der Ribeira do Lageado aufsuchen und sich in einem

Caldas de Monchique

Ruhig geht es zu in Caldas de Monchique

der Cafés niederlassen. Tagsüber ist es hier oft recht voll, am frühen Vormittag und spätnachmittags bzw. abends kann man den Charme von Caldas de Monchique am besten genießen.

Parque da Mina
Vale de Boi, April–Sept. 10–19, Okt.–März 10–17 Uhr
An der Straße N 266 liegt südlich von Caldas de Monchique, Richtung Portimão, der Parque da Mina, der auf dem Areal einer alten Mine angelegt wurde. Interessant ist der Wohnsitz des Minenbetreibers, der als Museum öffentlich zugänglich ist.

Übernachten

Zum Wohlfühlen – **Villa Termal:** Hotel Termal, Hotel Central, Hotel D. Carlos, Estalagem D. Lourenço, Tel. 282 91 09 10, Fax 282 91 09 91, DZ ab 75 €. Außerdem werden die **Apartamentos D. Francisco** vermietet.
Schön portugiesisch – **Albergaria do Lageado:** Caldas de Monchique, Tel. 282 91 26 16, www.albergariadolageado.com, geöffnet Mai–Okt., DZ 45–55 €. Nette Pension mit insgesamt 20 Zimmern, einige davon mit Dachterrasse, hübscher kleiner Garten und Swimmingpool mit Thermalwasser.

Aktiv

Fahrradverleih – Wer sich in einem der Thermenhotels einmietet, kann Fahrräder ausleihen, es werden auch geführte Radtouren angeboten.
Spa- und Wohlfühlprogramm – **Villa Termal:** Tel. 282 91 09 10, www.monchiquetermas.com. Auch Nicht-Hotelgäste können Spa, Sauna, Türkisches Bad, Massage und Swimmingpool in dem Kurkomplex nutzen. Angeboten werden Anti-Stress-Bäder und -Packungen, Verwöhn-Wellness für Gesicht, Hände und Füße, außerdem Reiki-Anwendungen und Aroma- und Thermalwasser-Massagen. Ein halber Tag im Badebereich kostet ca. 25 €, besondere Anwendungen, Massagen etc. zahlt man gesondert.

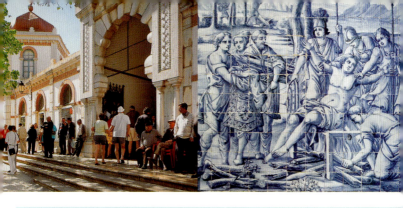

Das Beste auf einen Blick

Faro und Umgebung

Highlight!

Faro: Die Algarve-Hauptstadt – eine ansprechende Mixtur aus Wohn-, Verwaltungs- und Einkaufsstadt, mit einer Universität, einem authentischen Kneipenleben, das nicht reiner Urlauberzauber ist, und einigen Sehenswürdigkeiten, die eine gelungene und interessante Abwechslung zu einem Strandtag versprechen. S. 185

Entdeckungstour

Was Kirchenwände erzählen – Igreja São Lourenço in Almancil: Die Biografie eines Märtyrers, festgehalten auf blau-weißen Fliesengemälden. Eine fantastisch gestaltete Kirche! S. 206

Kultur & Sehenswertes

Altstadt von Faro: In der Cidade Velha kann man vom Glockenturm der Kathedrale aus einen umwerfenden Blick auf die der Stadt vorgelagerte Lagune genießen. S. 185

Milreu: Ausgrabungsstätte eines Wasserheiligtums aus römischer Zeit mit den Resten eines Tempels und einer Landvilla. S. 198

Loulé: Lebendiges Landstädtchen, in dem man durch die stimmungsvolle Altstadt schlendern sollte. S. 199

Aktiv unterwegs

Ria Formosa erkunden: Mit kleinen Ausflugsbooten durch das wattenmeerähnliche Lagunen- und Inselsystem vor Faro. S. 194, 196

Lagunenspaziergang: Bei Quinta do Lago lassen sich zu jeder Jahres- und Tageszeit sehr stimmungsvolle Spaziergänge unternehmen. S. 209

Genießen & Atmosphäre

Clube Naval: In der Marina von Faro Fisch und Meeresgetier speisen. Den Blick auf Jachthafen und Lagune gibt's gratis dazu. S. 195

Gardy: Eine Pastelaria in Faro, in der man nach und nach alle süßen Köstlichkeiten einmal probieren sollte. S. 196

Pousada Palácio de Estói: Bemerkenswerte Herberge in einem Rokokopalast. Dazu gehört ein schöner Palastgarten. S. 198

Markthalle von Loulé: Ein Genuss für Augen, Nasen, Ohren ist der Streifzug durch die neomaurische Halle. S. 200

Abends & Nachts

Faro: Die angesagten Kneipen finden sich mitten im Zentrum in der Rua do Compromisso und in der Rua do Prior. Anziehend ist auch das Columbus unter den Arkaden am Jardim Manuel Bivar. S. 197

Algarve-Hauptstadt zwischen Meer und Hinterland

Die Hauptstadt der Algarve ist eine echte Rarität unter den vom Tourismus geprägten Küstenorten. Wer portugiesischen Alltag erleben möchte, findet ihn hier. Und genau das macht ihren Reiz aus. Es gibt viele Geschäfte, in denen man alles bekommt, was man braucht – nicht nur Strandlaken, Badeanzüge, Sonnenbrillen und Modeaccessoires wie in anderen Orten an der Küste. Hier kann man alles fürs Badezimmer, Geschirr und Kopfkissen kaufen oder Visitenkarten drucken lassen. Mittags füllen sich die Restaurants und Cafés mit Berufstätigen, und am späten Nachmittag strömen alle zu ihren Autos, um nach Hause zu fahren – ganz wie anderswo auch. Die Stadt hält aber außerdem noch reichlich Sehenswertes bereit – wer einen Tagesausflug nach Faro macht, um mal eine kleine Unterbrechung im Strandurlaub zu haben, kann hier sehr interessante Museen und Kirchen besichtigen. Sehr hübsch, fast etwas unspektakulär und nie überlaufen ist die kleine historische Altstadt, in der man im Frühjahr das Klappern der Störche hören kann, die immer an denselben Stellen ihre Nester haben. Der Bummel durch das alte Zentrum von Faro führt zur Kathedrale und zum städtischen Museum, das in einem alten Kloster eingerichtet ist. Ab und zu hört man den ›Algarve-Express‹ direkt hinter der Stadtmauer entlangzockeln – er fährt hier in Faro direkt an der Lagune entlang. Strandleben gibt es übrigens auch bei Faro, und zwar an der Praia de Faro auf einer vorgelagerten Insel, auf die man im Sommer per

Infobox

Reisekarte: ▶ H/J 5/6

Touristeninformation
In Faro am Flughafen und im Zentrum sowie in Loulé.

Internet
www.visitalgarve.pt: Offizielle Website der zentralen Touristeninformationsstelle, die in Faro ihren Sitz hat.

Anreise und Weiterkommen
Der **Flughafen** (Tel. 289 80 08 00) liegt 6 km westl. der Stadt. Vom und zum Flughafen fahren die Linien 14 und 16 der Próximo-Busse (www.proximo.pt). Beide Linien fahren ins Zentrum. Eine Taxifahrt vom Flughafen ins Zentrum kostet ca. 12 €.
Autofahrer sollten sich rechtzeitig bei der Einfahrt in die Stadt nach einer Parkmöglichkeit umsehen. Einen großen, gebührenfreien Parkplatz gibt es auf dem Largo de São Francisco nahe der Altstadt.
Der zentrale **Busbahnhof** mit Verbindungen zu allen größeren und vielen kleineren Orten in der Algarve wie auch nach Lissabon und Sevilla befindet sich in der Avenida da República.
Der **Zugbahnhof** liegt sehr zentral in Fußgängerentfernung zum Zentrum und zum Busbahnhof. Verbindungen bestehen u. a. nach Lagos und Lissabon.

Boot ab Faro oder über eine schmale Verbindungsbrücke mit dem Auto fahren kann.

Im Hinterland von Faro liegen in schöner Landschaft hübsche kleine Orte und mit Milreu und São Lourenço sehr interessante Kulturstätten der Algarve. Kaum zu glauben, wie ruhig es hier nur wenige Kilometer landeinwärts ist: Das Dorf Santa Bárbara de Nexe ist eine ländliche Oase! Und absolut besuchenswert ist Loulé, ein Landstädtchen, wie es im Buche steht, das Zentrum einer ländlichen Region.

Faro! ▶ H/J 6

Faro mit seinen mehr als 30 000 Einwohnern ist eine sympathisch unspektakuläre Stadt und kein Ferienort. Sie ist mit dem internationalen Flughafen, einem stark frequentierten Busbahnhof und einem zentralen Bahnhof wichtiger Verkehrsknotenpunkt. Die Verwaltung der Algarve hat hier ihren Sitz, es gibt die Universidade do Algarve, zudem sind hier Wirtschaft und etwas Industrie angesiedelt – insgesamt also eine relativ breite Mischung. Niemand würde seinen Urlaub in Faro verbringen, und Tourismus spielt nur eine untergeordnete Rolle. Dennoch lohnt ein ausgedehnter Besuch der Stadt auf jeden Fall. In der kleinen Fußgängerzone im Zentrum geht es recht beschaulich zu, man findet alle möglichen Modegeschäfte, zwischendrin auch Filialen von internationalen Ketten. Auf jeden Fall macht das Einkaufen hier Spaß! Dass Faro nicht zur Urlauberstadt ›verkommen‹ ist, verdankt es vermutlich seiner Lage. Zwar liegt die Stadt an der Küste, aber an dieser Stelle ist das vorgelagerte Lagunensystem besonders ausgedehnt, und die Inseln mit ihren Stränden befinden sich nicht gerade vor der Haustür.

Stadtgeschichte

Faro geht auf eine frühe Ansiedlung zurück, die schon von den Phöniziern auf ihren Handelsreisen angesteuert wurde. Unter römischer Herrschaft entstanden hier ein größerer Hafen und ein Verwaltungszentrum. Die Westgoten errichteten im 5. Jh. dann einen Bischofssitz und eine erste größere Kirche, die sie der Muttergottes weihten. Im 8. Jh. kam Faro unter maurische Herrschaft und wurde für kurze Zeit ein eigenständiges Fürstentum. Aus dieser Zeit leitet sich vermutlich der heutige Name Faro ab – damals hieß die Stadt Harum oder Harune nach ihrem Herrscher Mohammed Ben Said Ben Hárun. 1249 eroberte Afonso III. Faro als letzte große Stadt aus maurischer Hand zurück, und 1250 wurde sie ins portugiesische Königreich eingegliedert.

Der Bischofssitz befand sich noch über Jahrhunderte in Silves; 1577 wurde er nach Faro verlegt, was der ohnehin schon erblühten Stadt noch mehr Bedeutung verlieh. Aber bereits 20 Jahre später begann der Niedergang: Der Graf von Essex, dessen eigentliches Ziel das andalusische Cádiz war, fiel 1596 in Faro ein, plünderte die Stadt und zerstörte große Teile. 1755 sorgte das Erdbeben für schwere Schäden.

Seit 1756 ist Faro offiziell Hauptstadt der Provinz Algarve. In der Folgezeit hat sich die Stadt mehr und mehr ausgeweitet und ist heute von einer ziemlich unansehnlichen Peripherie umzogen, die nichts von der Schönheit der Innenstadt erahnen lässt.

Die Altstadt

Die **Cidade Velha** bzw. **Vila Adentro** ist der einzige Teil der Innenstadt, der

Faro und Umgebung

das Erdbeben einigermaßen überstanden hat. Gebäude aus mehreren Jahrhunderten stehen Seite an Seite, ergeben in ihrer Gesamtheit aber ein sehr ansprechendes Bild. Ein paar kleine Lädchen, Galerien und Lokale haben sich hier niedergelassen. In der kleinen Galeria Municipal Trem z. B. werden Wechselausstellungen, meist kleine Fotoausstellungen, gezeigt. In der ehemaligen Fábrica da Cerveja am Südende der Altstadt finden häufig Ausstellungen zu moderner Kunst und andere Kulturveranstaltungen statt. Es gab Überlegungen, hier ein Museum für zeitgenössische Kunst einzurichten, ebenso Pläne für ein Hotel.

Stadtbefestigung

Die Altstadt ist von einer Befestigungsmauer umgeben, die in verschiedenen Epochen errichtet und erneuert wurde. Teile des **Arco do Repouso** 1 (Torbogen der Ruhe, Rua do Repouso) an der Ostseite stammen beispielsweise noch aus dem 13. Jh. Angeblich hat sich Afonso III. nach der geglückten Vertreibung der Mauren hier niedergelassen und ausgeruht. Der **Arco da Vila** (Rua do Município) 2, der Zugang vom Jardim Manuel Bivar, wurde erst im 18. Jh. errichtet.

Paço Episcopal 3
Largo da Sé

Folgt man der kleinen Straße jenseits des Arco da Vila, so gelangt man zu dem von Orangenbäumen gesäumten Largo da Sé mit der Kathedrale, dem Rathaus an der Nordseite und dem Bischofspalast (Paço Episcopal) an der Westseite. Dieser lang gezogene Bau dient seit dem 18. Jh. als Priesterseminar. Nach der Nelkenrevolution wurden in dem Gebäude zeitweilig die sogenannten *retornados* untergebracht – portugiesische Rückkehrer und Einwanderer aus jenen portugiesischen Kolonien, die selbstständig geworden waren.

Sé 4
Largo da Sé

Die Kathedrale ist das Kernstück des historischen Zentrums. *Sé* ist die in Portugal übliche Kurzform von *sede* für (Bischofs-)Sitz. Vermutlich ist dies die Stelle, an der schon die Westgoten eine christliche Kirche gebaut hatten, die dann von den Mauren durch eine Moschee ersetzt wurde. Die Portugiesen ihrerseits errichteten stattdessen wiederum ein christliches Gotteshaus; es wurde durch das Erdbeben schwer beschädigt. Allerdings hat der gotische Glockenturm die Katastrophe überstanden, ebenso ein Teil der Südwand, in der noch ein gotisches Fenster erhalten ist. Die Nordseite der Sé wird durch drei angefügte Seitenkapellen gegliedert.

Im dreischiffigen Innern sind ebendiese Seitenkapellen verschiedener Größe und die Azulejos aus dem 18. Jh. besonders schön. Auf der Empore über dem Eingangsbereich sieht man eine aufwendig bemalte Barockorgel.

Eine echte Attraktion ist ein Aufstieg auf den Glockenturm, wenn er geöffnet ist: Man hat einen einzigartigen Blick auf Faro und vor allem auf die Lagunenlandschaft.

Arco da Porta Nova 5
Rua da Porta Nova

Vom Largo da Sé aus geht es durch das Stadttor aus dem 17. Jh. direkt an die Lagune und zum Schiffsanleger, von dem aus die Boote zu den vorgelagerten Inseln starten. An dieser Stelle führt auch die Eisenbahnlinie von Vila Real de Santo António nach Lagos unmittelbar am Wasser entlang.

Der Arco da Vila ist eines der Eingangstore in die Cidade Velha

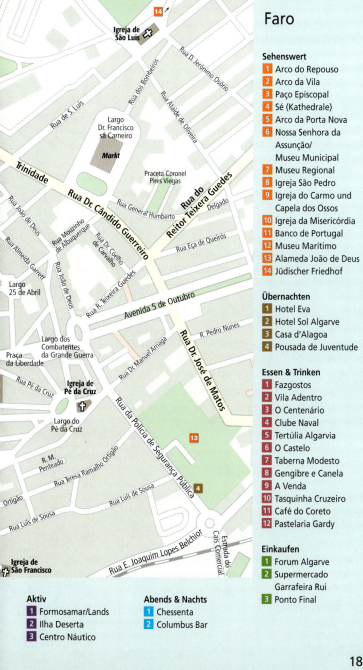

Faro

Sehenswert
1. Arco do Repouso
2. Arco da Vila
3. Paço Episcopal
4. Sé (Kathedrale)
5. Arco da Porta Nova
6. Nossa Senhora da Assunção/ Museu Municipal
7. Museu Regional
8. Igreja São Pedro
9. Igreja do Carmo und Capela dos Ossos
10. Igreja da Misericórdia
11. Banco de Portugal
12. Museu Marítimo
13. Alameda João de Deus
14. Jüdischer Friedhof

Übernachten
1. Hotel Eva
2. Hotel Sol Algarve
3. Casa d'Alagoa
4. Pousada de Juventude

Essen & Trinken
1. Fazgostos
2. Vila Adentro
3. O Centenário
4. Clube Naval
5. Tertúlia Algarvia
6. O Castelo
7. Taberna Modesto
8. Gengibre e Canela
9. A Venda
10. Tasquinha Cruzeiro
11. Café do Coreto
12. Pastelaria Gardy

Einkaufen
1. Forum Algarve
2. Supermercado Garrafeira Rui
3. Ponto Final

Aktiv
1. Formosamar/Lands
2. Ilha Deserta
3. Centro Náutico

Abends & Nachts
1. Chessenta
2. Columbus Bar

Faro und Umgebung

Nossa Senhora da Assunção/ Museu Municipal 6
Museu Municipal, Praça Afonso III, Di–Fr 10–19, Sa, So 11.30–18, im Winter Di–Fr 10–18, Sa, So 10.30–17 Uhr

Weiter durch die Altstadtstraßen kommt man zur Praça Afonso III. mit dem Standbild jenes Königs, unter dem die Mauren aus Faro und anderen Teilen des Al-Gharb vertrieben worden sind. An dem Platz steht das frühere Klarissenkloster aus dem 16. Jh. Auftraggeberin war Leonor von Kastilien, die Schwester von Karl V. und dritte Ehefrau von Manuel I., dem Glücklichen. In einigen Räumlichkeiten ist das **Museu Municipal** untergebracht, in dem Römisches und Gegenstände aus maurischer Zeit ausgestellt sind. In der Gemäldegalerie werden Malereien der Renaissance und des Barock gezeigt. Wechselausstellungen mit Werken zeitgenössischer Künstler werden hier gezeigt.

Durch den östlich gelegenen **Arco do Repouso** verlässt man die Altstadt und kommt zum Largo de São Francisco – einem riesigen Parkplatz, an dessen Ostseite die Klosterkirche **São Francisco** aus dem 17. Jh. steht. In dem angeschlossenen Klostergebäude hat eine Fachschule für Tourismus ihre Räume.

Außerhalb der Altstadt

Museu Regional do Algarve 7
*Praça da Liberdade 2,
Mo–Fr 9–12.30, 14–17.30 Uhr*

Wer sich für die frühere, ursprüngliche Algarve interessiert, sollte unbedingt ins Museu Regional gehen. Man erhält hier – u. a. durch schöne Schwarz-Weiß-Fotos aus den 1960er-Jahren – einen guten Eindruck vom Landleben, vom Leben der Fischer und vom Alltag in der Algarve, bevor sie vom Tourismus überrollt wurde.

Igreja São Pedro 8
Largo de São Pedro

Faro hat zahlreiche Kirchen und Kapellen. Zum Besichtigungsprogramm gehört auch die Igreja de São Pedro aus dem 16. Jh., deren Renaissanceportal eine Petrusfigur zeigt. Im Innern sind schöne Schnitzereien und Azulejos aus dem 18. Jh. zu sehen.

Igreja do Carmo und Capela dos Ossos 9
Largo do Carmo, Mo–Fr 10–13, 15–17, Sa 10–13, im Sommer bis 18, Sa 10–13 Uhr

Lohnend ist ein Stück weiter nördlich die barocke Igreja do Camo mit üppiger *talha dourada* und einer etwas schaurigen Attraktion. Durch die Sakristei mit einer Sammlung von Christusfiguren und einer schönen Deckenbemalung kommt man über einen kleinen Friedhof nämlich zur **Capela dos Ossos,** deren Besuch man sich keinesfalls entgehen lassen sollte – vorausgesetzt, man ist nervlich gerüstet. Die kleine Kapelle ist komplett mit Knochen und Schädeln ausgekleidet, die kunstvoll zu Mustern zusammengesetzt sind. Mönche des Karmeliterordens haben sie um 1800 gebaut und dabei die menschlichen Überreste vom Friedhof vor der Tür verwendet.

Auf dem Rückweg in Richtung Fußgängerzone kann man einen Blick auf das **Lethes-Theater** (Rua de Portugal 58) werfen – im 18. Jh. eine Jesuitenschule, seit 1845 ist darin ein Theater untergebracht.

Am Hafen

Zum Ausspannen bietet sich der **Jardim Manuel Bivar,** ein kleiner, parkähnlich gestalteter Platz direkt am Hafenbecken, an. Entweder lässt man sich auf einer der Bänke unter hohen Bäumen und Büschen nieder oder man bummelt um das Hafenbecken.

Faro

Einen genaueren Blick am Platz lohnt u. a. die **Igreja da Misericórdia** (Praça Dom Francisco Gomes) 10 gegenüber dem Arco da Vila, sie stammt wie das Stadttor auch von dem Italiener Francisco Xavier Fabri. Interessant ist zudem der historische Bau der **Banco de Portugal** (Praça Dom Francisco Gomes) 11 mit neomaurischen und neomanuelinischen Elementen.

Museu Marítimo 12
Rua da Comunidade Lusíada, Mo–Fr 9.30–12, 14.30–17 Uhr
An der Nordseite des Hafenbeckens findet man das kleine Museum mit einer Dauerausstellung zur Fischerei und Schifffahrt. Zu sehen sind Schiffsmodelle und Exponate zu Fischfangmethoden, die an der Algarve-Küste praktiziert wurden.

Alameda João de Deus 13
Rua da Polícia da Segurança Pública
Der kleine, typisch portugiesische Stadtpark bietet an warmen Sommertagen wohltuende Schattenplätze unter hohen alten Bäumen. Eindrucksvoll ist die botanische Vielfalt: Platanen, Gummibäume, Eukalyptus, Chinesische Tannen, Australische Seideneichen, Judasbäume. Außerdem gibt es einen Kiosk mit ein paar Tischen und Stühlen, hier bekommt man Getränke oder Kleinigkeiten zu essen.

Jüdischer Friedhof – Faro Jewish Heritage Centre 14
Rua Leão Penedo, Mo–Fr 9.30–12.30, 14–17 Uhr
Dem jüdischen Friedhof ist ein Museum zur jüdischen Kultur und Geschichte in der Algarve angeschlossen. U. a. ist die Kopie des Pentateuchs auf Hebräisch ausgestellt. Dabei handelt es sich um das erste in Portugal gedruckte Buch, es entstand 1487.

Mein Tipp

Ilha Deserta ▶ H/J 6
Auf der sehr ruhigen Insel – auf manchen Karten ist sie noch unter dem früheren Namen Ilha da Barreta eingetragen – befindet sich mit dem **Cabo de Santa Maria** der südlichste Punkt der Algarve. Es gibt hier ein Restaurant, in dem man gut isst, ansonsten: nur Ruhe! Die Boote verkehren das ganze Jahr über zwischen Faro und der Insel. Sie starten am Schiffsanleger an der Stadtmauer der Altstadt.

Strände bei Faro ▶ H/J 6

Faros Strände liegen auf den vorgelagerten Inseln am Rand der Lagune. Die Praia de Faro ist Teil der **Ilha de Faro,** einer fast 10 km langen, extrem schmalen Dünenzunge, die der Küste vorgelagert ist und bei Quinta do Lago in den Küstenstreifen übergeht. Die touristische Infrastruktur auf dem Inselstreifen ist bestens. Auf der Atlantikseite der Ilha de Faro kann man Surfen und Kitesurfen, auf der Lagunenseite Windsurfen und Kajakfahren.

Mit dem Auto fährt man zur Praia de Faro zunächst in Richtung Flughafen und folgt dann der Beschilderung. Über eine schmale Brücke kommt man auf die Ilha de Faro, wo es in der Saison meist schwierig ist, einen Parkplatz zu finden. Man erreicht den Strand vom Zentrum aus auch mit Bussen und im Sommer mit Booten.

Vom Zentrum (Porta Nova) aus fahren außerdem Boote regelmäßig zur **Ilha Deserta** (s. Mein Tipp oben), im Sommer gibt es mitunter auch Fahrten zur **Ilha Culatra/Farol.**

Lieblingsort

Bummel durch die Cidade Velha

Der alte Stadtkern von Faro gehört zum normalen Besichtigungsprogramm, und trotzdem ist die Cidade Velha mit ihrer Atmosphäre etwas ganz Besonderes für mich: Wenn man durch eines der Stadttore geht, tritt man augenblicklich in eine andere Welt ein, in die Ruhe der Vila Adentro. Und obwohl viele Touristen hierherkommen, ist es nie laut und trubelig; in den schmalen Gassen fahren kaum Autos, es gibt nur wenige Geschäfte und ein paar Lokale. Abends ist die Cidade Velha stimmungsvoll beleuchtet und alles wirkt fast wie eine Theaterkulisse.

Faro und Umgebung

Ria Formosa ▶ H/J 6

Ausgesprochen lohnend sind Fahrten durch die Lagunenlandschaft rund um Faro mit kleinen Booten – am schönsten mit traditionellen Holzbooten, wie sie früher von den Lagunenfischern benutzt wurden. Auch zum Sonnenuntergang werden Fahrten angeboten. Zu empfehlen sind zudem die geführten Wanderungen durch das Lagunengebiet mit Vogelbeobachtung (Informationen an der Porta Nova und an den Ständen rund um den Jachthafen von Faro).

Übernachten

Komfortabel – **Hotel Eva** 1: Av. da República, Tel. 289 00 10 00, www.tdhotels.com DZ 90–190 €. Neben dem Jachthafen gelegen, äußerlich nicht gerade eine Schönheit, innen aber ein angenehmes Haus. Man sollte versuchen, ein Zimmer in Richtung Jachthafen zu bekommen: der Blick ist schön und es ist relativ ruhig. Auf dem Dach gibt es einen Swimmingpool mit Liegeterrasse, auch das Frühstück wird hier oben serviert. Ein schöner Geheimtipp ist die kleine öffentliche Restaurant-Dachterrasse, auf der man mit 1a-Blick ohne großen Trubel speisen kann.

Gepflegt und solide – **Hotel Sol Algarve** 2: Rua Infante D. Henrique 52, Tel. 289 89 57 00/1/2, www.hotelsolalgarve.com, DZ 45–80 €. Diese Pension ist gepflegt, nüchtern-geschmackvoll und modern eingerichtet und liegt zentral, in Bahnhofs- und Busbahnhofsnähe. Alle Zimmer mit TV und Klimaanlage.

Hostel mit Atmosphäre – **Casa d'Alagoa** 3: Praça Alexandre Herculano 27, Tel. 289 81 32 52, www.farohostel.com, DZ ab 50 €. Dieses Hostel steht an einem stimmungsvollen Platz, an dem im Frühsommer die Jacarandabäume blühen. Es ist in einem schönen alten Stadthaus eingerichtet, man wohnt in 2- bis 8-Bettzimmern und hat eine nette Lounge, einen lauschigen Patio und eine Balkonterrasse zur Verfügung. Abends wird gekocht und bei Bedarf kann man sich einklinken. Es gibt auch Doppelzimmer mit eigenem Bad.

Für Backpacker – **Pousada de Juventude** 4: Rua da Polícia de Segurança Pública 1 (Alameda João de Deus), Tel. 289 87 80 90, faro@movijovem.pt.

Essen & Trinken

In der Cidade Velha gibt es viele kleine Restaurants, die aber fast alle nur tagsüber geöffnet haben.

Stilvoll – **Fazgostos** 1: Rua do Castelo 13, ab 12,50 €, Menü ab 30 €. Das Restaurant Fazgostos ist nichts für ein schnelles Essen, hierher kommt man mit Zeit und Sinn für gute Gerichte – man sitzt drinnen, und es fehlt vielleicht etwas die südliche Stimmung der Nachbarlokale. Serviert wird portugiesische Gourmetküche, beispielsweise verfeinerte Stockfischzubereitungen – und immer auch ein vegetarisches Gericht.

Zwischen Azulejos – **Vila Adentro** 2: Praça D. Afonso III 17, ab 11 €. Eine schöne Adresse in der Altstadt: Dieses Restaurant ist in einem Gewölberaum eingerichtet, die Wände sind mit großen Fliesengemälden verkleidet. In der Küche werden neue portugiesische Kreationen wie Seeteufel in Mandelbutter oder auch schon mal ein Oktopus-Curry mit Gambas gezaubert und auf der Karte stehen gute Weine. Angeschlossen ist ein kleiner Gourmet-Shop.

Portugiesische Küche – **O Centenário** 3: Largo Terreiro Bispo 4, ab 10 €. Das Centenário ist am Rand der Fußgängerzone zu finden und vor allem an warmen Sommerabenden schön, wenn draußen auf dem Platz gedeckt ist. Die Küche ist portugiesisch – meist steht nur ein vegetarisches Gericht auf der Karte –, und die Weine sind überwiegend algarvisch. Ab und zu wird auch Fado geboten.

Maritim – **Clube Naval** [4]: Doca de Faro, 8–15 €. Am Jachthafen zur Lagune hin gelegen. Am schönsten sitzt man oben auf der Terrasse mit Blick auf die Lagune. Im Angebot sind Fischgerichte und viele Meeresfrüchte.

Algarve modern – **Tertúlia Algarvia** [5]: Praça Afonso III 13, ab 9 €. Tapas, Toasts sowie eine kleine Auswahl an frischen, leichten Gerichten werden hier in einem speziellen Ambiente auf zwei Etagen geboten. Das Interieur besteht teilweise aus außergewöhnlichen Korkmöbeln und man erhält nette kleine Souvenirs aus der Region.

Zum Sonnenuntergang – **O Castelo** [6]: Rua do Castelo, ab 8 €. Dies ist sicher einer der schönsten Plätze in Faro. Ein Lounge-Restaurant, dazu ein Patio, in dem es oft Livemusik gibt. Man hat einen wunderbaren Blick auf die Lagune, sieht die Flugzeuge landen und die Sonne untergehen. Tagsüber und zum Sundowner sitzt man im Loungebereich und genießt Tapas, später kann man an einen der Restauranttische wechseln und von der kleinen Karte ein Fisch- oder Fleischgericht oder auch Meeresfrüchte bestellen.

Für Sommerabende – **Taberna Modesto** [7]: Largo do Castelo 2, ab 8 €. An warmen Sommerabenden ist dies eine gute Adresse – man sitzt an einfachen Tischen mitten in der Altstadt an einem kleinen Platz, meist geht es recht ausgelassen zu. Vor allem Fisch kommt auf den Tisch, auch ein paar Fleischgerichte, für Kinder gibt es Hamburger.

Rein vegetarisch – **Gengibre e Canela** [8]: Travessa da Mota 10, Mo–Sa 12–15 Uhr, ca. 6 €. Im ›Ingwer und Zimt‹ erhält man (nur) mittags ausschließlich vegetarische Gerichte, und das auf hohem Niveau. Auch wer nicht unbedingt vegetarische Kost bevorzugt, sollte hier einmal fleischlose Küche probieren. Angeboten werden wechselnde Tagesgerichte oder Suppe plus Salat plus Buffet zum Festpreis.

Jung – **A Venda** [9]: Rua do Compromisso 60, www.facebook.com/avendafaro, ab 5 €. Eine Mischung aus altem Lebensmittelladen und einfachem Lokal im Shabby Chic. Es gibt eine ganz interessante Karte, auf der Kleinigkeiten, auch vegetarische wie Omelette und Salate stehen.

Kleinigkeiten – **Tasquinha Cruzeiro** [10]: Largo da Madalena 12, ab 5 €. Diese Tasca am Rand des Ausgehviertels kommt etwas studentisch daher und hat nur eine kleine Karte mit portugiesischen Gerichten und Salaten. Man kann auch draußen an einem der drei oder vier Tische am lauschigen Largo sitzen.

Mein Tipp

Snack-Café an der Marina

Das gläserne **Café do Coreto** [11] steht direkt am Jachthafen von Faro. Entweder sitzt man an einem der Tische draußen und genießt den Blick auf die Boote oder man hat einen geschützten Platz drinnen und wegen der Rundumverglasung ebenfalls eine gute Aussicht. Am schönsten ist der Anblick des Jachthafens bei Flut, denn sonst dümpeln die Boote in der Tiefe. Es gibt leckere Kleinigkeiten zu essen – Eis, Crêpes, Suppen, Sandwiches, Toasts –, aber auch einfache Fleischgerichte mit Pommes Frites.

Faro und Umgebung

Einkaufstempel Forum Algarve

Gläsernes Café – **Café do Coreto** 11: An der Marina (s. Mein Tipp S. 195).
Süßes Paradies – **Pastelaria Gardy** 12: Rua de Santo António 16, Tel. 289 82 40 62, leckere süße Kuchen und Törtchen und kleine Snacks.

Einkaufen

In der Fußgängerzone rund um die Rua de Santo António mit portugiesischen Geschäften und internationalen Ketten lässt es sich entspannt shoppen.
Kaufrausch – **Forum Algarve** 1: Riesiges Shopping-Center an der Straße Richtung Flughafen. Von Haushaltswaren bis Mode bekommt man hier alles – auch noch spät am Abend.

Lebensmittel/Weine – **Supermercado Garrafeira Rui** 2: Praça Ferreira de Almeida 28. Gutes Sortiment an Portweinen, Jahrgänge ab 1914.
Ohrenschmaus – **Ponto Final** 3: Travessa Rebelo da Silva 17. Diesen etwas versteckten Musikladen übersieht man leicht. Es gibt CDs in guter Auswahl: Portugiesisches, Brasilianisches, Jazz und Klassik.

Aktiv

Bootstouren, Wanderungen, Fahrradvermietung – **Formosamar** und **Lands** 1: Ed. Clube Naval, Marina de Faro, Tel. 918 72 00 02, www.formosamar.com und www.lands.pt. Geführte

Touren durch die Ria Formosa. Auch Fahrradvermietung. In dem kleinen Büro erhält man auch Bücher und Broschüren zu Flora und Fauna in der Lagune, eine Vogelstimmen-CD, außerdem werden regionale Produkte der Algarve verkauft, Salz aus der Lagune, T-Shirts und Seglerhüte.

Lagunenfahrt – **Animaris** – **Ilha Deserta** 2 : Tel. 918 77 91 55, www.ilha-deserta.com, Infos am Anleger Porta Nova. Fahrten durch die Ria Formosa und zur Ilha Deserta; Fährfahrten zur Ilha Deserta.

Wassersport – **Centro Náutico da Praia de Faro** 3 : Praia de Faro, Tel. 289 87 08 98 und 289 87 00 56. Man kann Bretter zum Windsurfen und Kajaks kostenlos ausleihen (für die Lagune), außerdem wird Unterricht im Surfen und Kitesurfen am offenen Meer angeboten.

Abends & Nachts

Das magische Karree liegt zwischen Rua Conselheiro Bivar, Rua 1° de Maio, Rua Filipe Alistão und Rua da São Pedro mit Schwerpunkt in der Rua do Prior, Travessa dos Arcos und Rua do Compromisso. Hier findet man mehrere studentische Bars und Musikkneipen, am Wochenende machen alle auf, u. a. **Chessenta** 1 in der Rua do Prior. Man muss eigentlich nur den Mengen nachgehen und landet garantiert in einer der Locations, die gerade angesagt sind. Gut gefüllt ist abends auch die **Columbus Bar** 2 unter den Arkaden Ecke Jardim Manuel Bivar/ Rua João Dias.

Infos & Termine

Touristeninformation
Posto de Turismo: Rua da Misericórdia 8–12, Tel. 289 80 36 04, Zweigstelle am Flughafen, Tel. 289 81 85 82.

Verkehr
s. auch Infobox S. 184
Bus: Busbahnhof, Av. da República.
Stadtbus: Zum Flughafen Próximo-Linien 14 und 16 und zur Praia de Faro Próximo-Linien 14, 16 und 17.
Zug: Bahnhof im Largo da Estação in der Verlängerung der Avenida da República. Gute Verbindungen nach Lagos im Westen und Vila Real de Santo Antonio im Osten sowie ins übrige Portugal.
Schiffe: Boote zur Ilha de Faro und Ilha Deserta starten im Sommer an der Porta Nova (mitunter auch nach Culatra und Farol).

Feste
Fest des Santo António: 13. Juni. Prozession zu Ehren des Schutzpatrons der Stadt.

Estói und Milreu ▸ J 5

8 km nördlich von Faro liegt Estói in einer sanft gewellten Landschaft eingebettet. Viele Obstplantagen befinden sich hier ringsum. Tagsüber kommen inzwischen auch einige Touristen von der Küste hierher, abends aber ist Estói ein ruhiges kleines Algarve-Dorf, in dem vom gar nicht so weit entfernten Ferientrubel an den Stränden nichts zu spüren ist.

Palácio de Estói
Rua de São José
In Estói ließ sich der Visconde de Carvalhal Ende des 18. Jh. einen Rokokopalast bauen. Der rosafarbene Bau, der ein wenig an das Schloss Queluz bei Lissabon erinnert, stand jahrelang leer, schließlich ist darin eine Pousada eingerichtet worden. An den hübschen Palast hat man einen großen Neubau angesetzt und dabei bewusst einen architektonischen Kontrapunkt gesetzt.

Faro und Umgebung

Die Palastgärten sind nach wie vor öffentlich zugänglich (Zugang durch die Pousada). Im oberen Bereich sind noch zwei Lustpavillons erhalten. Auf den beiden Ebenen darunter wandelt man durch die Gartenanlage des 18./19. Jh. mit einer Freitreppe, geschmückt mit blau-weißen Fliesenpaneelen, und einer kleinen Terrasse mit einem Rokokowasserbecken, das von Azulejo-Bildern mit mythologischen Szenen gesäumt wird.

Weiteres Sehenswertes in Estói

In dem angenehmen, unaufdringlichen Landstädtchen gibt es hin und wieder ein paar beschauliche **Plätze**. Der hinter der Kirche ist von Jacarandabäumen umstanden, er ist also im April/Mai am schönsten, wenn die Bäume blau blühen. Falls sie geöffnet ist, kann man einen Blick in die etwas erhöht stehende **Kirche** (Rua da Igreja) von Estói werfen. Sie wurde nach dem Erdbeben neu aufgebaut, im Innern ist noch eine Figur des São Vicente (17. Jh.) aus der Vorgängerkirche erhalten.

Ruinen von Milreu

Rua de Faro, 9.30–12.30, 14–18, im Winter bis 17 Uhr, Mo geschl.

An der Straße, die in Richtung Westen aus Estói hinausführt, kommt man zu den Ruinen von Milreu. Es handelt sich dabei um die **Ausgrabungsstätte** einer römischen Straße. 1877 begann der portugiesische Archäologe Estácio da Veiga mit ersten Grabungen auf dem Gelände. Weitere Grabungen wurden unter der Leitung unterschiedlicher Universitäten, darunter auch zwei deutschen, durchgeführt.

Die freigelegte **Villa** ist wahrscheinlich als Landgut im 1. Jh. n. Chr. gebaut und zwischen dem 2. und 4. Jh. vergrößert worden. Im landwirtschaftlichen Gebäudeteil entdeckte man Gesinderäume und eine Kelter. Der aufwendig gestaltete Wohnbereich, der um einen Innengarten mit Säulengang und Wasserbecken gebaut war, zeigt deutlich kleine, beheizbare Räume, eine Küche und die weiträumige Badeanlage mit Warm- und Kaltbaderäumen und -becken, die teilweise mit relativ gut erhaltenen Mosaiken ausgekleidet sind.

Der **Tempel** ist im 4. Jh. als Umgangstempel errichtet worden. Nach Auswertung der Untersuchungen nimmt man heute an, dass es hier über Jahrhunderte einen Kultplatz gegeben hat, der zunächst von den Römern genutzt wurde, anschließend von den Westgoten und später von den Mauren. Der römische Tempel diente vermutlich als Wasserheiligtum. Die wunderschönen mehrfarbigen Mosaiken, die Fische und verschiedene Meerestiere zeigen, geben zu der Vermutung Anlass. Er war um eine *cella* aufgebaut, in der lange Zeit noch ein sechseckiges Wasserbecken zu sehen war, das vermutlich eine Quelle imitieren sollte. Der quadratische Kultbau wurde nach Süden durch eine halbrunde Apsis erweitert, die heute noch gut erhalten ist.

Dass dieser Ort auch in nachmaurischer Zeit noch eine Bedeutung hatte, vermutet man aufgrund eines Bauernhauses aus dem 16. Jh., das als Privathaus sonderbarerweise Ecktürme und Schießscharten aufwies.

Übernachten

Rokokonächte – **Pousada Palácio de Estói**: Palácio de Estói, Rua de São José, Estói, Tel. 210 40 76 20, www.pousadas.pt, DZ ab 122 €, verschiedene Angebote. Ein interessantes architektonisches Projekt: Dem Palast aus dem 18. Jh. wurde ein nüchterner moderner Flügel angefügt, in dem sich die Zimmer befinden. Von den Balkonen blickt man in die umliegenden Obstplantagen. Ländliche Ruhe ist garantiert.

Sympathisch, ländlich – **Quinta dos Poetas:** Sítio da Arretorta, Tel. 289 99 09 90, www.quintadospoetas.com, DZ 60–132 €. Südöstlich von Estói kommt man über eine feldwegartige Straße zu diesem netten kleinen, inmitten der Landschaft gelegenen Hotel. Die Lounge ist im Landhausstil gehalten, die Zimmer sind einfach und angenehm. Der relativ große Pool eignet sich nicht nur zum Abkühlen, sondern in Maßen auch für Bahnenschwimmer.

Turismo de Habitação – **Casa de Estói:** Rua de Faro 80, Tel. 289 99 40 59, DZ 60–90 €. In dem schönen alten Haus mitten in Estói neben der Kirche werden behagliche Zimmer vermietet. Ein kleiner Pool und eine wohnliche, freundliche Atmosphäre erwarten die Gäste. Möglichst ein Zimmer zum Patio nehmen, da es zur Straße etwas laut ist.

Essen & Trinken

Junge interessante Küche – **Galeria dos Sentidos:** Rua do Pé da Cruz 39, Estói, Tel. 911 01 31 01, nur abends geöffnet, ab 7,50 €. Kleine Karte, auf der auch vegetarische Gerichte stehen. Der Besitzer ist Dozent an der Tourismusschule in Faro und einige seiner Schüler arbeiten in dem Restaurant.

Santa Bárbara de Nexe ▶ H 5

Das hübsche Dorf wenige Kilometer westlich von Estói ist von einer blühenden Gartenlandschaft umgeben. Am Westrand des lang gezogenen Dorfes steht etwas erhöht die Dorfkirche, deren seitlicher Eingang tagsüber meist geöffnet ist. Im Innenraum herrscht eine etwas schummrige Atmosphäre. Am Altarbogen und an der Decke des Altarraums erkennt man manuelinische Dekorationen: gedrehte Steintaue, Korallen und Netzwerk. Vom Kirchenvorplatz ist in Richtung Norden schon die erste Bergkette mit zwei Mühlenruinen auf dem Kamm zu sehen.

Loulé ▶ H 5

Loulé ist ein ausgesprochen angenehmes Städtchen im Landesinnern mit einem regen Alltag, den man am besten in der Woche und vormittags erlebt – in den Mittagsstunden kann man einen völlig anderen Eindruck von dem Ort bekommen: Dann wirkt er äußerst verschlafen. Bekannt ist die schöne neomaurische Markthalle (s. Lieblingsort S. 200) und ebenso der große Landmarkt, der jeden Sonnabend stattfindet und die Leute aus der gesamten weiteren Umgebung anzieht. Auch dann lohnt ein Besuch.

Jahrhundertelang war Loulé ein Handwerkerzentrum, heute ist davon nicht mehr allzu viel zu merken. Lediglich ein paar Keramiker kann man noch finden. Etwa 10 000 Einwohner leben in der Stadt, an deren Rändern sich auch ein paar größere Wohnblocks ausbreiten. Loulé liegt noch vor den eigentlichen Bergen, der Serra do Caldeirão, in hügeliger Umgebung, die von kleinteiliger Landwirtschaft geprägt ist. Wirtschaftlich bedeutend ist für die Region vor allem die Produktion von Dörrobst und Mandeln.

Besonders einsam ist es in der Umgebung von Loulé nicht, denn durch die vielen kleinen, auch neu entstandenen Häuschen ist der Landstrich zersiedelt, allerdings ist er nicht unansehnlich. Es gibt viele Obstgärten, Feigen-, Zitronen-, Orangen- und Mandelbäume sowie Mohnwiesen.

Lieblingsort

Markthalle von Loulé
Die Vormittagssonne scheint, an der Markthalle herrscht reges Treiben. Ein emsiges Hinein und Hinaus durch die vier Portale, nur am Hauptportal an der Praça da República ein Grüppchen älterer Männer. Wie jeden Morgen stehen sie hier, erzählen sich dies und das und beobachten, was auf der Straße vor sich geht – völlig unbeeindruckt von allem Gerenne um sie herum. Drinnen ist es bunt und laut: Fische werden angepriesen, daneben Früchte, Blumen, Textilien aller Art, Mandeln, Oliven und anderes aus der Umgebung (Mo–Sa 8–13 Uhr).

Faro und Umgebung

Von einem römischen Lorbeerbaum *(laurus)*, der in der Burg stand, soll sich der Ortsname ableiten – so behaupten jedenfalls die Legende und das Stadtwappen. Einer anderen These zufolge hat er sich aus dem arabischen *al-ulyá* (die Höhere) entwickelt. Römer und Mauren haben die Lage also schon zu ihrer Zeit zu schätzen gewusst und das Städtchen bevölkert.

Altstadt

Burgmauern und Museu de Arqueologia
Rua Dom Paio Peres Correia 17,
Mo–Fr 10–18, Sa 10–16.30 Uhr
Eine Besichtigung von Loulés hübschem Altstadtkern beginnt man am besten am Kastell. Die Burg geht wahrscheinlich auf eine maurische Befestigung zurück, heute sind nur noch wenige restaurierte Mauern und Türme erhalten. In den Burgmauern ist das kleine, anschaulich aufbereitete archäologische Museum eingerichtet, das Fundstücke aus Silves und Umgebung, u. a. auch aus dem Bergdorf Salir, zeigt.

Eine Treppe führt neben den Museumsräumen auf die Burgmauer hinauf – von oben hat man einen schönen Blick auf den Westen der Stadt bis hin zu der auf einer Anhöhe gelegenen Wallfahrtskirche. Neben dem Treppenaufgang befindet sich ein weiterer Museumsraum, in dem eine alte algarvische Küche *(cozinha traditional algarvia)* mit diversen Utensilien eingerichtet ist.

Capela Nossa Senhora da Conceição
Rua Dom Paio Peres Correia, Di–Fr 10–18, Sa 9.30–16 Uhr
Schräg gegenüber steht die kleine Kapelle, in die man unbedingt einen Blick werfen sollte. Der Raum ist eindrucksvoll mit Fliesen aus dem 18. Jh. ausgekleidet, der Altar ist mir schöner *talha dourada* gestaltet. Im Boden ist unter Glas das Fundament eines Stadttors aus arabischer Zeit zu sehen.

Galeria de Arte
Rua Vice Almirante Cândido dos Reis,
Mo–Fr 9–18, Sa 9–16 Uhr
Im ehemaligen Convento Espírito Santo ist die Galeria de Arte eingezogen, in der sehenswerte Ausstellungen mit Werken internationaler zeitgenössischer Künstler gezeigt werden.

Igreja de São Clemente
Largo Batalhão Sapadores
Caminhos de Ferro
Im südlichen Altstadtteil kommt man zur Pfarrkirche São Clemente, die normalerweise geschlossen ist. Sie geht auf ein erstes Kirchlein im 13. Jh. zurück. Aus der Zeit vor dem Erdbeben sind noch zwei gotische Portale erhalten sowie im Innern die Kapitele und manuelinische Dekorationen in zwei Seitenkapellen. Angeblich stammt der Glockenturm zum Teil noch von dem Minarett einer Moschee an dieser Stelle. Pflanzenliebhabern sei der **Jardim dos Amuados**, ein hübscher kleiner Park gegenüber der Kirche, empfohlen, der auch zum Ausspannen geeignet ist.

Außerhalb der Altstadt

Durch das Stadttor verlässt man das historische Zentrum und biegt links in die Rua Engenheiro Duarte Pacheco und wieder links in die Avenida Marçal Pacheco ein. Die Fassade der **Misericórdia-Kirche** (16. Jh.) ist in die Häuserzeile dieser Straße integriert. Auffällig sind das Granitkreuz am

Loulé

Lebhaftes Treiben vor der Markthalle von Loulé

Treppenaufgang und das manuelinische Portal. Östlich hinter der Avenida Marçal Pacheco heben sich am Largo Tenente Cabeçadas die Reste des **Convento da Graça** (Largo Tenente Cabeçadas) heraus, ein massiver gotischer Bogen, der bei dem Erdbeben stehen geblieben ist.

Ein kleines Stück westlich der historischen Altstadt wird in einer **Abteilung des städtischen Museums** (Rua Gil Vicente 14, Mo–Fr 9–12.30, 14–17.30, Sa 10–14 Uhr) eine kleine Ausstellung über Trockenfrüchte und ihre Verarbeitung gezeigt, also über einen traditionellen Wirtschaftszweig der Region.

Nossa Senhora da Piedade

Etwa 2 km westlich der Stadt steht an der N 270 auf einem Hügel mitten in der Landschaft die **Wallfahrtskapelle**. Ein Prozessionsweg führt hinauf zu dem kleinen Renaissancebau, neben dem der Neubau einer weißen Kuppelkirche prunkt. In der alten Kapelle wird das Standbild der Senhora da Piedade verwahrt, das jedes Frühjahr in einem Prozessionszug hierher getragen wird.

Übernachten

Sympathisches Stadthotel – **Loulé Jardim Hotel:** Praça Manuel D'Arriaga, Tel. 289 41 30 95, www.loulejardimhotel.com, DZ ab 40 €. Das zentral gelegene und recht geschmackvoll eingerichtete Hotel ist die beste und dabei bezahlbare Adresse in der Stadt. Die Zimmer im obersten Stock haben eine große Terrasse.

Faro und Umgebung

Freundliche Privatzimmer – **Casa Beny:** Rua São Domingos 13, Tel. 289 41 77 02, DZ ca. 45 €. Wer gerne in Privatunterkünften wohnt, fühlt sich hier wohl: saubere, nette Zimmer mit Bad, TV und Klimaanlage. Die Casa Beny liegt an einem lebhaften Innenstadtplatz, man ist also mittendrin. Zum Haus gehört eine Dachterrasse.

Günstig und nüchtern – **Hospedaria D. Fernando:** Travessa do Mercado, Tel. 289 41 55 53, DZ ca. 30 €. Einfache Pension, in zwei Stadthäusern direkt neben der Markthalle untergebracht.

Essen & Trinken

Schönes Ambiente – **Restaurante Museu do Lagar:** Largo Igreja Matriz 7, ab 10 €. Schönes Restaurant mitten im historischen Zentrum neben der Pfarrkirche; angenehme, behagliche Atmosphäre und freundlicher Service. Es gibt Hühnchen, *cataplanas*, gute Fischzubereitungen und mozambiquanische Gerichte.

Nicht nur für Fußballfans – **Flôr da Praça:** Rua José Fernandes Guerreiro 44, Gerichte ab 8 €. Typisch portugiesisches Restaurant mit guter einheimischer Küche. Der Schwerpunkt liegt auf Fleischgerichten. Zur guten Atmosphäre trägt die reichhaltige Sammlung an Fußballtrophäen bei.

Pátio-Idylle – **A Muralha:** Rua Martim Moniz 37–41, 6,50–13 €. Nettes Lokal etwas abseits in einer ruhigen Straße gelegen, bei schönem Wetter kann man im Gartenhof sitzen. Die Speisekarte bietet mehrere *cataplanas* und Fisch- und Fleischgerichte.

Frisch und nett – **O Avenida:** Av. José C. Mealha 13, ab 6,50 €. Gute Tapas und *petiscos* sowie verschiedene Tagesgerichte.

Stilvoll – **Café Calzinha:** Praça da República 67. Ein altes portugiesisches Kaffeehaus mit Stil. Man kann draußen an der verkehrsreichen Straße sitzen, besser ist es drinnen, der alten Einrichtung wegen.

Einkaufen

Loulé ist ein nettes Einkaufsparadies – weniger Mode als vielmehr die Dinge des Alltags bekommt man hier, und das in 1000 kleinen Läden, viele findet man in der Fußgängerstraße **Rua 5 de Outubro**. In dieser Straße gibt es auch mehrere Souvenirläden.

Spitzen und Bordüren – Ein typischer Laden dieser Art ist z. B. die **Casa das Lãs**, Rua 5 de Outubro, in der alles rund ums Nähen und Handarbeiten zu finden ist: Stoffe, Garne, Knöpfe, Bordüren, Spitzen – alles, was man braucht, oder auch nicht braucht.

Gute Mitbringsel – **Souvenirs Loulé:** Praça da República 21. Hier gibt es geschmackvolle Azulejos, außerdem eine kleine, feine Auswahl an Büchern und CDs.

Schuhe – **Zapataria Zorro:** Rua 5 de Outubro 83 und 96. Auswahl an handgefertigten Schuhen ab 25 €; im Laden gibt es außerdem eine museumsreife Sammlung von altem Handwerkszeug.

Cataplana – **Louças e Vidros:** Rua Vice-Almirante Cândido dos Reis 41. Mitten in den Altstadtgassen können sich Hobbyköche eindecken mit *cataplana*-Gefäßen und anderen Utensilien für portugiesische Gerichte.

Infos & Termine

Touristeninformation
Posto de Turismo: Av. 25 de Abril 9, Loulé, Tel. 289 46 39 00.

Verkehr
Bus: Busbahnhof an der Rua Nossa Senhora de Fátima. Gute Busverbindungen mit allen Algarve-Städten und mit Lissabon.

Almancil

Feste

Karneval: Febr./März. Weithin bekannt ist der Karneval von Loulé mit dem größten Umzug an der Algarve.

Mandelblütenfest: Febr./März. Die Wagen bei dem Umzug, der anlässlich des Festes stattfindet, sind mit Mandelblüten aus Papier geschmückt.

Mãe Soberana: Ostersonntag und zweiter Sonntag nach Ostern. Eines der wichtigen Heiligenfeste *(romaria)* der Algarve mit Prozession. Meist gibt es eine *festa pequena* und eine *festa grande,* beim großen Fest sollte man unbedingt dabei sein!

Almancil ▸ H 5

Almancil 5 km südlich von Loulé ist ein zersiedeltes Gebilde, das sich aus mehreren Ortsteilen zusammensetzt, die ineinander übergehen – von einem eigentlichen Ort ist nicht mehr sonderlich viel zu merken. Der einstige Ort war wahrscheinlich eine Gründung der Mauren, denn Almancil leitet sich vom arabischen *al-manzil* (Wohnhaus, Residenz) ab.

Igreja São Lourenço dos Matos

Rua da Igreja, Mo 15–18, Di–Sa 10–13, 15–18 Uhr, Öffnungszeiten wechseln öfter, Info unter Tel. 289 39 54 51

Absolut sehenswert ist die Kirche Sankt Lorenz von den Büschen, die man sich auch anschauen sollte, wenn man ansonsten um Kirchen einen größeren Bogen macht. An der Stelle dieser Igreja stand bis ins frühe 18. Jh. hinein eine kleine Kapelle aus dem Mittelalter.

Der Bau der Kirche ist angeblich 1722 in einem extrem trockenen Sommer initiiert worden, als man den São Lourenço um Wasser bat ▷ S. 209

Bei Quinta do Lago führt eine Holzbrücke über das Lagunenwasser zum Strand

Auf Entdeckungstour: Was Kirchenwände erzählen – Igreja São Lourenço in Almancil

In der Kirche nimmt man die Biografie eines Märtyrers, die Geschichte des hl. Laurentius, in Augenschein – festgehalten auf fantastischen blau-weißen Fliesengemälden.

Reisekarte: ▶ H 5
Ort: Almancil, Igreja São Lourenço im gleichnamigen Ortsteil, Rua da Igreja, etwas oberhalb der N 125
Öffnungszeiten: Mo 15–18, Di–Sa 10–13, 15–18 Uhr; Öffnungszeiten wechseln öfter, Info unter Tel. 289 39 54 51
Anfahrt: von der N 125 Ausfahrt Almancil abfahren, dann 1. Straße rechts (Ausschilderung Igreja de São Lourenço), unter Autostraßenbrücke durch und zurück parallel zur N 125, am Stopschild links rauf.

Ein Traum in Blau und Weiß an den Wänden, an der Gewölbedecke und bis hinauf in die Kuppel, ergänzt um den warmen Farbton der mit Blattgold belegten Holzschnitzereien – der Innenraum von **São Lourenço dos Matos** sucht seinesgleichen. Diese Gestaltung ist für Portugal eher untypisch, denn eine komplette Fliesenverkleidung von Innenräumen gibt es sonst nur selten – die Bauteile sind normalerweise frei von Azulejos, die eher als groß angelegte Bilder einen Kontrapunkt zur Architektur bilden.

Grausames Martyrium

Am ganz und gar mit *talha dourada* (s. S. 88) gestalteten Hochaltar ist die Figur des Namenspatrons, des hl. Lorenz oder Laurentius, mit seinem Attribut, dem Rost, zu sehen. Wendet man sich den Seitenwänden zu, erfährt man auf sechs groß angelegten Azulejo-Gemälden Szenen aus dem Leben des Heiligen.

Die Legende war zu der Zeit, als die Werke entstanden, der Bevölkerung gut bekannt: Demnach war der in Spanien geborene Laurentius von Papst Sixtus II. nach Rom geholt und zu einem seiner sieben Diakone, die für Arme und Kranke sorgen sollten, geweiht worden. Als Papst Sixtus II. im Jahr 258 unter Kaiser Valerian wegen seines christlichen Glaubens verfolgt und schließlich gefangen genommen wurde und hingerichtet werden sollte, betraute er Laurentius mit den Finanzen der Kirche. Laurentius selbst war geradezu verzweifelt darüber, dass nicht auch er den Märtyrertod sterben durfte.

Als der Kaiser davon hörte, dass Laurentius die Finanzverwaltung oblag, vermutete er ein riesiges Vermögen bei dem Diakon. Er ließ Laurentius ebenfalls festnehmen und forderte von ihm die Schätze der Kirche. Laurentius erbat eine Frist von drei Tagen und verteilte binnen 72 Stunden alles Vermögen an Kranke, Arme und Bedürftige. Dann zog er mit den Beschenkten zum Kaiser und ließ ihm sagen, er habe den ›wahren Schatz‹ der christlichen Kirche mitgebracht. Valerian war aufs Höchste erzürnt, ließ Laurentius mit Geißeln und Bleiklötzen schlagen und verlangte von ihm, er solle dem Gott der Christen abschwören und die Götter des Römischen Reiches anerkennen. Als Laurentius sich selbst unter Folter weigerte, ließ er ihn schließlich auf einen glühenden Rost legen und zu Tode martern. Noch im Tod soll Laurentius stolzen Humor gezeigt und gesagt haben, er müsse noch einmal gewendet werden, der ›Braten‹ sei erst auf einer Seite gar. Auf Abbildungen sieht man den hl. Laurentius – wie auch hier in São Lourenço dos Matos – häufig mit einem Rost in der Hand.

Bildhaft erzählt

Die Bildergeschichte wird in folgender Reihenfolge erzählt: Den Altar im Rücken und mit Blickrichtung zum Hauptportal sieht man das erste Gemälde auf der linken, der Südseite (mit der Inschrift: »*Non ego te desero filipost triduum me sequeris*«). Auf diesem Azulejo-Gemälde ist eine Szene dargestellt, in der Laurentius mit Papst Sixtus zu sehen ist. Dies ist der Augenblick, in dem Laurentius lamentiert, dass er nicht – wie der Papst – auserwählt sei, als Märtyrer zu sterben. Der Papst teilt ihm mit, dass er genau damit in unmittelbarer Zukunft rechnen könne.

Das zweite Gemälde mit der Inschrift »*Circundederunt me undique, et non erat qui adjuverat*« zeigt dann auch schon die Gefangennahme von Laurentius, nachdem er die Gelder an

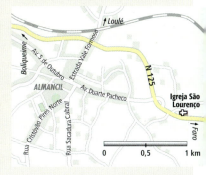

Einmalig: ein Meer von Blau-Weiß im Innern der Igreja São Lourenço

die Armen verteilt hat. Auf der dritten Azulejo-Tafel auf dieser Seite präsentiert Laurentius dem Kaiser den wahren Schatz der Kirche – die Armen, Kranken und Notleidenden, die er zuvor beschenkt hat.

Die Darstellung genau gegenüber an der anderen Seitenwand mit der Inschrift »Deum meum colo, illi soli servio et ideo non timeo tormenta tua« zeigt die unschönen Szenen, in denen Laurentius gezwungen werden soll, seinem Glauben abzuschwören. Auf dem Nachbargemälde wird es noch brutaler: Laurentius wird auf dem glühenden Rost zu Tode gemartert. Im Hintergrund ist zu sehen, wie Holz von den Bäumen abgeschlagen und zum Verfeuern emsig herangeschleppt wird. Das Azulejo-Gemälde mit der Inschrift »Misit dominus angelum suum ... « zeigt schließlich den Engel, der Laurentius erscheint, um seine Pein zu lindern und seine Seele in den Himmel zu bringen – immer noch wird das Feuer in Gang gehalten und Acht gegeben, dass es nicht ausgeht. Die Landschaften, in die die Geschichte eingebettet ist, und die vielen Details auf den Gemälden lohnen unbedingt einen genaueren Blick!

Rätselhafte Herkunft der Fliesen
Oberhalb des Fensters, das sich über dem Eingangsportal befindet, ist eine Fliese mit der Aufschrift »Policarpo de Oliveira Ber pintou esta obra de azulejo« zu sehen, sie nennt den Gestalter des berühmten Kirchenraums: Policarpo de Oliveira Bernardes. An der Gewölbedecke ist die Jahreszahl 1730 zu lesen, das Baujahr – die Kirche ist also 25 Jahre vor der Erdbebenkatastrophe errichtet worden.

Viel wurde gerätselt über die Manufaktur, aus der die Fliesen von São Lourenço dos Matos stammen. Wahrscheinlich ist, dass sie in Lissabon hergestellt wurden. Möglicherweise wurden sie aber auch aus Holland oder aus Italien importiert, denn es ist bekannt, dass Portugal selbst die große Nachfrage an Fliesen im 18. Jh. nicht allein bewältigen konnte und man auch anderswo in Europa produzieren ließ.

Vale do Lobo und Quinta do Lago

und versprach, ihm eine neue Gebetsstätte zu widmen. Die Bitte war von Erfolg gekrönt, und man begann zu bauen. Die Kirche ist durch das Erdbeben von 1755 fast nicht beschädigt worden, was an der Algarve eine zusätzliche Besonderheit darstellt. Schon von außen ist der strahlend weiße, auf einem Hügel gelegene Bau eine sehr schöne Erscheinung. Die eigentliche Attraktion ist aber der einschiffige Innenraum, der vollständig mit Azulejos ausgekleidet ist (s. Entdeckungstour S. 206).

Essen & Trinken

Kleine Pause – **Pastelaria São Lourenço**: Rua da Igreja, unterhalb der Kirche. Hier ist gut ausspannen bei Sandwiches, kleinen Törtchen und kalten und warmen Getränken.

Vale do Lobo und Quinta do Lago

▶ G/H 6

Die beiden exklusiven und großzügigen Ferienanlagen Vale do Lobo (Tal des Wolfs) und Quinta do Lago (Landgut am See) liegen südlich von Almancil an der Küste. Villenähnliche Ferienhäuser mit Gärten, Tennisplätzen und Swimmingpool unter großen Schirmpinien sowie gepflegte Einkaufszentren, alles eingebettet in eine weite Kunstlandschaft mit Rasenflächen, Wasserläufen und Golfanlagen prägen das Bild.

Lagunenspaziergang bei Quinta do Lago
Leichte Wanderung, Länge ca. 3 km, Dauer 1 Std., Start am Parkplatz der Praia do Ançao/Restaurant Gigi

Lagunenspaziergang

Bei Quinta do Lago beginnt bereits das Lagunengebiet der **Ria Formosa**, das sich von Faro nach Osten zieht. Ein kurzer Morgenspaziergang im Sommer, ein Nachmittagsspaziergang im Winter – der Weg an der Lagune bei Quinta do Lago ist zu jeder Tages- und Jahreszeit erholsam und schön. Man läuft immer an dem ruhig plätschernden Wasser entlang, die Vogelstimmen der Ria Formosa im Ohr und den Geruch der Lagune in der Nase.

Zum Ausgangspunkt der Wanderung am südlichen Ende von Quinta do Lago führen die Schilder ›Praia‹ und teils auch ›Gigi‹. Vom Parkplatz aus hält man sich rechts und umrundet einen kleinen See. Dabei kann man ab und zu auch einen Blick auf die Parklandschaft von Quinta do Lago werfen. Alternativ spaziert man vom Parkplatz aus nach links in die Lagune. Nach dem Rundgang lockt am Strand das Prominentenlokal Gigi. Der Zugang erfolgt über die lange Holzbrücke.

Das Beste auf einen Blick

Im Barrocal

Highlight!

Silves: In der einstigen Hauptstadt der Mauren spürt man heute nur noch wenig von ihrer einstigen Bedeutung. Dennoch: Dieses Städtchen, über dem die alte Maurenburg thront, sollte man unbedingt besuchen. Es warten ein paar Zeugnisse der Araber, ein sehenswertes Museum und die vielleicht interessanteste Kathedrale der Algarve. S. 213

Auf Entdeckungstour

Weine der Algarve – ein Besuch auf Weingütern bei Silves: Auch in Portugal selbst hat sich noch nicht herumgesprochen, dass die Algarve-Weine einen Qualitätssprung nach vorne gemacht haben. Ein Besuch bei kleinen Weinbauern zeigt, dass es hier in den letzten Jahren eine interessante Entwicklung gegeben hat. S. 216

Algarve früher und heute – Museum in São Brás de Alportel: Im Trachtenmuseum wird vergangener Alltag im Algarve-Hinterland wieder lebendig, und ein reges Kulturleben zeugt von heutigem internationalem Miteinander und Austausch. S. 230

Kultur & Sehenswertes

Kastell von Silves: Die alte Festung, die man auf dicken Burgmauern umwandern kann, ist eine der Hauptattraktionen der Stadt. s. S. 214

Alte: Das Vorzeigedorf im Hinterland der Algarve ist ein wirklich hübsches Kleinod – allerdings wegen seines guten Rufs mittlerweile auch von Tagestouristen sehr besucht. S. 222

Zu Fuß unterwegs

Rocha da Pena: Auf der Wanderung bei Alte genießt man schöne Blicke in die Bergwelt und entdeckt Zeugnisse aus der Jungsteinzeit. S. 224

Fonte Benémola: Lohnend ist der Fußweg am Fluss zu einem Picknickplatz an der Benémola-Quelle nördlich von Querença. S. 227

Genießen & Atmosphäre

Café Ingles: Wer in Silves eine Besichtigungspause einlegen und dabei besonders schön sitzen möchte, lässt sich am besten hier ganz in der Nähe des Kastelleingangs nieder. Abends gibt es Kulturveranstaltungen. S. 220

Hausgemacht: An den Straßen und an kleinen Wegen in den Bergen stehen immer wieder Schilder, die auf den Verkauf von *medronho*-Schnaps, Honig, Trockenfrüchten oder Käse aus Eigenproduktion hinweisen. Unbedingt anhalten! S. 225

Abends & Nachts

Im Hinterland: In den Sommermonaten gibt es in Silves zwei- oder dreimal in der Woche abends Fado und Livemusik. Ein gutes Kulturangebot, das von klassischen Konzerten bis zum Film reicht, findet man in den Räumen des Museums in São Brás de Alportel. S. 221, 231

Kultur und Natur im Barrocal

Eine sanft hügelige Landschaft – der Barrocal zwischen der Küste und den Bergen –, in der Zitronen und Orangen, Feigen und Mandeln an den Bäumen hängen: Das paradiesische Hinterland bildet einen ruhigen Gegensatz zur zersiedelten und lebhaften Küste. Obstplantagen und Bauerngärten prägen im Barrocal das Bild. Ruhesuchende werden sich hier wohlfühlen. Man lernt eine beschauliche und ländliche Seite der Ferienregion kennen, die man mit der Algarve zunächst einmal nicht assoziieren würde. Es gibt nicht besonders viele Unterkunftsmöglichkeiten, und nach wie vor mietet sich hier kaum jemand für einen kompletten Urlaub ein.

Aber warum eigentlich nicht? Wer ausspannen möchte, nicht unbedingt auf Strandurlaub aus ist, das Meer aber in erreichbarer Nähe haben möchte, kann sich durchaus überlegen, seine Ferien hier zu verbringen – Erholung garantiert!

Mitten in dieser Ruhe ausstrahlenden Landschaft liegt Silves, die einstige Hauptstadt der Mauren. Das Städtchen ist heute vergleichsweise provinziell und lässt nur noch wenig von dem Wohlstand, dem kulturellen Reichtum und der Lebendigkeit erahnen, die es zu Zeiten maurischer Herrschaft zwischen dem 8. und dem 13. Jh. geprägt haben. Aber auf einige Spuren der damaligen Zeit trifft man noch, und auch ein paar interessante kulturelle Zeugnisse der nachfolgenden Jahrhunderte haben sich erhalten.

Östlich von Silves kommt man in malerische kleine Dörfer wie Alte und Salir. Alte ist mittlerweile ein Algarve-Vorzeigedorf, das von Tagesausflüglern gern angesteuert wird und auch manche Busladung von Strandurlaubern verkraften muss. Ab dem späten Nachmittag verfällt es aber wieder in einen schönen Dornröschenschlaf, den das benachbarte Salir noch recht dauerhaft schläft – ebenso wie die winzigen Dörfer, die weiter nördlich in der Einsamkeit der abgeschiedenen Bergwelt liegen: Querença oder Barranco do Velho. São Brás de Alportel ist etwas größer; das Städtchen wird von Touristen eigentlich kaum beachtet, dabei hat es ein wunderbares Museum – und allein das

Infobox

Reisekarte: ▶ E 4 – J 5

Touristeninformation
Postos de Turismo gibt es in Silves und São Brás de Alportel, sowie in den kleinen Dörfern Alte, Salir und Querença.

Internet
www.amigos-museu-sbras.pt offenbart das überraschend vielseitige Kulturprogramm des Barrocal.

Anreise und Weiterkommen
Am einfachsten ist es, das Hinterland mit dem **Auto** zu erkunden. Die N 124 führt von Silves Richtung Osten. Sie ist während der Woche tagsüber relativ leer, sodass entspanntes Fahren möglich ist. Auch die größere N 2, auf der man nach São Brás de Alportel gelangt, ist niemals überfüllt.
Einigermaßen gute **Busverbindungen** gibt es nur nach Silves (ab Albufeira) und São Brás de Alportel (ab Faro).
Für Zugreisende: Der Bahnhof von Silves liegt gut 2 km außerhalb.

Durch die einstige Hauptstadt der Mauren kann man entspannt bummeln

lohnt den Besuch hier im Hinterland. Die Luft im Barrocal ist einmalig gut und einfaches Landleben bekommt man hier allemal mit.

Silves! ▶ E 4

Silves war unter den Mauren über Jahrhunderte die wichtigste Stadt der Algarve. Gemütlich zieht sich das Provinzstädtchen heute mit 12 000 Einwohnern im Hinterland von Portimão über einen Hügel in den Ausläufern der Serra de Monchique. Der Rio Arade, der bei Portimão als breiter Strom in den Atlantik mündet, ist hier ein schmales Flüsschen, an dessen nordwestlichem Ufer die Stadt sanft ansteigt. Der Arade – neben dem Grenzfluss Guadiana der größte Fluss der Algarve – hat wesentlich über den Werdegang von Silves bestimmt. Er hat schon bei der Entstehung der Stadt eine wichtige Rolle gespielt.

Stadtgeschichte

Vermutlich war die Region schon im 2. Jt. v. Chr. besiedelt, mit Sicherheit haben aber die Phönizier hier am Flussufer eine Niederlassung eingerichtet. Der Arade ist im Lauf der Jahrhunderte stark verschlickt, sodass heute kaum noch vorstellbar ist, dass über den Fluss ein lebhafter Handelsverkehr ablief und sich später auf dem Wasser schwere Kämpfe um die wichtige Stadt abspielten.

Im 8. Jh. eroberten Mauren die Stadt, der sie den Namen Xelb oder Shilb gaben. Bis Mitte des 13. Jh. war Silves Hauptstadt der maurischen Pro-

Im Barrocal

vinz Al-Gharb. 922 versuchten die Normannen, die wohlhabende Stadt zu überfallen und Schätze zu erbeuten. Sie kamen über den Arade herauf, konnten aber rechtzeitig gestoppt werden. Mit der Eroberung der Stadt durch die christlichen Portugiesen wurde ein Bischofssitz eingerichtet, und Silves blieb zunächst Hauptstadt der Provinz Algarve. Bald wurde die Stadt aber unbedeutend. Reichtümer kamen nochmals zur Zeit der portugiesischen Überseereisen in den Ort (Beginn des 16. Jh.), aber dann wurde Lagos im 16. Jh. zur Hauptstadt der Algarve und Faro neuer Bischofssitz.

Gründe für den einsetzenden Niedergang waren die zunehmende Versandung des Rio Arade und die Tatsache, dass zur Zeit der Entdeckungen die Hafenstädte von größerer Bedeutung waren. Im 19./20 Jh. war die Fábrica do Ingles ein wichtiger Arbeitgeber in der Stadt. Die englische Korkfabrik war 1894 bis 1995 einer der größten Korkenhersteller im Süden Portugals. Die Fabrik war zunächst im Besitz der Gesellschaft Avern, Sons & Barris, später übernahmen Bucknall & Sons, und in den 1960er-Jahren war die Leitung in den Händen von José Alexandre und Ana Cristina Estrêlo. Im Jahr 1997 funktionierte die Gesellschaft Fábrica do Ingles das Gelände und die Gebäude zu einem Restaurant- und Kneipenkomplex um. 2010 wurde das Areal aus Kostengründen geschlossen.

Sehenswert

Silves hat einiges zu bieten, und so rollen denn auch schon morgens die Reisebusse mit Ausflüglern von der Küste heran. Ein interessantes kleines Kulturprogramm kann man hier ohne große Anstrengung absolvieren. Die beiden wichtigsten Sehenswürdigkeiten liegen oben auf dem Hügel: das Kastell und die Kathedrale.

Castelo
Rua do Castelo, tgl. 9–19, Okt.–Mai bis 17.30 Uhr

Das Kastell von Silves geht auf eine maurische Gründung zurück. Das heutige Erscheinungsbild in dunkelrotem Sandstein aus der Serra de Monchique ist Resultat umfangreicher Sanierungsarbeiten zur Zeit der Salazar-Regierung im Jahr 1940. Fundamente, die noch von der maurischen Festung stammen, wurden bei Ausgrabungsarbeiten im Innenhof freigelegt. Aus maurischer Zeit stammen außerdem ein unterirdischer Getreidespeicher, ein Brunnen und eine Zisterne. Ein über 40 m tiefer Schacht diente vermutlich als Brunnen. Die **Cisterna Grande** (Große Zisterne) aus dem 13. Jh. mit einer Fläche von 265 m² und einer Höhe von 10 m wurde jahrhundertelang als Wasserreservoir für die Stadt genutzt.

In der Nordwestecke der Burg findet man die **Porta da Traição**, das ›Tor des Verrats‹, durch das 1242 die Ritter des Santiago-Ordens eindringen konnten – womit die portugiesische Herrschaft endgültig besiegelt wurde. Der Name des Tors beruht möglicherweise auf einer Legende, derzufolge eine Maurin Christen durch das Tor lotste. Sancho I., der 1189 mit einem ersten Angriff auf Xelb die Rückeroberung von den Mauren einleitete, wird mit einem Standbild geehrt. Auf den Mauern kann man um die Festung spazieren.

Sé
Rua da Sé, Di–Fr 9–13, 14–18, Sa 9–13 Uhr

Nachdem die Christen die Macht in der Stadt übernommen hatten, bauten sie

Silves

Gleich neben der Kathedrale von Silves wird die Wäsche zum Trocknen aufgehängt

anstelle der muslimischen Moschee in der zweiten Hälfte des 13. Jh. eine Kirche. Da sie Silves zum Bischofssitz ernannten, musste ein entsprechend imposanter Kirchenbau her, den man im gotischen Stil gestaltete. Von dieser gotischen Kathedrale, die durch das Erdbeben 1755 schwer beschädigt wurde, sind heute nur noch der Chor, die Vierung und das Sandsteinportal erhalten.

Besonderes Augenmerk sollte man bei der Besichtigung der Kathedrale auf den Chor mit dem Kreuzrippengewölbe und den hohen Fenstern legen, auf Letztere kann man schon einmal vorab von außen einen Blick werfen. Interessant sind Chor und Fenster vor allem deshalb, weil gotische Architektur an der Algarve wegen der Zerstörungen durch das Erdbeben kaum noch erhalten ist – zumal nicht in dieser Größenordnung. Ansonsten ist der Innenraum deutlich erkennbar jüngeren Datums und gekonnt mit den erhalten gebliebenen Überresten der Ursprungskirche zusammengefügt worden. Im Chor findet man eine in den Boden eingelassene Gedenktafel für König João II., der 1495 in der Nähe von Silves an der Küste in Alvor starb. Zunächst wurde er hier beigesetzt, seine sterblichen Überreste sind vier Jahre später aber nach Batalha in der Estremadura überführt worden. In einer Seitenkapelle links vom Hauptportal wird die Madonna von Fátima verehrt.

Gegenüber der Kathedrale steht die **Misericórdia-Kirche** ▷ S. 219

Auf Entdeckungstour: Weine der Algarve – ein Besuch auf Weingütern bei Silves

Der Ruf der Algarve-Weine ist nicht besonders gut. Noch ist nicht bekannt, dass sich in Sachen Wein in den letzten Jahren hier viel getan hat. Der berühmteste Winzer der Algarve ist sicher Cliff Richard, erfolgreich sind aber auch viele unbekannte Weinbauern.

Reisekarte: ▶ D/E 3/4
Dauer: je Weingut ca. 1 Std., auf Wunsch länger
Única – Adega Cooperativa do Algarve: N 125, Lagoa, Tel. 282 34 21 81, facebook.com/unicadegalgarve, Mo–Fr 10–13, 14–18 Uhr
Quinta João Clara: Vale de Lousas, Alcantarilha, an der N 125 nahe Aqualand, Tel. 967 01 24 44, www.joaoclara.com, Führung und Verkostung nach telefonischer Vereinbarung (Englisch)
Quinta da Vinha: Sítio da Vala, Silves, Tel. 917 23 60 30, Führung über Quinta João Clara
Quinta do Francês: am Rio Ardade, nördl. von Odelouca, Tel. 282 10 63 03, www.quintadofrances.com, Di–So 10–13, 14–17.30 Uhr, Mitte Nov. bis Mitte März nur Mo–Fr

Die Gegend südlich von Silves bis hinunter in die Region um Lagoa ist traditionell das größte Weinanbaugebiet der Algarve. Über Jahre und Jahrzehnte war die Qualität dieser Weine nicht gut, was den schlechten Ruf der Algarve-Weine begründete.

Genossenschaftsproduktion

Die meisten Weinbauern gaben ihre Trauben in der Adega Cooperativa do Algarve in Lagoa ab, kelterten ihren Wein also nicht selbst. Auf die Produktion in der Genossenschat hatten sie keinen Einfluss, und auch ihr Name als Winzer spielte in einer großen Gemeinschaftsproduktion keine Rolle.

Die **Adega Cooperativa do Algarve** produziert nach wie vor Weine, und zwar von durchaus ordentlicher Qualität. Wer eine ganz normale Weinverkostung und Führung machen möchte, hat dazu in dem auffälligen Gebäudekomplex in Lagoa direkt an der Ampelkreuzung der N 125 Gelegenheit.

Mehr Atmosphäre und mehr persönliche Geschichte verspricht allerdings der Besuch der kleinen Weingüter. Mehrere Weinbauern haben ihre Türen für Interessierte geöffnet. Einige bieten Weinverkostungen an, bei denen man oft auch eine Führung durch die Weinberge und durch die Weinkeller erhält.

Neues Selbstbewusstsein und Know-how

In den letzten Jahren haben einige Weinbauern erkannt, dass sie sehr wohl in der Lage sind, einen eigenen Wein unter einem eigenen Label zu kreieren, und das mit oft hervorragendem Geschmack und großem Erfolg. Zwei kleine Betriebe, die **Quinta João Clara** und die **Quinta da Vinha**, haben sich für die Produktion zusammengetan. Beide haben mit ihren Weinen bereits Medaillen gewonnen. Am besten probieren Sie selbst vor Ort!

Edite Alves, die Englisch und sogar ein wenig Deutsch spricht, bietet sehr engagierte Führungen über ihre **Quinta João Clara** bei Alcantarilha an. Dabei erfahren die Gäste auch etwas über den Feigen- und Mandelanbau. Als sie 2008 den Betrieb ihres plötzlich verstorbenen Mannes übernahm, hatte sie keinerlei Kenntnisse im Weinanbau. Ihr Mann hatte erst wenige Jahre zuvor angefangen, auf dem alteingesessenen Familienbetrieb ein eigenes Label, den João Clara – benannt nach seinem Vater und seinem Großvater – zu produzieren. Edite Alves beschloss, den von ihrem Mann begonnenen Weg weiterzuverfolgen. Sie holte sich fachliche Unterstützung und erarbeitete sich nach und nach das nötige Know-how. Und für die Zukunft der Quinta João Clara ist auch schon gesorgt: Eine ihrer beiden Töchter hat sich zur Önologin ausbilden lassen und ist in den Betrieb eingestiegen.

Auf der 30 ha großen Quinta wachsen Rebsorten wie Crato-Branco, Trincadeira, Manteúdo, Negra-Mole, Red Globe, Syrah, Aragonez und Alicante-Bouschet. Produziert werden ein weißer, ein rosé und ein roter João Clara, insgesamt etwa 20 000 Flaschen

pro Jahr. Der rote João Clara wurde mit zwei Medaillen ausgezeichnet.

Bei schlechtem Wetter werden die Weine in einem einfachen Raum für einen kleinen Betrag mit Tapas verkostet, bei schönem Wetter setzt sich Edite Alves gern mit ihren Besuchern vor dem Haus ins Grüne. Dort kommen so manches Mal die nettesten Gespräche zustande, strahlt sie.

auch Obst und Gemüse, das in Faro und Portimão auf dem Markt verkauft wird. Frühmorgens um 3 Uhr beginnt bei den Cabritas bereits der Arbeitstag.

Auf der 6,5 ha großen Quinta wird seit 1977 Wein angebaut, seit 2001 wachsen hier die Rebsorten Touriga-Nacional, Aragonez, Trincadeira und Arinto Verdelho. 2007 startete José Cabrita erstmals mit seinem Cabrita (rosé und rot), der 2008 und 2009 sogleich Medaillen einbrachte. Ungefähr 20000 Flaschen werden abgefüllt, seit 2009 auch ein Weißwein. In einem Raum können die Cabrita-Weine verkostet werden. Für etwa 5 € kann man drei Weine probieren, wer gerne Tapas dazu möchte, muss etwas mehr bezahlen.

Ein Franzose in der Algarve

Lohnend ist auch ein Besuch auf der **Quinta do Francês**: Patrick Agostini produziert hier seit 2006 Wein. Damals hat der Arzt aus Frankreich die Quinta bei Odelouca zwischen Silves und Monchique erworben und mit dem Weinanbau begonnen. Die Idee fiel nicht vom Himmel: Agostini stammt aus einer italienischen Familie, die auf eine lange Tradition als Winzer zurückblickt.

Er baut auf seinem Weingut in der Algarve nun Trincadeira, Aragonez, Syrah und Cabernet-Sauvignon an und produziert den Encostas de Odelouca (rosé), den Odelouca (rot, rosé, weiß) sowie einen roten und einen weißen Quinta do Francês. Der rote Encostas de Odelouca von 2012 gewann in London die Silbermedaille. Die Quinta do Francês hat einen Verkostungsraum mit schönem Blick auf die Weinfelder und in die Umgebung. Auch auf der Quinta do Francês kann man sich durch die Produktionsräume führen lassen.

Ziegengeschmückt

Edite Alves fährt mit Weinliebhabern auf Wunsch auch zur **Quinta da Vinha** von José Manuel Cabrita, der nur wenig Englisch spricht. Von dort kommen die Cabrita-Weine mit der netten roten Ziege auf dem Etikett *(cabrita* = kleine Ziege), und dort wird auch der João Clara produziert. Anders als der Name der Quinta vermuten lässt *(vinha* = Weinberg), erzeugt das Familienunternehmen nicht nur Wein, sondern

Silves

(16. Jh.), an der ein ehemaliges Seitenportal mit manuelinischer Ornamentik auffällt. Im schlichten Innenraum nimmt der Hochaltar mit Malereien aus dem 17. und 18. Jh. die gesamte Chorfront ein.

Museu Municipal de Arqueologia
Rua das Portas de Loulé 14,
tgl. 10–18 Uhr
Einen Besuch lohnt das städtische Museum etwas unterhalb der Kathedrale. Das Haus, in dem das Museum eingerichtet wurde, ist über einer 18 m tiefen Zisterne aus maurischer Zeit erbaut worden, die in die Ausstellung integriert ist. Es werden bis zu 5000 Jahre alte archäologische Fundstücke aus der Region Silves, die aus der Stein-, Bronze- und Eisenzeit sowie aus der römischen und arabischen Epoche stammen, gezeigt.

Zu den Exponaten gehören sowohl kultische Objekte als auch interessante Gegenstände der Alltagskultur der jeweiligen Epoche wie Schmuckstücke oder Gefäße. Auch aus portugiesischer Zeit sind sehenswerte Stücke ausgestellt, namentlich eine Sammlung von gotischen Ornamentresten, die von Kapitellen aus Kirchen stammen, die während des Erdbebens zerstört wurden. Im oberen Stockwerk gibt es einen Zugang zu einem Turm der Stadtmauer.

Stadtzentrum
Durch einen früheren Festungsturm der **Stadtmauer** (Torreão da Porta da Cidade) kommt man zur **Praça do Município,** auf der noch ein für Portugal typischer sogenannter *pelourinho* steht, ein Schandpfahl aus dem 16. Jh. Das **Rathaus** von Silves ist ein recht eindrucksvolles zweistöckiges Gebäude.

Die Straßen, die sich von hier aus zum Fluss hinunterziehen, bilden das Zentrum von Silves mit einer kleinen Fußgängerzone und diversen Lädchen und Geschäften. In der **Markthalle** (Rua José Estevão) unten am Flussufer geht es vormittags sehr geschäftig zu.

Die **Brücke,** die hier über den Arade führt, war jahrhundertelang die einzige Verbindung zwischen Silves und der südlichen Küstenregion. Schon zu römischer Zeit gab es an dieser Stelle eine Flussüberquerung. Geht man hinüber auf das andere Ufer, dann bietet sich ein schöner Blick auf die Stadt. Wieder auf der Innenstadtseite, kommt man ein Stück flussaufwärts zur weiten Praça Al Mouhatamid.

Cruz de Portugal
Im Osten der Innenstadt steht an der Ausfallstraße Richtung São Bartolomeu de Messines das manuelinische ›Kreuz von Portugal‹ (15. oder 16. Jh.), das möglicherweise ein Symbol der Verbindung von Silves mit dem Königreich Portugal darstellte – die Straße führt in Richtung Norden und war der direkte Weg ins Königreich.

Casa da Cultura Islâmica e Mediterrânica
Largo da República, Mo–Fr 10–13,
14–18 Uhr
Sehr lohnend ist schließlich ein Besuch dieser neomaurischen Villa mit einem verwunschenen kleinen Garten am Largo da República, in der Wechselausstellungen gezeigt werden.

Übernachten

Schöne Adresse – **Tapada do Gramacho:** Karin & Imco ten Kate, Sítio Tapada do Gramacho, Mobiltel. 919 66 70 48, www.tapadadogramacho. com, 75–90 €. In diesem hübsch hergerichteten Haus mit Swimmingpool werden von Holländern Zimmer und auch Apartments vermietet. Die Tapa-

Im Barrocal

Pastelaria mit Flair
Unter den Arkaden des Rathauses an der Praça do Município findet man ein wundervolles altes Café, das schon Dona Rosa, die Großmutter der heutigen Eigentümerin, betrieben hat. An sie erinnert der Name der Pastelaria: **Da Rosa.** Es gibt leckere süße Küchlein, erfrischende Limonaden und Weine. Man sitzt auf dem schönen Platz am Springbrunnen oder drinnen zwischen Fliesenschmuck.

da do Gramacho liegt etwas abseits, südlich von Silves in der Nähe von Arrochela.
Mit Burgblick – **Hotel Colina dos Mouros:** Pocinho Santo, an der N 124-1, Tel. 282 34 04 73, www.colinahotels.com, DZ nach Saison 37–80 €. Einfach, aber geschmackvoll eingerichtetes Hotel ca. 500 m von der Innenstadt entfernt, Zimmer mit Klimaanlage, Satelliten-TV; Swimmingpool. Die Zimmer mit Blick auf Silves kosten etwas mehr, die 10–15 € sollte man aber ausgeben – des Blicks wegen, zudem sind sie ruhiger.
Am Stadtrand – **Vila Sodré:** Cruz de Portugal, Tel. 282 44 34 41, http://vilasodresilves.com.sapo.pt, DZ um 50 €. Nette Unterkunft in hübschem Algarve-Haus am Rand der Innenstadt an der Straße Richtung São Bartolomeu de Messines. Aus den Zimmern nach hinten hat man einen schönen Blick ins Flusstal und über die Orangenhaine. Es gibt einen Swimmingpool und einen eigenen Weinkeller.
Ländliche Ruhe – **Quinta da Figueirinha:** Figueirinha, Tel. 282 44 07 00, www.qdf.pt, Apartment für zwei Pers. 30–65 €. Die Quinta liegt mitten in der Landschaft, hier wird auf 36 ha Obst und Gemüse biologisch angebaut. Man kann man sich in einem der fünf Apartments auf dem Landgut einmieten – und hat die Möglichkeit, die Produkte vom Hof direkt zu genießen!
Modern auf dem Land – **Gato Preto de Silves:** EN 124, Tel. 962 77 46 71, www.silves-portugal.com, 90–140 €. Schönes und gepflegtes Haus 4 km östlich von Silves.

Essen & Trinken

Unten am Fluss, in der Nähe der Markthalle, gibt es diverse einfache Lokale.
Am Fluss – **O Cais:** Rua José Estévão 2, schräg gegenüber der alten Flussbrücke an der Uferstraße. Kleine nette Karte, angeboten werden Hühnchengerichte und Steak für 13–17 €. Man isst nicht schlecht, donnerstags gibt es Fado, ansonsten auch andere kleine Konzerte.
Geschmackvoll – **Café Ingles:** Rua do Castelo 11, 8–21 €. Ein kleines Restaurant und Café direkt unterhalb des Kastells – ein angenehmer Ort mit einer ausgefallenen Karte. Man bekommt auch ein paar vegetarische Gerichte, Kleinigkeiten oder Kuchen. Abends und an Sommerwochenenden gibt es oft Kulturprogramm.
Für den großen und den kleinen Hunger – **Casa Velha:** Rua 25 de Abril 13, Gerichte 7–24 €. Gepflegtes Restaurant, in dem man gut isst: Fischgerichte und Meeresfrüchte, außerdem Snacks. Am Wochenende Livemusik.
Einladend – **Tasca do Bené:** Rua Policarpo Dias 28, 8,50–12,50 €. Bei Bené sitzt man gemütlich in fast schon stimmungsvoller Atmosphäre. Es gibt hauptsächlich Fleisch und Fisch und eine gute Auswahl an *cataplanas*.

São Bartolomeu de Messines

Lauschig – **Barbinha:** Rua Elias Garcia 13, Gerichte 7,50–15 €. Nettes Restaurant in einer der Gassen unten am Flussufer. Es wird hier gute regionale Küche geboten, auch leckere Fischgerichte.

Der Grillkönig – **Ú Monchiqueiro:** Mercado Municipal, Gerichte ab 7,50 €. Am Markt an der Uferstraße wird gegrillt, was das Zeug hält. In den Abendstunden muss man nur der Nase nach gehen und findet das beliebte Ú Monchiqueiro 1, die Dependance Ú Monchiqueiro 2 liegt etwas weiter oben in der Rua Cruz de Portugal. Am besten isst man natürlich das vor der Tür Gegrillte.

Porqué não? – **Ponte Romana:** Horta da Cruz (an der alten Flussbrücke auf der Seite gegenüber Silves), Gerichte 5–9,50 €. Ein portugiesischer Familienbetrieb, in dem gute Hausmannskost serviert wird. Uriges Ambiente mit alten Nähmaschinen, Krökelautomaten und viel altem Krempel.

Einkaufen

Weine der Region – **Garrafeira da Praça:** Rua José Estêvão, im Gebäude der Markthalle. Kleine, gute Auswahl an Algarve-Weinen, vor allem aus der Region Silves.

Kork – **Produtos de Cortiça:** Rua 25 de Abril. Geschmackvoller, als man denken würde!

Made in Portugal – **Fernanda Decorações:** Rua Elias Garcia 17. Lauter nette Mitbringsel wie alte portugiesische Sardinenbüchsen, Meersalz, gute Seifen, Weine, Honig, vorzügliche Schokoladen.

Aktiv

Flussfahrt – Von Portimão aus kann man eine Ausflugsfahrt mit einem kleinen Boot den **Rio Arade** hinauf bis nach Silves machen. Die Fahrten auf dem Fluss sind tideabhängig.

Abends & Nachts

Kulturmix – **Café Ingles:** Im Café Ingles unterhalb des Kastells finden immer mal Kulturveranstaltungen und kleine Konzerte statt.

Fado und anderes – **O Cais:** Jeden Donnerstag gibt es Fado, an anderen Wochentagen ebenfalls Livemusik.

Infos & Termine

Posto de Turismo: E.N. 124 – Av. Marginal (am Flussufer).
Posto de Turismo Municipal: Praça do Município.
Mittelalterfest: Im August feiert Silves zehn Tage lang. Das Fest ist der maurischen Zeit gewidmet, als Silves die Hauptstadt Xelb war.

São Bartolomeu de Messines ▸ F4

Das Landstädtchen nordöstlich von Silves wirkt etwas müde – vormittags und in den Nachmittagsstunden kann man aber echtes Algarve-Landleben mitbekommen. Der Ort liegt inmitten des hügeligen Hinterlandes in einer lieblichen Gartenlandschaft, die hier allerdings ein wenig durch die Nord-Süd-Autobahn beeinträchtigt wird. Sowohl die Autobahn als auch die Eisenbahnlinie führen von Süden kommend an São Bartolomeu de Messines vorbei und weiter nach Norden zwischen den Gebirgszügen Serra de Monchique und Serra do Caldeirão hindurch.

Der Rio Arade fließt nördlich am Ort vorbei, er ist hier zum Barragem de Arade aufgestaut. Interessant ist

Im Barrocal

der Ortsname, der möglicherweise darauf hindeutet, dass einst Sizilianer aus Messina über das Mittelmeer nach Portugal kamen und sich hier niederließen. Unter den Mauren hieß das Städtchen Mussiene oder Masîne. Als es den Portugiesen gelungen war, den Ort aus der Hand der Araber zu erobern, nannten sie ihn nach dem hl. Bartholomäus und stellten ihn unter dessen Schutz.

Sehenswert
In São Bartolomeu de Messines gibt es eine sehr hübsche **Pfarrkirche** (Largo da Igreja) aus dem 16. Jh., deren Fassade mit dem für die Region typischen dunkelroten Sandstein in barockem Stil gestaltet wurde. Im Innenraum sind schöne gedrehte Säulen zu sehen. Nordwestlich des Ortes steht auf einem kleinen Hügel die **Ermida de São Pedro**. Man hat von hier oben einen guten Blick in die ländliche Umgebung.

Infos
S. Bartolomeu de Messines hat keinen Turismo, zuständig ist Silves.

Alte ▸ G 4

Von São Bartolomeu de Messines aus führt die N 124 in Richtung Osten durch die Abgeschiedenheit der Berge, die südlichen Ausläufer der Serra do Caldeirão. Vom Trubel nur 20 km weiter südlich an der Küste ist hier bisher absolut nichts zu merken. Wer in den Abendstunden über die N 124 fährt, begegnet lange Zeit keinem anderen Auto, auf den kleineren Pisten und Wegen abseits der Straße ist es vollkommen still. Allerdings gibt es punktuell auch hier in den Bergen Tourismus, der sich aber im Wesentlichen auf Tagesausflügler beschränkt.

Alte ist einer der Orte, die schon vom Tourismus entdeckt worden sind. Etwa 2200 Menschen leben hier. Künstler und Kunsthandwerker haben sich in Alte niedergelassen, und das Dorf wird gerne als *aldeia cultural* (Kulturdorf) bezeichnet. In der Tat ist Alte ein ausgesprochen hübsches Vorzeigedorf, es gibt kleine Galerien und ein paar Souvenirlädchen – und Touristenbusse. Aber der Tourismus hält sich im Rahmen, und in letzter Zeit erscheint Alte sogar wieder etwas verschlafener zu sein als in den Jahren zuvor. Ein Besuch des kleinen Dorfes lohnt auf jeden Fall, eventuell sollte man sogar eine Übernachtung einplanen, um Alte auch abends zu erleben, wenn die Tagesgäste verschwunden sind.

In vielen Souvenirläden und Cafés in Alte werden typische Produkte aus dieser abgelegenen Region angeboten: Matten, Taschen, Körbe und Hüte aus *esparto* (Spartogras) sowie Kulinarisches, z. B. Mandeln und Mandelprodukte, Honig, Marmeladen, Trockenfrüchte.

Rundgang durch Alte

Igreja Matriz
Largo da Igreja
Die Pfarrkirche von Alte wurde im 16. Jh. gebaut. Auffallend ist insbesondere ihr hübsches, manuelinisch dekoriertes Eingangsportal. Manuelinisch sind auch der Altarbogen mit dem gedrehten Steintau und die Verzierungen an der Decke des Altarraums: Sie ist von steinernem Netzwerk durchzogen und erst später im 18. Jh. mit Fliesen ausgekleidet worden. Die drei Schlusssteine sind Sinnbilder für die portugiesischen Entdeckungsfahrten (gelb), für den Orient (mit dem Mond) und für den Seeweg nach Indien (blau). In den Sei-

tenkapellen sind teilweise noch Tafeln mit Heiligendarstellungen aus dem 16. Jh. erhalten. Einzigartig an der Algarve sind die sevillanischen Fliesen aus dem 16. Jh., die in der dem hl. Sebastian geweihten Kapelle zu sehen sind.

Pólo Museológico Cândido Guerreiro e Condes de Alte
Rua Condes de Alte
In diesem kleinen Museum, eingerichtet in einem ansehnlichen, wenn auch fast etwas überdimensionierten Neubau, in dem auch die Touristeninformation ihren Sitz hat, erinnert Alte an seinen wohl berühmtesten Sohn, den Dichter und Politiker Francisco Xavier Cândido Guerreiro, der 1871 in dem Dorf geboren wurde. Erst mit Anfang 30 begann Cândido Guerreiro ein Jurastudium in Coimbra, wo er u. a. auch mit Aristide de Sousa Mendes in Kontakt stand, der später als der ›portugiesische Schindler‹ in die Geschichte einging, da er als Konsul in Bordeaux Tausenden Menschen das Leben gerettet hatte, indem er ihnen verbotenerweise Visa zur Weiterfahrt nach Lissabon ausstellte. Cândido Guerreiro machte sich als Dichter einen Namen, ging aber früh in die Politik. Er kehrte an die Algarve zurück und war in Loulé maßgeblich für die Elektrifizierung von Stadt und Region verantwortlich. 1953 starb er in Lissabon, sein Grab befindet sich heute auf dem Friedhof von Alte.

Weitere Sehenswürdigkeiten
Weiter geht es dann durch die Straßen von Alte vorbei an malerischen Gassen, die aber nirgends künstlich geschönt wirken. Am Ende der Rua Poeta Cândido Guerreiro steht die **Ermida de São Luís** (Rua de S. Luís/Rua Poeta Cândido Guerreiro), eine kleine Kapelle mit einer hübschen Barockfassade.

Beschaulich geht das Leben auf dem Land zu

Im Barrocal

Geht man hier weiter aus dem Dorf hinaus, erreicht man den idyllischsten Teil von Alte. Am Ufer der Ribeira de Alte entlang kommt man zu einem Platz mit der **Fonte Pequena** (Rua da Fonte), einer in Fliesen gefassten Quelle, aus deren Hähnen man getrost Wasser entnehmen kann – dem kühlen Nass wird sogar Heilkraft nachgesagt. Das Fliesenbild an der Quelle stellt den hl. Antonius dar, und der Vers stammt von besagtem Poeten Cândido Guerreiro (1871–1953). Kurz hinter der Fonte Pequena kommt man zur **Fonte Grande** (Rua da Fonte), wo es ebenfalls einen von Bäumen umstandenen Platz zum Picknicken gibt. Die Ribeira de Alte wird an dieser Stelle in einem Becken gestaut, in dem die Einheimischen gerne ein Bad nehmen. Der Weg zurück führt durch die kleinen Straßen von Alte zum Ausgangspunkt.

Wanderung an der Rocha da Pena ▶ G 4

Bergwanderung, festes Schuhwerk erforderlich, Länge 6,4 km, Dauer ca. 2 Std.

Bei Alte gibt es mehrere Wandermöglichkeiten. Eine schöne Wanderung ist der Weg an der Rocha da Pena, einem tafelartigen Berg, der sich nördlich der N 124 zwischen Alte und Salir erstreckt und an der höchsten Stelle auf 479 m ansteigt. Auch kulturgeschichtlich ist die Wanderung von Interesse, denn auf der Höhe kann man deutlich zwei lange, eher flache Wallanlagen erkennen, die in die Zeit des Neolithikums datiert werden.

Ausgangspunkt der Wanderung ist der Parkplatz an einem Rondell in dem Weiler **Rocha da Pena**, wo es auch ein kleines Lokal gibt. Von der N 124 aus ist die Zufahrt dorthin aus Richtung Alte kommend kurz vor Salir ausgeschildert. Vom Parkplatz folgt man dem Schild ›Rocha da Pena‹, insgesamt ist der Weg gut markiert. Zunächst führt er in Richtung Nordwesten durch Buschwerk und zwischen niedrigen Bäumen hinauf, dann geht es weiter in Richtung Osten. Einen Abstecher zum **Miradouro do Norte** sollte man unbedingt machen, von hier oben bietet sich ein weiter Blick nach Norden in die Serra do Caldeirão.

Man kehrt zurück zum Rundweg, der nun auf der Höhe über den

Wanderung an der Rocha da Pena

Kamm der **Rocha da Pena** führt und gute Aussicht in Richtung Süden bietet. Nach einiger Zeit passiert man die erste flache **Wallanlage** aus der Jungsteinzeit, anschließend verliert der Weg an Höhe und steigt später wieder an, bevor man den zweiten, weniger auffälligen **Wall** erreicht.

Nun wandert man allmählich im Bogen hinunter nach **Penina**, ein verschlafenes Dorf, an dessen östlichem Ende der Abzweig nach Rocha da Pena ausgeschildert ist. Jetzt verläuft die Wanderroute auf einer breiten Sandpiste durch recht liebliche Landschaft – den soeben erklommenen Berg immer auf der linken Seite – zurück zum Ausgangspunkt in Rocha da Pena.

Übernachten

Zum Ein- und Ausschlafen – **Alte Hotel:** Estrada de Santa Margarida, Montinho, Tel. 289 47 85 23, www.altehotel.com, DZ je nach Saison 44–87 €. Ein etwas außerhalb von Alte mitten in der Landschaft gelegenes Hotel. Es verfügt über einen Swimmingpool und auch Tennisplätze. Das etwas nüchterne Haus ist ruhig und ideal zum Ausspannen. Man hat einen weiten Blick in die Umgebung.

Essen & Trinken

Bodenständig lecker – **O Folclore:** Av. 25 de Abril, Gerichte ab 7 €. Im O Folclore werden typische Gerichte aus dem Hinterland der Algarve angeboten, also mehr Fleisch als Fisch. Außerdem stehen vegetarische Kleinigkeiten auf der Karte. Die Gäste sitzen in einem schönen kleinen Speiseraum mit Aussicht.

Köstlich entspannend – **Aguamel:** Largo José Cavaco Vieira. Eine Pastelaria mit Stil (Selbstbedienung); es gibt verschiedene süße Kleinigkeiten zu probieren, außerdem frisch gepressten Orangensaft, den man am besten auf der Veranda mit Ausblick genießt, darüber hinaus werden Marmeladen, Nüsse und Trockenfrüchte aus den Bergen zum Mitnehmen angeboten.

Einkaufen

Regionale Produkte – Würzigen Ziegenkäse, aber auch hochprozentigen *medronho* und leckeren Honig sowie spezielle Süßigkeiten aus der Region und Kunsthandwerk aus Spartogras kann man teilweise direkt beim **Erzeuger** kaufen. Informationen erhält man in der Touristeninformation.

Bei Fahrten durch die Berglandschaft sieht man immer wieder auch kleine Hinweisschilder auf hausgemachte Köstlichkeiten.

Infos & Termine

Touristeninformation
Posto de Turismo: Rua Condes de Alte, Pólo Museológico Cândido Guerreiro e Condes de Alte, Tel. 289 47 80 60.

Verkehr
Parken: Zentrale Plätze findet man an der Avenida 25 de Abril, die ins Dorf führt.

Feste
São Luís: Jan./Febr. Der Dorfheilige wird gefeiert, dazu gibt es ein Würsteessen.
Festa da Grande Fonte: 1. Mai. Ein schönes Fest mit Umzug, Tanzgruppen und Picknick. Die Leute kommen aus den Orten der Umgebung zusammen und versetzen das Dorf für einen Tag in Feststimmung.
Festa Nossa Senhora das Dores: Sept. In der Kirche und davor wird die Schmerzensmadonna gefeiert.

Im Barrocal

Frühjahrsbote: Mandelblüte im Hinterland

Salir ▶ H 4

Das hübsche Dorf gut 10 km weiter östlich ist kleiner als Alte und schläft bisher noch einen recht ungetrübten Dornröschenschlaf. Die flachen weißen Häuser ziehen sich über zwei Hügel südlich der N 124 hin. Besonders hübsch ist das Eckchen um das Kastell von Salir.

Kastell
Es besteht im Wesentlichen aus spärlichen Mauerresten, die aber noch aus maurischer Zeit erhalten geblieben sind. Interessant ist der Platz natürlich vor allem für Archäologen, die hier oben Grabungen durchgeführt haben. Die Funde sind in einem Museum direkt neben der Grabungsstelle in dem Kastellareal ausgestellt. Der Bereich um das Kastell war vermutlich schon vor 4000 oder 5000 Jahren besiedelt, was man aus zwei Megalithfunden in der Gegend um Salir schließt. Zu römischer Zeit muss Salir an einer wichtigen Verbindung zwischen Ossonoba (Faro) und anderen Orten Lusitaniens gelegen haben. Ab 713 war Salir dann unter arabischer Herrschaft, und aus dieser Zeit sind zahlreiche archäologische Funde aufgetaucht.

Burghügel
Die **Gassen** auf dem kleinen Hügel lassen an Malerischem nichts zu wünschen übrig – die Häuser sind ordentlich geweißelt, vor den Türen stehen Pflanzen. Von hier oben kann man den Blick in die leicht gewellte Landschaft genießen; man sieht auch den anderen Teil des Dorfes mit

Querença

Wasserturm und Pfarrkirche auf dem Nachbarhügel liegen.

Eine lang gezogene Straße führt hinauf zur **São-Sebastião-Kirche** (Largo 25 de Abril). Schön sind der Kirchenvorplatz, von dem aus man wiederum Aussicht in die Umgebung hat, und auf der anderen Seite der Kirche ein kleiner Park, der sich den Hügel hinunterzieht.

Infos

Posto de Turismo: Centro Interpretativo de Arqueologia de Salir, Tel. 289 48 91 37.

Querença ▸ H 4

Südöstlich von Salir liegt in den Bergen das Minidorf, dessen ältester Teil sich oben um eine Hügelkuppe gruppiert. Am höchsten Punkt steht die Kirche, alle Straßen führen auf den verhältnismäßig großen, neu gestalteten Kirchplatz zu. Hier oben kann man entweder in Touristengruppen von Jeepsafaris und dergleichen geraten, oder man ist fast allein. Meistens sitzen nur ein paar Dorfbewohner auf dem Platz vor einem der beiden Lokale, in denen auch regionale Spezialitäten zum Kauf angeboten werden.

Die **Kirche** von Querença am Largo da Igreja ist ein kleines architektonisches Schmuckstück, das auf dem weiten und unbebauten Platz bestens zur Geltung kommt. Sie stammt aus dem 16. Jh. und hat aus dieser Zeit noch ein zierliches manuelinisches Eingangsportal. Ansonsten hat das Erdbeben auch vor Querença nicht haltgemacht, auch hier ist also nicht mehr der Originalbau erhalten. Im Innern der Kirche sind einige hübsche Heiligenfiguren zu sehen, das schönste Stück ist aber das Taufbecken aus manuelinischer Zeit, an dem man wunderbare Einzelheiten entdecken kann – wie beispielsweise die hübschen Tiergestalten.

Essen & Trinken

Deftig, ländlich und lecker – **Restaurante de Querença:** Largo da Igreja, Tel. 961 10 44 59. Ein beliebtes Ausflugslokal direkt neben der Kirche. Spezialität im Restaurante de Querença ist der Schmorbraten vom Zicklein. Vor der Weiterfahrt sollte man die hauseigenen Liköre, Marmeladen, Mandelprodukte etc. in Augenschein nehmen: eventuell ein schönes Souvenir!

Infos & Termine

Posto de Turismo: Kleines Informationsbüro direkt am Kirchplatz von Querença, Tel. 289 42 24 95.
Festa dos Chouriços: Jan. Wurstfest (s. S. 43).

Wanderung zur Fonte Benémola

Rundweg, Länge 4,4 km, Dauer 1,5 Std., festes Schuhwerk erforderlich
Der beliebte Rundweg führt durch das Naturschutzgebiet der Fonte Benémola westlich von Querença. Als Anfahrtsweg von Süden kommend wählt man die Straße Loulé–Salir und nimmt an der Kreuzung bei Tôr die Abzweigung nach Querença. An dieser **Straße 524** zwischen Tôr und Querença ist ein Parkplatz ausgeschildert (Fonte Benémola), der Ausgangspunkt für die Wanderung ist.

Der breite, sandige Weg verläuft zunächst weit oberhalb des kleinen **Rio Benémola** durch eine schöne Serra-Landschaft. Er ist gesäumt von

Im Barrocal

Buschwerk und kleinen Bäumen, Zistrosen, Eichen, Oliven, Erdbeerbäumen und Agaven. Vom Fluss, der unten im Tal fließt, ist hier nichts zu merken. Es geht anfangs in nördlicher Richtung, dann ein Stück nach Westen, unterhalb eines bewohnten Hauses vorbei.

Allmählich nähert man sich dem Fluss, schließlich hört man ihn und erreicht in der Nähe eines kleinen **Wehrs** das Ufer. Im Frühjahr lassen sich hier und in der unmittelbaren Umgebung die **Fonte Benémola** und kleinere Quellen ausmachen. Es ist schattig, der Weg führt unter Bäumen ein Stück am Wasser entlang zu ein paar **Picknicktischen,** einige große Steine im flachen Wasser könnten als Brücke dienen. Aber hier geht es noch nicht hinüber, sondern erst etwas später an einer Stelle, an der man auf einer Art **Kies- oder Sandbank** problemlos an das Westufer kommt.

Hier verläuft ein schmaler Weg, der in Regenzeiten auch matschig sein kann, fast auf Höhe des Flusses durch Schilf in südliche Richtung. Es geht eine ganze Weile am Rio Benémola entlang, hin und wieder kann man am jenseitigen Ufer den Weg sehen, den man zuvor gekommen ist. Dann löst sich der Weg vom Fluss und steigt an, schließlich nimmt er einige Kurven hoch über dem Rio. Man hat wieder freie Aussicht in die herrliche Landschaft der Serra, nur gegen Ende werden die schönen Natureindrücke ein wenig durch den Blick auf einen Steinbruch gestört. Zum Schluss geht es über eine Straßenbrücke und an einer oberirdischen Wasserleitung entlang parallel zum Fluss zurück zum Parkplatz.

Barranco do Velho

▶ H 4

Von Querença aus sind es etwa 10 km bis Barranco do Velho, einem kleinen Dorf, das in menschenleerer Gegend in den Bergen liegt. Lediglich die Tatsache, dass sich hier mehrere Straßen kreuzen – die Nord-Süd-Verbindung N 2 von Faro in den Alentejo und die Ost-West-Verbindung N 124 durch das Algarve-Hinterland von Silves nach Alcoutim am Guadiana –, verleiht dem Ort eine kleine Bedeutung. Sehenswertes gibt es nicht in Barranco do Velho, herrlich ist aber die Umgebung. Vor allem die N 2 nach Norden und die N 124 nach Alcoutim über Cachopo und Martinlongo winden sich durch einsame schöne Berglandschaften.

Übernachten

Entlegen – **A Tia Bia:** An der N 2 am Abzweig nach Cachopo, Tel./Fax 289

Wanderung zur Fonte Benémola

84 64 25, tiabia.no.sapo.pt, DZ ca. 50 €. Saubere kleine Pension mit nüchternen Zimmern (Bad, TV, Klimaanlage). Die Atmosphäre ist nicht übermäßig warmherzig; angeschlossen ist ein Restaurant, was in dieser abgelegenen Ecke nicht ganz unwichtig ist.

São Brás de Alportel

▶ J 5

Während man weiter nördlich bei Barranco do Velho durch Wälder und Zistrosenflächen fährt, wird die Landschaft nach Süden hin lieblicher, gibt es mehr und mehr Algarve-Gärten mit Orangen-, Zitronen-, Mandel- und Feigenbäumen. São Brás de Alportel ist ein Ort mit immerhin 8000 Einwohnern, ein wenig aufsehenerregendes, aber sympathisches Algarve-Städtchen.

Sehenswert
Lohnend ist das **Museu do Trajo** (s. Entdeckungstour S. 230) an der Straße nach Tavira. Auch das Viertel um die Kirche sollte man sich ansehen. Die **Igreja Paroquial** (Largo da Igreja) selbst ist meist verschlossen, schön ist aber der Blick vom Kirchplatz in die Umgebung und an klaren Tagen bis hin zur Küste und aufs Meer. Einen genaueren Blick sollte man auch auf den Boden vor dem Hauptportal werfen, in den mehrere alte Grabplatten eingelassen sind.

In der Nähe der Kirche steht der frühere **Bischofspalast** (Rua Doutor Victorino J. Rodrigues Passos Pinto 6), der einst als Sommersitz der Bischöfe von Faro gebaut wurde. Die terrassenförmige Anlage hinter dem Gebäude lässt noch die Schönheit der einstigen Gärten erahnen.

Interessant ist auch ein kleiner Gang über die **Calçadinha Romana**, einen Weg, dessen Pflasterung teilweise noch aus römischer Zeit erhalten ist. Er verläuft am Südrand der Stadt unterhalb der Kirche in südwestlicher Richtung.

Essen & Trinken

Sehr speziell – **Adega Nunes:** Machados (südlich von São Brás, bei Machados von der N 2 Richtung Barracha abbiegen), Tel. 289 84 25 06, So geschl. Familienbetrieb, das jeweilige Tagesangebot erhält man handschriftlich und nur auf Portugiesisch, es gibt sehr gute Fleisch- und Fischgerichte. Den Nachtisch sollte man nicht auslassen! Ab und an ist im Restaurant auch Fado zu hören.

Einkaufen

Alles aus Kork – **Pelcor:** Rua Padre Sena Neto 48. Die Filiale eines angesagten Lissabonner Geschäfts: Hier werden vom Schirm bis zur Krawatte alle nur erdenklichen feinen Produkte aus Kork verkauft.

Aktiv

Korkroute – **Rota da Cortiça:** www.rotadacortica.pt. Wer sich für die Geschichte und Bedeutung von Kork interessiert, kann sich auf die Spur des für die Algarve so wichtigen Rohstoffs begeben – aus der Serra do Caldeirão stammt der weltweit beste Kork und Portugal ist der größte Korkexporteur der Welt. Bei der Rundtour, die in der Regel im Museu do Trajo (Trachtenmuseum) beginnt, werden auch Korkfabriken besichtigt.

Infos

Posto de Turismo: Largo de São Sebastião 23, Tel. 289 84 31 65.

Auf Entdeckungstour: Algarve früher und heute – Museum in São Brás de Alportel

Das Museu do Trajo in São Brás de Alportel verbindet auf unkonventionelle Weise Tradition und Moderne. Eine umfangreiche Ausstellung zeigt Aspekte des früheren Landlebens an der Algarve, im angeschlossenen Kulturzentrum dagegen wird heutiges Miteinander im Algarve-Hinterland gelebt.

Reisekarte: ▶ J 5

Dauer: 1 Std. oder länger
Ort: Museu do Trajo, Rua Dr. José Dias Sancho 61, São Brás, www.museu-sbras.com, Mo–Fr 10–13, 14–17, Sa, So 14–17 Uhr
Parken: auf einer freien Fläche in der Rua 1° de Maio (ortsauswärts erste Straße links hinter dem Museum)
Veranstaltungsprogramm: www.amigos-museu-sbras.pt

Das Museum ist in einem ehemaligen Landgut aus dem späten 19. Jh. eingerichtet, dessen Besitzer Miguel Dias de Andrade durch Korkproduktion und -handel zu Geld kam. In den früheren Wohnräumen des großen Landhauses werden Wechselausstellungen gezeigt. Abgesehen von den Exponaten ist es natürlich auch interessant, sich das Innere eines solchen Hauses ansehen zu können. In den landwirtschaftlichen Nebengebäuden ist eine Dauerausstellung eingerichtet.

Kleider machen Leute

Die Ausstellungen im **Wohnhaus** werden einmal im Jahr neu aufgebaut. Immer zeigen sie Figuren in traditioneller Kleidung, oft werden kleine Szenen nachgestellt, und man erfährt etwas über verschiedene Alltagsaspekte des früheren Lebens an der Algarve. Mitunter wird auf einen Fundus von Uniformen zurückgegriffen, meist aber sieht man die Kleidung der einfachen Landbevölkerung und die der höheren Gesellschaftsschichten.

Die Ausstellungen zeigen beispielsweise, wie es um das Gesundheitswesen im 19. Jh. bestellt war. Oder sie thematisieren, wie es der ärmeren Landbevölkerung im frühen 19. Jh. während der französischen Besetzung erging, wie sie sich an kalten Tagen kleidete, wovon sie sich ernährte. Oder es wird die portugiesische Mode in der Zeit um 1800 ausgestellt, die durch französischen Einfluss einen gewissen Schick erhielt.

Bei einem Rundgang kann man sich auch die alte Algarve-Küche anschauen mit dem für Portugal typischen riesigen Schornstein über dem Herd, durch den man von unten hinaufsehen kann. Die Küche ist bis unter die Decke mit alten Wandfliesen verkleidet.

Sympathische Sammlung

In den **Nebengebäuden** wird über die landwirtschaftliche Vergangenheit des Hauses bzw. der Algarve berichtet. Hier gibt es auch Erläuterungen auf Deutsch. Dokumentiert sind u. a. Korkernte, Korkhandel und -verkauf, zu sehen sind alte Korkpressen sowie abgeschälter, gerollter und gepresster Kork. Es geht durch den Kutschenraum und einen Raum mit landwirtschaftlichem Gerät, Ochsengespannen, Sätteln, Pferdegeschirren, Eggen, Mahlsteinen. Auf dem **Hof** sind alte Kutschen mit teilweise wunderschöner, einfacher Dekoration ausgestellt. Und – bitte nicht versäumen! – eine *nora* ist zu sehen, ein Brunnen arabischen Ursprungs. Sein unterirdisches Innenleben kann in Augenschein nehmen, wer über eine kleine Treppe in den Schacht hinabsteigt.

Algarve multikulturell

In einem neuen Gebäude auf dem Hofgelände ist ein **Kulturzentrum** eingerichtet worden. Es wirkt fast ein wenig städtisch und weist ein reichhaltiges Veranstaltungsprogramm auf, das im Hinterland der Algarve seinesgleichen sucht: Ausstellungen, Sprachkurse, Tanz, Yoga, Vorträge, *noites de Fado*, Jazz, klassische Kammerkonzerte, ein gutes Filmprogramm und vieles mehr.

Mit dem Kulturzentrum ist eine Art Integrationsidee umgesetzt worden: ein Forum für Portugiesen und Ausländer – Deutsche, Engländer, Holländer –, die in der Region leben und ursprünglich nicht allzu viel miteinander zu tun hatten. Der internationale Museumsverein Amigos do Museu gestaltet das umfangreiche Kulturprogramm und trägt auf diese Weise der Internationalität der heutigen Algarve auf interessante Weise Rechnung.

Das Beste auf einen Blick

Die Sandalgarve im Osten

Highlight!

Tavira: Sie ist kein Klein-Venedig, wie oft vorschnell behauptet wird. Aber für viele ist die Stadt an den Ufern des Gilão die schönste an der Algarve-Küste. Im hübschen Stadtzentrum gibt es viel Sehenswertes, darunter zahllose Kirchen, viele Restaurants und alle Möglichkeiten für einen kleinen Einkaufsbummel. Auf der vorgelagerten Insel ist entspanntes Strandleben garantiert. S. 247

Auf Entdeckungstour

Ein Labyrinth aus weißen Kuben – die Häuser von Olhão: Auf ihren Fahrten nach Nordafrika sahen die Fischer aus Olhão weiße Flachdachhäuser und übernahmen die Bauweise von den Berbern. Entstanden ist fast so etwas wie ein kubistisches Freiluftmuseum, in dem man sich verlaufen kann! S. 236

Eintauchen in die Lagunenwelt – die Quinta de Marim: Auf dem Gelände der Quinta de Marim erfährt man viel über die Lagune, ihre Tier- und Pflanzenwelt und das einstige Leben hier – angefangen bei den Römern, die in den Salinen Salz gewannen. S. 242

Kultur & Sehenswertes

Nossa Senhora do Rosário: Die Hauptkirche von Olhão bietet zwei Besonderheiten – den Blick vom Kirchturm über die Stadt auf die Lagune und die Capela Nossa Senhora dos Aflitos, die viel von der Religiosität der Portugiesen verrät. S. 239

Capela Espírito Santo: Im verschlafenen Ort Moncarapacho verbirgt sich hinter einer völlig unauffälligen Fassade einer der tollsten Kirchenräume weit und breit. S. 246

Aktiv unterwegs

Durch die Ria Formosa: Vom Hotel Vila Galé Albacora aus lässt sich die Lagune bei Tavira auf verschiedenen Paddeltouren erkunden. S. 253

Inselwanderung: Auf der Ilha de Tavira mit der Bimmelbahn an den Strand fahren und dann am Wassersaum entlangwandern, bis man sich in einem Strandlokal stärken muss. S. 258

Genießen & Atmosphäre

Pousada Convento da Graça: Man sollte zumindest eine Nacht in den altehrwürdigen Mauern dieses früheren Klosters in Tavira verbringen. S. 254

Costa in Fábrica: Schön sitzen – auf einer großen Restaurantterrasse direkt an der Lagune mit Blick auf die vorgelagerten Inseln. S. 261

Abends & Nachts

In den Markthallen in Olhão: Die kleinen Cafés und Lokale in den beiden Markthallen platzen abends aus allen Nähten, vor allem im Hochsommer. S. 240

Tavira Lounge: Den Tag ausklingen lassen bei einem Caipirinha oder einem Mojito. S. 256

Angesagte Adresse: Die Diskothek Ubi in einer alten Fabrik in Tavira ist für Nachtschwärmer genau richtig. S. 257

Schmale Laguneninseln und lange Sandstrände

Wer beim Stichwort Algarve nur an kleine Strandbuchten in einer pittoresken Felsküstenlandschaft denkt, wird in der Ostalgarve eines Besseren belehrt. Denn die Küste östlich von Faro sieht völlig anders aus als die weiter westlich bei Albufeira oder Lagos. Den Reiz der Sandalgarve, wie man diesen Küstenabschnitt nennt, machen die kilometerlangen, schmalen Inseln aus, die dem breiten Lagunenstreifen der Ria Formosa vorgelagert sind: Culatra, Armona und die Ilha de Tavira. Die Sandstrände und flachen Dünen erinnern ein bisschen an nordische Gefilde, an friesische Inseln in einer Wattenmeerlandschaft. Nur dass das Klima hier anheimelnder ist ...

Die Lagune Ria Formosa ist großteils unter Naturschutz gestellt und mit ihrer speziellen Pflanzen- und Tierwelt ein Paradies besonderer Art. Ans offene Meer kommt man vom Festland aus fast überall erst nach einer Bootsfahrt auf eine der Inseln. Entsprechend ist der Küstenstreifen nicht flächendeckend bebaut – allerdings hat die Bebauung in den letzten zehn bis fünfzehn Jahren auch hier merklich zugenommen. Bisher überwiegt an dieser Küste eher Individualtourismus, die Inselstrände sind für Familien mit Kindern gut geeignet. Etwa bei Manta Rota endet das Lagunengebiet und der weiße Sandstrand erstreckt sich bis kurz vor der Mündung des Guadiana direkt am Festland.

Es gibt in diesem Gebiet ein paar kleine, bisher noch recht idyllische Lagunendörfer. Zwei sehr gegensätzliche und sehr schöne Lagunenstädte aber sind Tavira und Olhão. Sie liegen

Infobox

Reisekarte: ▶ J 6 – L 5

Touristeninformation
Postos de Turismo gibt es in Tavira und Olhão

Internet
www.ilha-deserta.com, www.formosamar.com und www.lands.pt

Anreise und Weiterkommen
Autobahn: Über die N 125, die nur wenige Kilometer landeinwärts parallel zur Küste verläuft, kommt man zügig in alle Orte. Die Autobahn als Alternative lohnt kaum, da die Entfernungen kurz sind und die Nationalstraße hier nicht allzu befahren ist.
Öffentliche Verkehrsmittel: EVA-Busse fahren die Städte und die meisten kleineren Orte an. In diesem Teil der Algarve bietet sich auch der Zug an. Die Bahnhöfe von Olhão und Tavira liegen jeweils relativ zentral.
Schiffsverbindungen: Zu den vorgelagerten Inseln gibt es regelmäßige Schiffsverbindungen ab Olhão, Tavira und Fuseta. Ab Olhão verkehren auch Bootstaxis.
Ausflüge: Wer die Ria Formosa kennenlernen möchte, kann ab Tavira und Olhão eine Bootstour machen.

am Festland. Von hier starten die Boote hinüber zu den Strand- und Badefreuden auf den Inseln. Abends bieten beide Städte jede Menge Lokale und Restaurants, ein paar Kneipen und Bars, in denen man den Tag entspannt ausklingen lassen kann. Es geht weniger hektisch zu als in den Hochburgen der Felsalgarve. Und auch kleine, angenehme Einkaufsviertel gibt es in diesen beiden Städten, die trotz aller Parallelen im Serviceangebot dennoch unterschiedlicher kaum sein könnten: Tavira ist die bei Weitem gefälligere Stadt, Olhão die Stadt mit einem eher eigentümlichen und unverwechselbaren Charme.

Olhão ▶ J 6

Die Stadt macht es Touristen nicht gerade leicht. Mit ihren etwa 22 000 Einwohnern und ihrem eigenwilligen Charakter verschließt sie sich bisher weitgehend dem ausländischen Tourismus und hat als einzige Stadt dieser Größe ein algarvisches Eigenleben. In den letzten Jahren ist in der Innenstadt und an der Uferpromenade jedoch allerhand auf die Beine gestellt worden, damit sich auch Gäste in der Stadt wohlfühlen. Aber einen längeren Urlaub verbringen die wenigsten hier. Einer der Gründe ist die Unansehnlichkeit der Stadt an der Peripherie, ein anderer das Fehlen von Stränden direkt am Ort. Um Strandleben genießen zu können, muss man auf eine der vorgelagerten Badeinseln fahren.

Statt vom Tourismus lebt Olhão bis heute von der Fischindustrie – Fischfang und Fischverarbeitung. Zwar droht wie andernorts an der Algarve-Küste ein wirtschaftlicher Einbruch, aber neben Portimão ist Olhão nach wie vor der größte Fischereihafen. Gefangen und verarbeitet werden hauptsächlich Sardinen. Der einst boomende Thunfischfang ist durch das Ausbleiben der Thunfischschwärme vor der Küste fast zum Erliegen gekommen. Das ganze Fischereiwesen spielt sich im Hafen östlich der Innenstadt ab, hier wird der Fisch auch in zwei Konservenfabriken verarbeitet. Zudem hat die Salzgewinnung eine gewisse Bedeutung, im feuchten Lagunengebiet um Olhão herum findet man zahlreiche Salinenbecken.

Stadtgeschichte

Olhão blickt auf keine allzu lange Geschichte zurück. Zwar gibt es für die gesamte Region archäologische Zeugnisse, die auf eine Besiedlung schon in der Steinzeit hinweisen, und von den Römern weiß man, dass sie in der Nähe von Olhão Einsalzbecken angelegt haben. Im heutigen Stadtgebiet hat es aber erst seit dem 14. Jh. eine regelrechte Ansiedlung von Fischerhütten gegeben. Eine erste dokumentarische Erwähnung des Ortes stammt aus dem Jahr 1378.

Die Leute lebten im 14. Jh. vom Fischfang und von der Salzgewinnung zum Konservieren von Fisch und wohnten in Holz- beziehungsweise Schilfhütten, erst 1715 wurde das Bauen von Steinhäusern erlaubt. Im 19. Jh. stieg die Einwohnerzahl durch das Aufblühen des Fischereiwesens massiv an und das Städtchen weitete sich ins Landesinnere aus. Anfang des 20. Jh. entstand die damals repräsentative Avenida da República, und Olhão wurde zunehmend städtischer mit den größeren Häusern, die sich diejenigen bauten, die durch die Konservenfabriken zu Geld gekommen waren.

Mittlerweile ist Olhão eine Stadt mit mehreren kleineren ▷ S. 239

Auf Entdeckungstour: Ein Labyrinth aus weißen Kuben – die Häuser von Olhão

Die Häuser von Olhão sind an der Algarve-Küste nahezu einmalig. Auf ihren Fahrten nach Nordafrika sahen die Fischer aus Olhão einfache, weiße Flachdachhäuser und übernahmen die Bauweise von den Berbern. Entstanden ist fast so etwas wie ein kubistisches Freiluftmuseum, in dem man sich leicht auch mal verlaufen kann!

Reisekarte: ▶ J 6
Dauer: 1–2 Std.
Kirchturm: Mo–Fr 10–12, 15–17 Uhr, häufig wechselnd, in der Kirche (am Hintereingang) fragen

Wer sich erst einmal einen Überblick über das weiße Kubenmeer von Olhão verschaffen möchte, steigt auf den Kirchturm der **Igreja de Nossa Senhora do Rosário,** auch wenn die Dame in der Touristeninformation sagt: »Es lohnt sich nicht, man kann nichts sehen.« Nein, für sie ist die Ansammlung von weißen Häusern und Dächern vielleicht nichts Außergewöhnliches. Aber ein Mitteleuropäer staunt schon. Es heißt, die Häuser würden der Stadt etwas Maurisches verleihen – das ist richtig, obwohl sie kein Überbleibsel aus maurischer Zeit sind. Vielmehr haben Seeleute und Fischer aus Olhão die Architektur in Nordafrika gesehen und für gut und praktisch befunden.

Nordafrika in Portugal

Wer oben auf dem Kirchturm steht, kann sich kaum satt sehen. Eine Sinfonie in Weiß – immer wieder Variationen ein und desselben Themas: ein weißer Kubus, darauf ein weißer Turmkubus, daneben eine Außentreppe aus weißen Kuben. Flache Würfel, schmale Quadertürmchen, Treppenabsätze, dazwischen Balustraden – alles in Weiß, minimalistisch geradezu.

Diese spezielle Algarve-Architektur ist eine regionale Besonderheit, die es fast nur in Olhão und in dem kleineren Ort Fuseta wenige Kilometer östlich gibt. Vor allem das Fischerviertel von Olhão, die **Barreta**, die sich auf Höhe der Markthallen an der Uferstraße entlangzieht, besteht komplett aus solchen kubischen Häusern. Ihre Dächer sind flach und begehbar, sogenannte *açoteias,* auf denen Früchte und Fisch getrocknet oder Teppiche und Decken gelüftet werden. Manchmal wird auch frisch gewaschene Wäsche aufgehängt oder die Fischer lagern ihre Netze und andere Arbeitsutensilien hier oben. Manch einer stellt sogar ein Fahrrad auf seinem Dach ab, und hin und wieder kann man auch ein paar Plastikstühle sehen, die zum Plausch auf der *açoteia* einladen.

Kuben, so weit das Auge reicht

Die Häuser von Olhão haben deutliche Ähnlichkeit mit kleineren Stadthäusern in Marokko – wie in Casablanca, Tanger oder Rabat –, und auch auf den Kanarischen Inseln sind Häuser in dieser Art zu finden. Die Grundform aller Algarve-Häuser, ein kubusförmiges Einzimmerhaus, ist hier in aller Einfachheit weitergeführt worden: um einen Raum aufgestockt, manchmal auch um zwei, vielleicht noch um ein Nebenzimmer seitlich erweitert. Kubus um Kubus wurden angefügt. Anders als in anderen Algarve-Orten setzte man in Olhão kein Ziegeldach auf den Kubus. Das Dach blieb flach. Und auf den Dächern gibt es dann oft noch kleine Türmchen, *mirantes* (Ausguck) genannt, von denen man meist bis auf die Lagune gucken kann. Die höchsten *mirantes* tragen die Bezeichnung *contramirantes,* es handelt sich um schmale Aufbauten, auf die man über enge Treppchen hinaufkommt.

Fischerlegenden

Nette kleine Geschichten spinnen sich um die Aussichtstürmchen. Mal heißt es, dass die Fischer hinaufgingen, um zu sehen, wie sich das Wetter entwickelt. Oder um einen Blick auf die Lagune zu werfen und zu sehen, ob das Meer ruhig oder bewegt ist. Die romantische Variante besagt, dass die Frauen der Fischer hinaufgingen, um ihren Männern zu winken, wenn sie auf großen Fischfang fuhren, und ihnen nachzuschauen, bis sie hinter den Laguneninseln verschwunden waren. Wenn sie ihre Männer von See zurückerwarteten, gingen sie wieder hinauf. Jede wollte, den Erzählungen nach, die Erste sein, die die Fischerboote am Horizont sichtete. Und wenn man oben auf dem Kirchturm der Nossa Senhora do Rosário steht, kann man sich das alles ganz gut vorstellen, denn von hier blickt man über die Stadt hinweg bis auf die Lagune.

Im Gassenlabyrinth

Dann aber sollte man die Labyrintherfahrung machen: vom Kirchturm hinuntergehen und sich zwischen die Häuser ins Kubusmeer begeben. Am schönsten ist es, sich in den Straßen treiben zu lassen, hier in eine Nebengasse zu gehen, da quer über eine platzartige Erweiterung, in einer Sackgasse zu landen, zurückzulaufen und in leichtem Bogen an der nächsten Häuserreihe entlangzugehen.

Irgendwann hat man garantiert die Orientierung verloren. Aber eigentlich muss man immer nur der Nase nach, denn die Lagune hat ihren ganz eigenen Geruch, sie riecht nach dem flachen Brackwasser, und wenn nicht gerade Essenszeit ist und überall Sardinen gegrillt werden, landet man, dem Lagunengeruch folgend, früher oder später direkt an der Uferpromenade und kann den verlorenen Faden wieder aufnehmen.

Tagsüber lebhaft, abends ruhig und schön beleuchtet: die Fußgängerzone von Olhão

Olhão

Hochhausblöcken an ihren ausgefransten Rändern und einem sehenswerten alten Innenstadtkern. Erst 1985 erhielt Olhão Stadtrecht.

Stadtrundgang

Fußgängerzone
Die breit angelegte **Avenida da República** mit Banken und größeren Gebäuden führt geradewegs auf die kleine Fußgängerzone zu, durch die man in kürzester Zeit zur Uferstraße kommt. Hauptstraße in der Fußgängerzone ist die kleine **Rua do Comércio**, in der es neben diversen – übrigens recht günstigen – Geschäften zahlreiche Cafés gibt. Wer durch die Sträßchen und Gassen in dieser Ecke streift, wird außer Läden mit der neuesten Mode auch viele interessante Hausfassaden sehen. Viele sehen nicht einmal besonders spektakulär aus, hinter unscheinbarer Fassade erstrecken sich aber mitunter riesige Wohnungen, die um mehrere schattige Innenhöfe gebaut wurden.

Nossa Senhora do Rosário und zwei Kapellen
Praça da Restauração, tgl. 9–12.30, 15–18 Uhr
Die Hauptkirche von Olhão ist um 1700 mit Geldern der Fischer im Ort gebaut worden. In ihrem Innern sind *talha-dourada*-Werke aus dem 18. Jh. erhalten – der Altarbogen, der Hochaltar und die Nebenaltäre sind aus Holz, das vergoldet wurde, gearbeitet. An der nach Süden ausgerichteten Hauptfassade gab es einst ein rotes Licht, das über Nacht als Orientierungspunkt für die Fischer gedient haben soll. Heute blinkt ein rotes Licht vom Dach. Der Kirchturm ist zugänglich, und der Ausblick auf das helle Häusermeer mit den flachen Dächern und Türmchen und auf die Lagune mit den Badeinseln lohnt das Treppensteigen (s. Entdeckungstour S. 236).

Auf der Nordseite der Kirche, zur Avenida da República hin, findet man die kleine Kapelle **Nossa Senhora dos Aflitos** (Praça da Restauração), die nur durch ein Gitter von der Straße abgetrennt ist. Hier wird Unsere Frau der Bekümmerten verehrt und um Hilfe gebeten – ein Plätzchen, das zu fast jeder Tageszeit von Stadtbewohnern aufgesucht wird. Immer ist die Kapelle mit Blumen und Votivgaben wie Armen und Beinen aus Wachs geschmückt, die bei der Bitte um Genesung und in anderen Notsituationen hierhergebracht werden.

Unmittelbar vor dieser Kirche steht eine zweite, kleinere mit einer weißen Kuppel, die **Kapelle Nossa Senhora da Soledade** (Unsere Frau der Einsamkeit, Rua da Soledade) aus dem 17. Jh., ehemals ebenfalls eine Fischerkirche, die heute für Aufbahrungen und Begräbnisse genutzt wird.

Museu da Cidade
Praça da Restauração, Di–So 9–12.30, 14–17.30 Uhr

Mein Tipp

Typisch Olhão
Im **O Chaminé** in der Rua do Comércio, der Hauptstraße der Fußgängerzone, sind die Leute aus dem Ort meistens unter sich. Wer sich nicht draußen, sondern drinnen an einen der kleinen Tische setzt, bekommt einen authentischen Eindruck vom Alltag in Olhão. Ganz normal: Der Fernseher in der Ecke läuft immer. In den Pastelarias **Olhão Doce** und **Café Scala** in derselben Straße ist es ganz ähnlich.

Die Sandalgarve im Osten

Frischer geht's kaum: Garnelen auf dem Markt von Olhão

In einem Gebäude gegenüber der Hauptkirche, das die Fischervereinigung von Olhão in der zweiten Hälfte des 18. Jh. baute, ist heute ein Stadtmuseum eingerichtet. Anhand archäologischer Funde, Kunst und Kunsthandwerk erhält man einen Einblick in Geschichte und Stadtkultur von Olhão. Natürlich ist ein Teil der Ausstellung auch der Fischerei und der Seefahrt gewidmet, zudem erfährt man Wissenswertes über die Salinen und die Salzgewinnung in der Ria Formosa.

Rund um die Markthallen
Av. 5 de Outubro
Am Ufer der Lagune zieht sich die **Avenida 5 de Outubro** entlang. Die Straße – am 5. Oktober 1910 wurde die Republik ausgerufen – ist vor allem an Sommerabenden der belebteste Ort von Olhão, weil es hier ein Fischrestaurant neben dem anderen gibt. Mittelpunkt der Uferstraße sind die beiden **Markthallen** mit ihren Ecktürmen, die fast schon als Wahrzeichen von Olhão durchgehen. Tagsüber findet hier reges Marktgeschehen statt – verkauft werden frisches Gemüse, Fleisch und natürlich Fisch und in den kleinen Lädchen Zeitungen, Postkarten und alle möglichen Utensilien. Sonnabendvormittags wird der Markt auf Platz und Straße daneben ausgeweitet. Stoffe, Blumen, Lederwaren, Kleidung, Haushaltsartikel und lebendes Geflügel werden dann verkauft, und die Leute aus dem gesamten Landkreis kommen nach Olhão. Abends spielt sich an den Markthallen das Nachtleben der Stadt ab. Halb Olhão und viele portugiesische Touristen bevölkern die Cafés, Kneipen und Bars zum Draußensitzen. Andere Touristen gesellen sich eher unauffällig dazu.

Links und rechts der Markthallen wurden kleine Parks mit Blumenrabatten, Wasserbecken und Spielecken angelegt, direkt davor gibt es einen kleinen Jachthafen. Ein Stück in Richtung Osten kommt man zum Anleger

Olhão

für die Boote zu den Inseln, zum Fischereihafen und weiter östlich zur Quinta de Marim (s. Entdeckungstour S. 242).

Übernachten

Groß und schick – **Real Marina Residence**: Av. 5 de Outubro, Tel. 289 09 13 00, www.realhotelsgroup.com, DZ 65–200 €. Fast etwas unpassend für Olhão erscheint dieser große Hotelbau an der Uferstraße etwas außerhalb des Zentrums – vielleicht lässt sich daran eine neue Ausrichtung der Stadt weg von der Fischindustrie hin zum Tourismus ablesen? Wenngleich die Atmosphäre nicht besonders persönlich ist, wohnt man aber sehr komfortabel. Relaxen kann man im großen Spa oder am Pool mit Blick auf die Lagune vor dem Haus.

Zentral, schlicht und okay – **BJB – Alojamentos**: R. Cap. João Carlos de Mendonça 2, Tel. 919 83 43 43, 962 82 72 53, DZ ab 54 €. Sehr einfache Zimmer und Dachterrasse mit Blick.

Bem-vindo – Willkommen! – **Pension Bicuar**: Rua Vasco da Gama 5, Tel. 289 71 48 16, www.pensionbicuar.com, DZ 42 €. Die 2-Sterne-Pension liegt zentral am Rand der Fußgängerzone. Sie ist stilvoll modernisiert worden. Es gibt schöne einfache Doppelzimmer und Zimmer für Backpacker; alle Zimmer mit Duschbad und Kabel-TV. Ein echter Pluspunkt ist die Dachterrasse!

Modern – **Pensão Boémia**: Rua da Cerca 20, Tel. 289 72 11 22, DZ ab 35 €. Eine saubere Pension nahe der Hauptallee von Olhão. Alle Zimmer haben Bad und TV.

Essen & Trinken

Am Ufer – Es gibt sehr viele Restaurants mit ähnlichem Angebot an der Uferstraße, darunter **Lagar Mar** (Av. 5 de Outubro 68/70, viele Fischgerichte) und **O Bote** (Av. 5 de Outubro 122–124, gutes einfaches Essen, relativ günstig, viele Grillgerichte und Meeresfrüchte. Auch eine Winebar hat in der Avenida 5 de Outubro eröffnet.

Sehr beliebt – **O Horta**: Av. 5 de Outubro 146–148, ab 8,50 €. Das O Horta ist immer gut besucht und hat vorzüglichen frischen Fisch im Angebot.

Infos & Termine

Touristeninformation
Posto de Turismo: Largo Sebastião M. Mestre 6-A, Tel. 289 71 39 36.

Verkehr
Parken: Av. da República (Parkgebühr), Av. 5 de Outubro (Parkgebühr), Av. das Forças Armadas am Hafen (gebührenfrei).
Bus: Busbahnhof in der Rua General Humberto Delgado, zentral und in der Nähe des Bahnhofs.
Zug: Der Bahnhof liegt nahe der Hauptstraße Avenida da República.
Schiffe: Anleger östlich der Markthallen. Boote nach Armona zwischen 7.30 und 19.30 Uhr (Juli, Aug. etwa stdl., Juni, Sept. etwa 2-stdl., Okt.–Ende Mai stark eingeschränkt). Boote nach Culatra und Farol zwischen 7 und 19.30 Uhr (Juli, Aug. etwa 2-stdl., Juni, Sept. mittags eingeschränkt, Mitte Sept.–Ende Mai stark eingeschränkt).
Taxiboote: Zu den Inseln Armona, Farol, Culatra, und Deserta, bis fünf Pers. zwischen 20 und 30 €, teilweise 24-Stunden-Service. Tel. 969 11 44 74 und 967 90 66 63.

Feste
Festival do Marisco: Aug. Spezialitäten aus dem Meer und teils gute portugiesische Musikgruppen. Das Fest spielt sich vor allem an der Uferpromenade ab.

Auf Entdeckungstour: Eintauchen in die Lagunenwelt – die Quinta de Marim

Auf dem Gelände der Quinta de Marim erfährt man etwas über die Ria Formosa, ein etwa 60 km langes Lagunengebiet, das sich zwischen dem Festland und den vorgelagerten Inseln erstreckt und mit seinen Kanälen, Sandbänken, Dünenstreifen, Salzwiesen und Wattgebieten ein wichtiger Lebensraum für teilweise seltene Tiere und Pflanzen ist.

Reisekarte: ▶ J 6
Dauer: 1 Std.
Quinta de Marim: ca. 1 km östl. von Olhão, Mo–Fr 8–19, Sa, So 10–19, im Sommer tgl. bis 20 Uhr
Anfahrt: von der N 125 Richtung Campingplatz Olhão abbiegen, über die Bahngleise hinweg, Einfahrt auf das Gelände linker Hand; oder von Olhão aus an den Hafenanlagen vorbei und am – allerdings bebauten – Rand der Lagune entlang

Etwa 1 km östlich von Olhão liegt die Quinta de Marim, das Informationszentrum des Naturparks Ria Formosa. Zu ihm gehört ein Gelände von etwa 60 ha, das selbst Teil des Naturparks ist. Das Zentrum hat es sich zur Aufgabe gemacht, über das Lagunengebiet zu informieren und das sensible Ökosystem zu schützen. Man kann einen Spaziergang über das Areal am Rand der Lagune machen, allerdings soll es in den nächsten Jahren Renovierungsarbeiten geben – diese sind auch dringend erforderlich.

Anpassungsfähige Pflanzenwelt

Von dem kleinen Rezeptionsgebäude geht man ein Stück geradeaus am Parkplatz vorbei und biegt dann nach rechts ab. Links des Weges erstreckt sich ein **Pinienwäldchen**, rechter Hand sieht man die künstlich angelegten rechteckigen Becken einer Fischzucht. Fischzucht und Aquakultur spielen seit einigen Jahren eine zunehmende Rolle in der Algarve.

Man kommt geradewegs auf die Lagune zu. Gezeiten bestimmen hier die Landschaft und die Existenz von Fauna und Flora. Alles Leben am Rand der Lagune muss dafür gerüstet sein, Phasen im Salzwasser und Phasen im Trockenen zu überstehen; die Pflanzen in den Salzwiesen, die den Boden befestigen, müssen salzwasserresistent sein. In oft überfluteten Bereichen findet man Schlickgras und Queller, die in der Lage sind, Wasser für die Zeit des Niedrigwassers zu speichern.

Bedrohte Spezies

Hier am Rand der Lagune leben auch **Winkerkrabben** im schlickigen Boden. Sie haben seitlich am Körper fünf Paar Extremitäten, am ersten Beinpaar vorne sitzen die charakteristischen Scheren. Die Männchen tragen zwei unterschiedliche Scheren, eine besonders große und eine kleinere; die Weibchen sind mit zwei kleineren Scheren ausgestattet. Um die Weibchen anzulocken, heben die Männchen ihre größere Schere an und beginnen damit zu ›winken‹ – und das tut nicht ein Männchen allein, sondern eine ganze Kolonie ›winkt‹ die Weibchen im Takt heran. Genau auf diese große Schere der Männchen haben es die Krabbenfischer an der Algarve-Küste abgesehen: Die Schere gilt als Delikatesse, die Fischer brechen sie vom Krabbenkörper ab. Zwar überleben die Winkerkrabben das Abbrechen, jedoch sind sie dadurch ihres Anlockinstruments, ihrer Männlichkeit, beraubt, was die Nachwuchsbildung und damit den Bestand der Winkerkrabben stark gefährdet.

Vom Meer angetrieben

Weiter geht es am Rand der Lagune entlang und auf einem Holzstegweg durch ein **Dünengebiet**. Die Pflanzen verströmen einen aromatischen Duft. Fast immer tuckern Boote auf der Lagune vorbei, die vom Meer oder einer der Laguneninseln herüberkommen.

Die **Gezeitenmühle** (moinho de maré) aus dem Jahr 1885 war noch bis 1970 in Betrieb. Schon im Mittelalter gab es Gezeitenmühlen in Portugal, die immer in lagunenähnlichen Gezeitenzonen lagen. Sie gehörten dem jeweiligen Landesherrn, und Bauern mussten ihr Getreide in diesen Mühlen mahlen lassen. Das ein- und auslaufende Wasser trieb die horizontal gelagerten Wasserräder an. In den Mühlen gab es Wohnräume für die Familie des Müllers und Pferdeställe.

Paradies für Vogelliebhaber

Nun geht es wieder ein Stück landeinwärts und am Ende des flachen Lagunenbeckens, in dem meist ein paar Wattvögel, Strandläufer, Reiher und Störche ihre Mahlzeiten zusammensuchen, biegt man rechts ein. Der Weg führt an dem Becken entlang und an einem Beobachtungsposten vorbei, in dem man einen Stop einlegen kann, um die Vögel in der flachen Lagune in Augenschein zu nehmen. Auf der anderen Wegseite liegt ein Süßwasserteich, auch hier können Vogelliebhaber von einem Holzstand aus das Leben auf dem Teich

beobachten. Vor allem viele Entenarten leben hier – Krickenten, Stockenten, Tafel- und Löffelenten –, Teich- und Blässhühner. Mit Glück sieht man auch ein rotbeiniges Purpurhuhn, eine Vogelart, die es in Europa fast nur in dieser Lagune gibt: Es ziert daher auch das Logo des Naturparks.

Im Winterhalbjahr sind verschiedene Zugvögel zu sehen, die Zwischenstation in der Lagune machen, um sich für den Weiterflug nach Afrika und Monate später für den Rückflug nach Norden zu stärken. Eine der Vogelarten, die in der Ria Formosa leben, sind Zwergseeschwalben, eine geschützte Art. Mehrfach schon hat der portugiesische Umweltschutzverein Almargem Alarm geschlagen: Durch die Brutgebiete der Zwergseeschwalben fahren immer wieder Quads, selbst mitten in der Brutzeit, und so laufen mitunter ganze Kolonien Gefahr, zerstört zu werden.

Antike Salzanlage und historische Bewässerung

In der Nähe des kleinen Sees wurden **römische Salzbecken** gefunden. Dadurch weiß man, dass schon die Römer hier in Südportugal Salzgewinnung betrieben haben; sie nutzten das teure Gut v. a. zum Konservieren von Fisch.

Schließlich gibt es am Wegesrand auch noch eine **Vogelpflege- und Schutzstation**, die jedoch für Besucher nicht zugänglich sind. Von dem Hauptweg biegt dann ein kleiner Pfad rechts ab, der von Oleanderbüschen, Pappeln und Zuckerrohrpflanzen gesäumt ist und zu einem Relikt aus vergangenen Algarve-Zeiten führt: einer *nora*, die etwas versteckt rechts des Pfades steht. Dieser **Schöpfbrunnen,** der von den Arabern in Südportugal eingeführt wurde, war über Jahrhunderte aus der Landwirtschaft der Algarve nicht wegzudenken.

Die Laguneninseln und Fuseta

Laguneninseln ▶ J/K 6

In der Umgebung von Olhão gilt es Perlen zu entdecken, die bisher vom Algarve-Boom weitgehend verschont geblieben sind. Zum einen sind das die Badeinseln an der Küste vor Olhão. Die vorgelagerten Laguneninseln machen den Reiz des Küstenstreifens östlich von Faro aus, auch wenn sie stellenweise eher an flache Nordseestrände erinnern mögen.

Für Verwirrung sorgen Karten, nach denen es eine **Ilha do Farol** und eine **Ilha da Culatra** geben soll. Farol ist der Westteil der Ilha da Culatra, auf dem ein Leuchtturm in den Himmel ragt (farol = Leuchtturm), wird aber unter Einheimischen oft als gesonderte Insel gehandelt. Culatra ist teilweise Gelände der portugiesischen Marine. Beiderseits des abgesperrten Gebietes liegen jeweils auf der landzugewandten Seite Anlegestellen (Culatra und Farol) mit kleinen Ansiedlungen. Nur ein paar Schritte sind es über die schmalen Dünenstreifen, bis man zu den kilometerlangen Sandstränden kommt.

Auch die **Ilha de Armona** erreicht man von Olhão aus. Man landet dann am westlichen Teil der Insel an, wo es ebenfalls eine kleine Ansiedlung von Sommerhäusern und Lokale gibt. Gleich am Anleger gibt es mehrere einfache Restaurants. Ein ewig langer Sandstrand erstreckt sich zum offenen Meer hin.

Übernachten

Inselhäuschen – Auf Armona gibt es ein paar Ferienhäuschen; wer sehr geringe Ansprüche hat, kann auch einen Bungalow auf dem Campingplatz mieten; Tel. 289 71 41 73.

Essen & Trinken

Einfach – Auf Farol gibt es ein einfaches, beliebtes **Restaurant** in der Nähe des Leuchtturms, in dem man Kleinigkeiten essen kann, auch Salate oder Tagessuppe. Mittags sitzt man am besten auf der angenehm schattigen Terrasse.

Infos

Boote: Von Olhão aus gibt es einen regelmäßigen Bootsverkehr zur Ilha da Culatra und zur Ilha de Armona.

Fuseta ▶ K 6

Das kleine Dorf mit knapp 2000 Einwohnern hat vor einiger Zeit einen gehörigen Aufschwung genommen. Der gesamte Hafen- und Uferbereich ist ausgebaut worden, und es gibt direkt am Ort im Lagunenbereich einen Sandstrand mit Badeleben.

Fuseta selbst ist ähnlich bebaut wie das benachbarte Olhão, ist aber wesentlich kleiner und gibt vielleicht noch eine Ahnung vom früheren Leben in Olhão. Auch hier findet man die typischen kubischen Häuser mit Flachdächern.

Rundgang durch den Ort

Das Dorf zieht sich mit schachbrettartig angelegten Straßen über einen Hügel hin. Oben steht eine alte Dorfkirche, und vom Vorplatz der Kirche hat man einen schönen Blick über die Dächer auf die Lagune.

Unten am Wasser bei der Markthalle herrscht reges Treiben. An der Straße, die parallel zu dem Lagunenkanal verläuft und zum Strand und zu dem

Die Sandalgarve im Osten

kleinen Bootsanleger führt, gibt es ein paar einfache kleine Buden und Kneipen, in denen man Snacks und Getränke bekommt. Östlich von Fuseta erstrecken sich weite Salzgärten, also Salzbecken, in denen man das Lagunenwasser zur Salzgewinnung verdunsten lässt.

Übernachten

Schöne Lage – **Parque de Campismo de Fuseta****: 450 Plätze, Tel. 289 79 34 59. Der Platz ist günstig am Wasser zwischen Hafen und Lagune gelegen.

Im Hinterland von Olhão

Moncarapacho ▸ J/K 5

Ausgesprochen schön ist das Hinterland von Olhão mit seinen kleinen Dörfern und verstreut liegenden Einzelgehöften inmitten von Orangen- und Feigenbaumhainen. Auf der N 398 kommt man von Olhão aus über Quelfes nach Moncarapacho, einem hübschen Landstädtchen am Südrand der Algarve-Berge. Es ist in eine sanfte Hügellandschaft eingebettet. Der Ort strahlt eine unaufgeregt-ländliche Atmosphäre aus, die man am Platz neben der Kirche bestens zu spüren bekommt.

Kirche
Rua de Santo Cristo, nur zur Messe geöffnet
Die Kirche ist mittelalterlichen Ursprungs – einige wenige romanische und gotische Elemente sind noch erhalten. Sehenswert ist das Eingangsportal, das im 16. Jh. entstanden ist und eine fein gearbeitete Verkündigungsszene zeigt.

Ermida de Santo Cristo
Rua de Santo Cristo, Kapelle und Museum Mo–Fr 11–13, 14–17 Uhr
Unbedingt lohnend ist die von außen schlichte Kapelle, eine frühere Wallfahrtskapelle, die im Innern durch ihre komplette Wandverkleidung aus Fliesen (17. Jh.) begeistert. Man kann die Kapelle im Rahmen von Führungen durch das benachbarte kleine **Museum** (mit archäologischer Sammlung) besichtigen. Außerdem werden sakrale Exponate gezeigt, darunter eine in der Algarve einmalige Krippe aus dem 18. Jh. aus insgesamt 45 Einzelfiguren.

Übernachten

Gastfreundliches B & B – **Pedras Verdes**: Sítio da Boavista, Quelfes, www.

Tavira

Die Ponte Romana in Tavira ist meist lebhaft frequentiert

pedrasverdes.com, DZ 70–10 €. Schöne kleine Unterkunft in Quelfes in der Nähe von Moncarapacho. Das flache Landhaus hat sechs Zimmer, die einfach und sehr geschmackvoll eingerichtet sind. Es gibt einen hübschen Garten und einen Swimmingpool. Man kann hier draußen total abschalten und relaxen, aber Olhão, Faro und Tavira sind nicht weit. Und die Urlaubstage gehen immer schon gut los: Das Frühstück ist reichhaltig und wird normalerweise draußen serviert.

Tavira! ▶ L 5

Zu den schönsten Städtchen an der Algarve-Küste gehört Tavira (12 000 Einwohner). Als ›Klein-Venedig‹ wird die Stadt oft bezeichnet – eine maßlose Übertreibung zwar, aber der Gilão, der in seinem flachen Flussbett durch das Ortszentrum auf die Mündung zufließt, verleiht ihr tatsächlich einen ganz besonderen Reiz. Und möglicherweise erinnert auch das Licht hier an das in der Lagune von Venedig. Die für Tavira typischen weißen Häuschen mit ihren spitzen Walmdächern spiegeln sich im Flusswasser. Der Gilão wird im Stadtgebiet gestaut und ist bis zu dem kleinen Wehr stark gezeitenabhängig.

Tavira hat eine komplett andere Bebauung als das benachbarte Olhão, und auch atmosphärisch unterscheiden sich die beiden Städte in der Lagunenlandschaft der Ria Formosa. Während Olhão fast etwas verschlos-

Tavira

Sehenswert
1. Ponte Romana
2. Kapelle Nossa Senhora da Consolação
3. Igreja da Misericórdia
4. Palácio da Galeria
5. Wasserturm
6. Igreja Santa Maria do Castelo
7. Burggarten
8. Núcleo Islâmico
9. Praça 5 de Outubro
10. Kapelle São Brás
11. Igreja do Carmo

Übernachten
1. Pousada Convento da Graça
2. Casa Vale del Rei
3. Quinta do Caracol
4. Hotel Vila Galé Albacora
5. Princesa do Gilão
6. Jugendherberge

Essen & Trinken
1. Quatro Águas
2. A Ver Tavira
3. Ponto de Encontro
4. Os Arcos
5. Bica
6. Amore Vero
7. Aquasul
8. Goji
9. Tavira Lounge

Einkaufen
1. Ex Libris Gourmet

Aktiv
1. Internetcafé Pastelaria Anazu
2. Helder de Meto
3. Fado com História

Abends & Nachts
1. Ref' Café
2. The Black Anchor
3. Ubi
4. Taska Madeira

sen wirkt, ist Tavira vergleichsweise offen und heiter. Es gibt nicht eines der für Olhão typischen kubischen Häuser. Und nicht zuletzt kann die Stadt sich ihrer weit über 20 Kirchen, Kapellen und Klöster rühmen.

Ähnlich wie Olhão ist Tavira aus einer frühen Ansiedlung hervorgegangen, deren Bewohner vom Fischfang und der Salzgewinnung zum Konservieren von Fisch lebten. Die Mauren errichteten in Tavira eine Burganlage, was auf eine zunehmende Bedeutung in dieser Zeit schließen lässt. Im 15. Jh. war Tavira dann wichtiger Garnisonsstützpunkt während der portugiesischen Eroberungen in Marokko sowie anschließend bedeutender Hafen für den Handel mit Nordafrika. Dann folgten über Jahrhunderte mehrere schwere Schläge: der Verlust der nordafrikanischen Besitzungen, eine Pestepidemie, das Erdbeben Mitte des 18. Jh. und die allmähliche Verschlickung des Hafens.

Im ausgehenden 19. Jh. begann in Tavira nochmals ein wirtschaftlicher Aufschwung durch die Fischverarbeitungsindustrie. Gefangen und verarbeitet wurde wie in Olhão auch vorwiegend Thunfisch. In der Umgebung von Tavira gab es mehrere Thunfischfangstationen, in denen die Fischer mit ihren Familien lebten. Mitte des 20. Jh. nahm der Fischfang dann massiv ab.

Tavira hat viel für sein Image getan, und in dem lange noch ungekünstelten Ort ist es deutlich schicker geworden. In den letzten Jahren versucht die Stadt, den Tourismus noch weiter auszubauen, und hat zu diesem Zweck erhebliche finanzielle Mittel eingesetzt, um ein gezieltes Wachstum zu ermöglichen.

Das Stadtzentrum – südlich des Gilão

Der Stadtkern ist durch den Gilão geteilt, wobei der lebendigere Bereich mit der Einkaufszone auf dem südlichen Flussufer liegt. An der Praça da República direkt am Ufer kann man einen Rundgang beginnen.

Ponte Romana 1 und Ufer

Hier bietet sich sogleich der schönste Blick auf das Wasser und die gegenüberliegende Häuserzeile sowie auf die siebenbogige **Brücke** römischen Ursprungs – zu jener Zeit verlief hier die Hauptverbindung zwischen Mértola im Alentejo und Ossonoba (Faro). Im Winter 1989/90 wurde die Brücke, über die zu diesem Zeitpunkt noch der Autoverkehr rollte, nach starken Regenfällen durch Wassermassen und Geröll schwer beschädigt und musste komplett saniert werden. Die beiden Autobrücken weiter südöstlich sind erst anschließend entstanden – und haben das Bild des gemütlich dümpelnden Flusses beträchtlich verändert. Parallel zum Wasser zieht sich ein kleiner **Park,** an dessen Ostseite

Die Sandalgarve im Osten

man in die belebte ehemalige **Markthalle** (Largo Dr. José Pires Padinha), kommt, die umgebaut wurde und jetzt Restaurants, Cafés und Souvenirläden Platz bietet.

Südlich der Parkanlage erstreckt sich eine kleine **Fußgängerzone,** in der man eine Straße schon bald nach dem Tod der Fado-Legende Rua Amália Rodrigues genannt hat.

Kirchen

Tavira hat relativ viele kleine Sehenswürdigkeiten zu bieten, allen voran eine Vielzahl von Kirchen, die größtenteils aber geschlossen sind. Einige lohnen eine Besichtigung, wie z. B. die kleine, meist auch geöffnete **Kapelle Nossa Senhora da Consolação** (Rua da Liberdade 77) 2 . Sie beherbergt einen Fliesensockel aus dem 17. Jh. und ein flämisches Altargemälde aus dem 16. Jh.

Von Bedeutung ist die **Igreja da Misericórdia** (Rua da Galeria) 3 . Sie gehört zu den am besten erhaltenen Renaissancekirchen in Südportugal, obwohl auch sie durch das Erdbeben im Jahre 1755 in Mitleidenschaft gezogen worden ist. Allein das Portal zeigt interessante Details: die Nossa Senhora da Misericórdia ganz oben unter einem Baldachin, rechts neben ihr das Wappen von Tavira, links erscheint das portugiesische Wappen, darunter die Figuren von São Pedro und São Paulo. In der Türfassung darunter sind korinthische Blätter und einzelne Figuren zu erkennen. Im Innern fallen insbesondere die Fliesenbilder aus dem 18. Jh. und der wuchtige vergoldete Hochaltar ins Auge.

In der Altstadt von Tavira

Tavira

Palácio da Galeria 4
Calçada da Galeria sn, im Sommer Di–Sa 10–12.30, 15–18.30, im Winter Di–Sa 10–12.30, 14–17.30 Uhr

Geht man die Gassen hinter der Kirche weiter aufwärts, so kommt man am Palácio da Galeria vorbei. In dem alten Stadtpalast befindet sich das **Centro de Arte Contemporânea**, in dem gute Wechselausstellungen gezeigt werden, die meist Themen der Region Tavira gewidmet sind. Auch wenn man sich das Innere nicht weiter anschauen möchte, sollte man sich zumindest einmal in den Eingangsbereich begeben, wo im Fußboden unter Glas vier Ausgrabungen zu sehen sind: die Reste einer phönizischen Vorgängersiedlung von Tavira. Man erkennt, dass der Boden damals wesentlich tiefer lag als heute. Zu phönizischer Zeit war dieses Viertel unter dem Kastell, das sich den Hügel hinaufzieht, der eigentliche Siedlungspunkt, während unten an der Stelle der Praça da República noch das Flusswasser plätscherte. Im Palácio da Galeria ist außerdem das **städtische Museum** untergebracht.

Wasserturm 5
Calçada da Galeria, tgl. 10–17, Okt.–Mai 10–16.30 Uhr

Von der Höhe oben kann man per Camera Obscura einen Blick auf Tavira werfen. Wer das Prinzip der Camera Obscura nicht kennt, wird es hier verstehen und von der ungewöhnlichen Betrachtungsweise fasziniert sein – Tavira live im dunklen Wasserturm …!

Santa Maria do Castelo 6
Largo Abu-Otmane

Die schöne Kirche fällt durch ihre exponierte Lage von vielen Punkten im Zentrum auf, markant ist auch das große Zifferblatt am Uhrenturm. Sie wurde im 13. Jh. gleich nach der Eroberung der Stadt durch die Christen gebaut, und zwar – wie so oft – an der Stelle, an der die Mauren eine Moschee errichtet hatten. Von der ursprünglichen Kirche ist das gotische Eingangsportal erhalten bzw. nach dem Erdbeben rekonstruiert worden. Die zweite Seitenkapelle links ist mit manuelinischen Ornamenten dekoriert. Im Altarraum befindet sich das Grab von sieben Rittern des Santiago-Ordens, die während der Kämpfe um Tavira 1242 von Mauren getötet wurden, obwohl – so heißt es – gerade ein Waffenstillstand vereinbart worden war.

Burggarten 7
Largo Abu-Otmane, Mo–Fr 8–19, Sa, So 10–19, Winter Mo–So 9–17 Uhr

Ein Stückchen wieder zurück und den Hügel hinunter sind einige Mauerres-

Die Sandalgarve im Osten

te der ursprünglich maurischen Burg noch erhalten. Der kleine Garten ist hübsch mit rot blühenden Hibiskus- und duftenden Trompetenbäumen, ein paar Obstbäumen und üppigen Blumenbeeten angelegt, außerdem genießt man oben auf den Mauern eine weite Aussicht auf die Stadt und den Fluss.

Núcleo Islâmico 8
Praça da República (direkt neben der Touristeninformation), im Sommer Di–Sa 10–12.30, 15–18.30, im Winter Di–Sa 10–12.30, 14–17.30 Uhr

Wieder zurück an der Praça da República, kann man sich in diesem empfehlenswerten Museum ein Bild von der maurischen Epoche in der Region Tavira machen. Stolz des Hauses ist der Vaso Islâmico, ein ungewöhnlich gestaltetes Gefäß, das in der islamischen Welt einzigartig ist und dessen Fund in Tavira im Jahr 1995 an fast der Stelle, an der es jetzt ausgestellt ist, eine schöne kleine Sensation war.

Jenseits des Gilão

Wenn man unten an der Praça da República über die alte Brücke geht, kommt man in ein ruhigeres Stadtviertel. Gleich hinter der Brücke starten in der Saison Kutschfahrten durch Tavira und in die Umgebung und auch ein Minizug, der durch den Ort fährt, hält hier. Links der Brücke findet man an dem bislang touristisch noch völlig ungenutzten Ufer ein paar Restaurants. Auch rechts der Brücke gibt es das eine oder andere Café, in dem oft nur vereinzelt Leute sitzen.

Praça 5 de Outubro 9
Hinter der Brücke geradeaus kommt man zu einem halbwegs ovalen Platz mit einer schönen Grünanlage. Darin stehen in die Höhe ragende Palmen und Araukarien, darunter Weihnachtssterne, Oleander, Hibiskus und Blumenrabatten. Am Platz 5 de Outubro (oder auch der Praça Dr. António Padinha) gibt es mehrere Cafés, in denen man u. a. auch gut frühstücken kann, was für die Gäste der zahlreichen Pensionen und Privatzimmer auf dieser Seite von Bedeutung ist.

Capela São Brás 10
Largo de São Brás

Über eine Treppe geht es ein Stück aufwärts zu einem weiteren Platz, dem Largo São Brás, ebenfalls mit einem kleinen Park, der ausgesprochen ruhig liegt. Am Platz steht die architektonisch ausgewogene Kapelle und ein paar Schritte weiter öffnet sich der schmucklose Largo do Carmo mit der **Igreja do Carmo** 11 (18. Jh.), der Kirche eines früheren Karmeliterklosters.

Am Stadtrand

Auf der Nordseite des Flusses führt eine Straße stadtauswärts durch ein Gebiet mit **Salzgärten,** die man hier aus nächster Nähe ansehen kann. Kurz hinter dem Kreisel, von dem man in das Salinengebiet abbiegt, stehen direkt an der Straße einige flache Häuser und Schuppen. In einem ist eine kleine **Olivenfabrik** untergebracht (ohne Schild, Kennzeichen ist ein breites mobiles Gitter in kräftigem Blau), die der Besitzer Helder Madeira gern und informell zeigt. Man kann also in dem Büroraum vorne am Eingang nachsehen, ob er da ist, und wird dann in den Produktionsraum geführt, in dem zur Zeit der Olivenernte zwischen November und März eine eigens für diesen Betrieb hergestellte Sortiermaschine rattert.

Tavira

Im Mündungsbereich des Rio Gilão stehen Reste der **Rato-Burg,** einer Verteidigungsanlage aus dem 16. Jh., die im 17. Jh. erweitert wurde. Direkt an der Mündung befindet sich das **Hotel Vila Galé Albacora** 4 – ein architektonisch interessantes Projekt, denn die Hotelanlage wurde in einer ehemaligen **Thunfischfangstation** eingerichtet. Die Häuschen der systematisch aufgebauten Fischersiedlung, ein Schulraum und eine kleine Kirche sind in den Hotelkomplex einbezogen worden. Ein kleines öffentliches Museum im Hotelbereich zeigt Bilder von der Fangstation und gibt Aufschluss über den Thunfischfang. Auch das Modell einer speziellen Netzfanganlage ist ausgestellt.

Mit dem Kajak durch die Ria Formosa

Paddeltour nach Santa Luzia knapp 5 km, nach Cabanas ca. 4 km, nach Tavira ca. 4 km (jeweils einfache Strecke), Kajakverleih bei Formosamar im Hotel Vila Galé Albacora 4*, Info: www.formosamar.com*

Nur ein paar Schritte sind es vom Hotelgelände ans Lagunenwasser – und los geht die Tour. Zur Erkundung der Lagune hat man mehrere Möglichkeiten, die man mit den Leuten von Formosamar, die die Boote vermieten, auch gut besprechen kann. Im Wesentlichen bieten sich drei Touren an: Die eine führt in Richtung Südwesten, man überquert dabei gleich zu Beginn den **Rio Gilão,** wenn man auf die Schiffsanlegestelle **Quatro Águas** zufährt. Dann geht es in die schmaleren Gewässer immer weiter bis nach **Santa Luzia.** Linkerhand erstreckt sich die **Ilha de Tavira.** An Stellen, an denen die Düneninsel besonders schmal und flach ist, kann man schon mal einen Sonnenschirm am Strand erkennen, ansonsten paddelt man hier an der Rückseite der Insel entlang. Es geht an dem kleinen, langgestreckten Fischer-

Kajaktouren durch die Ria Formosa

Die Sandalgarve im Osten

Paddeln in der Ria Formosa

ort Santa Luzia vorbei bis kurz vor der Pontonbrücke, die zur Insel führt. Hier kehrt man um.

Es besteht auch die Möglichkeit, Richtung Nordosten zu paddeln, z. B. bis **Cabanas,** ein kleiner Urlaubsort an der Lagune. Man passiert gleich zu Beginn den **Rio Gilão,** der zwischen der Ilha de Tavira und der Ilha de Cabanas ins Meer fließt – in diesem Bereich muss man mit starken Strömungen rechnen.

Eine dritte Tour führt ganz einfach über den Rio Gilão nach **Tavira** hinein – eine ganz besondere Art, sich der Stadt zu nähern!

Übernachten

Ein wenig klösterlicher Luxus – **Pousada Convento da Graça** 1 : Rua D. Paio Peres Correia, 8800-407 Tavira, Tel. 210 40 76 80, DZ ab 130 €. Eine wahrlich schöne Pousada, die mit allem Komfort in alten Klostermauern eingerichtet wurde.

Inmitten von Orangenhainen – **Casa Vale del Rei** 2 : Almargem, außerhalb der Stadt, Tel. 281 32 30 99, www.casavaledelrei.co.uk, DZ 110–130 € (nach Saison). Die Casa Vale del Rei ist ein Kleinod auf dem Land, wenige Kilometer nordöstlich von Tavira. Man wohnt inmitten von Orangenplantagen in einfachen, nett gemachten Zimmern und frühstückt bei gutem Wetter auf der Terrasse mit Blick in die Landschaft – und natürlich gibt es Orangensaft. Der Pool, ein kleiner Garten, die schattige Terrasse und die behagliche Lounge sind Plätze zum Wohlfühlen.

Komfortables Plätzchen – **Quinta do Caracol** 3 : Rua de São Pedro (Rua Miguel Bombarda stadtauswärts, hinter den Gleisen links), Tel. 281 32 24 75, www.quintadocaracol.com, Apartment 70–140 €. In einem früheren Bauernhof aus dem 17. Jh. wurden

Tavira

hübsche kleine Apartments mit Küchenzeile eingerichtet; es gibt Tennisplätze, Tischtennis, Swimmingpool und einen Spielplatz.

Ein ungewöhnlicher Ort – **Hotel Vila Galé Albacora 4**: Quatro Águas, Tel. 281 38 08 00, www.vilagale.com, DZ 65–160 € (nach Saison). Die Hotelanlage in einer ehemaligen Thunfischstation an der Flussmündung ist als Ökohotel ausgezeichnet. Es gibt einen Swimmingpool, eine Liegewiese und einen Club für Kids. Im Hotel sind mehrere Anbieter von Aktivitäten ansässig: Man kann direkt vor Ort z. B. Kajaks zum Erkunden der Ria Formosa oder Fahrräder mieten. Und es besteht – nicht zu verachten! – ein Bootsservice zur direkt vorgelagerten Ilha de Tavira. Außerdem gibt es einen Busshuttle in die Stadt. Ein eigenes Auto ist in der abgelegenen Ecke allerdings trotzdem von Vorteil.

Schöne Lage am Fluss – **Princesa do Gilão 5**: Rua Borda de Água Aguiar 10–12, Tel. 281 32 51 71, DZ 48–58 €. Gepflegte große und etwas nüchterne Pension. Sie steht direkt am Fluss und aus vielen Zimmern hat man Blick aufs Wasser und die Stadt am gegenüberliegenden Flussufer.

Günstig – **Jugendherberge 6**: Rua Miguel Bombarda 36, Tel. 281 32 67 31, tavira@movijovem.pt. Gute moderne Jugendherberge, zentral gelegen. Angenehm und gepflegt. Vierbettzimmer und Doppelzimmer mit Bad. Die Jugendherberge ist rund um die Uhr geöffnet.

Essen & Trinken

Gepflegter Klassiker – **Quatro Águas 1**: Außerhalb, an der Flussmündung des Gilão, 11–17 €. Sehr gepflegtes Restaurant mit exzellenter Küche. Der kleine Ausflug vor die Tore der Stadt lohnt sich.

Restaurante & Piano Bar – **A Ver Tavira 2**: Calçada da Galeria 13, Tel. 281 38 13 63, Gerichte ab 12 €. Eher kleine, aber gute Speisekarte, es gibt auch vegetarische Gerichte. Man sitzt schick und schön; den Königsplatz hat, wer einen freien Tisch auf dem kleinen Balkon mit Blick über Tavira findet.

›Treffpunkt‹ – **Ponto de Encontro 3**: Praça Dr. António Padinha 39, Tel. 281 32 37 30, 8–14 €. In dem blauen Ambiente sitzt man schön, und es schmeckt! Gute portugiesische Fisch- und Fleischgerichte. Immer gut besucht.

Von Einheimischen empfohlen – **Os Arcos 4**: Rua João Vaz Corte Real (Hintereingang am Flussufer direkt hinter der Brücke links), So geschl., Gerichte 7–10 €. Einfache, gute portugiesische Küche, im Sommer werden manchmal Tische draußen ans Ufer gestellt.

Einfach und schmackhaft – **Bica 5**: Rua Almirante Cândido dos Reis 24–28, Gerichte 7–14 €. Typisch portugiesisches Lokal mit Neonlicht und Waschbecken im Speiseraum und absolut hervorragendem Essen.

Stilvoll italienisch! – **Amore Vero 6**: Rua João Vaz Corte Real, ab 14 €. Wer mal keine Lust auf Portugiesisches hat, findet hier gehobene italienische Küche in schönem Ambiente. Kleine Gerichte gibt es ab 7,50 €, außerdem wird auf Wunsch auch vegetarisch gekocht. Das Amore Vero ist zudem eine beliebte Cocktailbar.

Besondere Atmosphäre – **Aquasul 7**: Rua Dr. Augusto S. Carvalho 13, ab 14,50 €, Pizza ab 7,50 €. Das Lokal liegt etwas versteckt in einer kleinen Seitengasse. Man sitzt in einem hübsch eingerichteten Speiseraum an bunt gefliesten Tischen und bekommt eine kleine Auswahl an guten und auch fürs Auge appetitlich zubereiteten Gerichten, darunter ein paar vegetarische.

Die Sandalgarve im Osten

Frisch und leicht – **Goji** 8: Rua da Liberdade 24, ca. 5 €. Nichts für ein ausgedehntes Kerzenscheindinner, sondern für eine kleine gesunde Mahlzeit mittags oder am frühen Abend: Suppen, Salate, Quiches, Joghurt-Früchte-Müsli, leichte Nudelgerichte und auch eine kleine Auswahl an Kuchen. Dazu kann man eine der guten Saftkreationen probieren.

Angenehm chillen – **Tavira Lounge** 9: Rua Gonçalo Velho 16/18, Kleinigkeiten ab 4 €. In dem alten Gebäude direkt am Fluss kann man wunderbar bei einem Getränk oder einem Snack ausspannen. An heißen Sommertagen sitzt man schön luftig am offenen Fenster mit Blick aufs Wasser. Es gibt Tapas, kleine Tagesgerichte, Vegetarisches und Süßes. Abends und bis 2 Uhr nachts: Caipirinha, Mojito etc.

Einkaufen

Köstlich! – **Ex Libris Gourmet** 1: Rua 5 de Outubro 10–12. Exzellente Auswahl an Produkten aus der Algarve und Portugal: Weine, Pasteten, Schokoladen, Salz, Öle, Sardinenkonserven.

Aktiv

Ab ins Netz – **Internetcafé Pastelaria Anazu** 1: Rua Jacques Pessoa 11–13. Hier lassen sich Infos für die Reise aus dem World Wide Web ziehen.

Ausflüge – **Helder de Meto** 2: Rua 5 de Outubro 20. Verkauft werden nicht nur gute Postkarten, man kann auch Touren in die gesamte Algarve buchen.

Fado für Anfänger – **Fado com História** 3: Rua Damião Augusto de Brito Vasconcelos 4, http://fadocomhistoria.wix.com/fado, Mo–Sa 10-18 Uhr. Hier gibt es sehr lohnende halbstündige Mini-Konzerte und einen kleinen Film.

Abends & Nachts

Ausgefallen – **Ref' Café** 1: Rua Gonçalo Velho 23a, Tel. 964 30 89 60. Drum'n'Bass, Acid Jazz, Jungle, Fea-

Kleiner Plausch beim Einkauf in Tavira

Ilha de Tavira

ture Sound. Man muss schauen, ob Ref gerade geöffnet hat, und darf gespannt sein, ob er sein Zimmer im nächsten Sommer wieder aufmacht.
Guinness statt Sagres – **The Black Anchor** 2: Rua Borda d'Água da Assêca. In dieser Irish Bar am Flussufer kann man den Tag mit Guinness beschließen.
Für Nachtaktive – **Ubi** 3: Av. D. Manuel I. Auf dem alten Fabrikgelände hinter der Autobrücke liegt Taviras angesagte Diskothek.
Musik – **Taska Madeira** 4: Rua do Alto do Cano 4. Gute Adresse für verschiedene Art von Livemusik, auch Disko und Karaoke – oder man kann auch nur einfach einen Absacker trinken.

Infos

Touristeninformation
Posto de Turismo: Praça da República, Tel. 281 32 25 11.

Internet
www.cm-tavira.pt: Website der Stadt Tavira auf Portugiesisch. Unter dem Stichwort ›*Verão em Tavira*‹ (Sommer in Tavira) findet sich das aktuelle Veranstaltungsprogramm.

Verkehr
Bus: Busbahnhof in der Rua dos Pelames, sehr zentral am Fluss gelegen.
Zug: Der Bahnhof von Tavira liegt halbwegs zentral in Richtung Ortsteil São Pedro.

Ilha de Tavira ▸ K 6/L 5

Dem Mündungsbereich des Gilão vorgelagert ist die Ilha de Tavira, die sich über 10 km nach Südwesten an der Küste entlangzieht. Wie auch die benachbarten Laguneninseln ist die Ilha de Tavira extrem schmal, besteht in der Mitte aus einem flachen Dünenstreifen und hat zur Seeseite hin einen endlos langen Sandstrand, an dem man selbst in der Hochsaison einsame Plätzchen findet

Bei **Santa Luzia**, einem lang gezogenen Fischerdorf südwestlich von Tavira, ist das Lagunenwasser so schmal, dass man in Höhe der Ferienanlage Pedras d'el Rei eine **Pontonbrücke** anlegen konnte, über die Fußgänger zum Strand gehen können, oder sie steigen in die kleine **Inselbahn** (s. Lieblingsort S. 258). Sie fährt zur **Praia do Barril**, an der in einer ehemaligen Thunfischfangstation Restaurants, eine Cafeteria, Toiletten und Duschen eingerichtet worden sind. In den Dünen liegen stapelweise alte Anker, mit denen die Netze für den Thunfischfang im Meeresboden verankert wurden.

Weiter östlich in Höhe von Tavira gibt es einen **Campingplatz** und ein Schatten spendendes Dünenwäldchen.

Essen & Trinken

Sympathisch – **Restaurante Alcatruz:** R. Cap. Jorge Ribeiro 46, Santa Luzia, ab 8 €. Das nette familiäre Restaurant liegt in einer Seitenstraße in Santa Luzia.

Infos

Fährverbindungen zur Insel: Ab Tavira vom Anleger hinter der Markthalle in der Saison tgl. 9–18.30 Uhr etwa stündlich (außer mittags); vom Anleger Quatro Águas an der Flussmündung Juli, Aug. 9–24 Uhr alle 15 Min. (abends seltener), Sept.–Juni 9–20 Uhr mehrmals täglich. Die Schiffsverbindungen zur Insel sind insbesondere im Winter auch vom Wetter abhängig.
Pontonbrücke für Fußgänger in Pedras d'el Rei westlich von Santa Luzia.

Lieblingsort

Ein Tag auf der Ilha de Tavira ▶ K 6/L 5
Hat man die Brücke bei Santa Luzia 2 km südwestlich von Tavira überquert, kann man einen schönen Spaziergang durch die Wattwiesenlandschaft zur Seeseite unternehmen. Oder man fährt mit der Inselbahn über die schmale Insel zum Strand und zur früheren Thunfischfangstation. Hier ist der Strand gut besucht, weiter links und rechts findet man überall einsame Plätzchen. Man kann am Wasser in Richtung Osten entlanggehen, sich nach einer ordentlichen Strecke in einem der Strandlokale ausruhen und anschließend mit dem Boot nach Tavira hinüberfahren.

Die Sandalgarve im Osten

Die Lagunendörfer

Luz de Tavira ▶ K 5

Der kleine Ort ein Stück landeinwärts ist stark durch die Durchgangsstraße N 125 geprägt. Die Straße führt direkt an der Dorfkirche vorbei, an der ein Seitenportal aus manuelinischer Zeit auffällt. Die Kirche hat durch das Erdbeben von 1755 nur wenig Schaden genommen und ist allein dadurch eine architektonische Rarität an der Algarve-Küste. Luz de Tavira hieß unter den Römern Balsa und war wahrscheinlich der Hauptort einer der drei Verwaltungsbezirke, in die die Algarve damals aufgeteilt war.

Cabanas ▶ L 5

Knapp 4 km östlich von Tavira liegt der Küstenort Cabanas mit flachen, aber ausgedehnten Apartmentanlagen. Gebadet wird am Lagunenstrand vor Ort, besser allerdings ist die vorgelagerte Sandinsel, die man mit kleinen Booten erreicht, die an der Uferpromenade starten.

Cacela Velha ▶ L 5

Das Dorf liegt auf einer 30 m hohen Anhöhe. Ein Bauverbot hat bisher dafür gesorgt, dass hier alles beim Alten geblieben ist. Es gibt eine kleine Burganlage, einen direkt am Hang gelegenen Friedhof, eine Kirche, von deren Vorplatz man weit auf die Lagune blickt, und einen Platz mit einem hübschen Ziehbrunnen, um den sich ein paar Häuschen scharen. Kein Wunder also, dass Cacela Velha mittlerweile zum Vorzeigedorf der Region geworden ist, zu dem nun hin und wieder auch ein Touristenbus rollt. Alles in allem bemüht man sich hier um einen sogenannten sanften Tourismus.

Um das **Kastell** (Rua de Cacela Velha), von dem sich auch der Ortsname ableitet, hat es während der Reconquista im 13. Jh. schwere Kämpfe gegeben. Die Anlage in ihrer heutigen Form stammt aus dem 17. Jh. Fraglos hatte die Burg durch ihre erhöhte Lage – ein Unikum an diesem sonst flachen Küstenabschnitt – immer eine nicht zu unterschätzende strategische Bedeutung und Kontrollfunktion. Bereits die Römer hatten hier eine Befestigung errichtet, später war Cacela Velha für die Mauren eine wichtige Verteidigungsanlage, und schließlich nutzten auch Piraten die Festung als Stützpunkt. Heute befindet sich in den Kastellmauern eine Radarstation der Zollfahndung.

Im Ort findet man einige wenige Lokale oder Cafés sowie die eine oder andere Übernachtungsmöglichkeit in Privatzimmern.

Fábrica ▶ L 5

Auch das benachbarte Fábrica hat sich diese Idylle bewahren können, wenngleich es baulich nicht so attraktiv wie Cacela Velha ist und mittlerweile auch schon aus einem ursprünglichen Sandplatz und einem Sandweg ein befestigter Parkplatz und eine Art Uferstraße wurden. Von beiden Dörfern aus kann man sich von Fischern auf den Dünenstreifen übersetzen lassen. Die Verbindung vom Wasserarm zum Meer ist durch Versandung gefährdet, sodass sie alljährlich ausgebaggert wird. Damit will man verhindern, dass der Lagunenarm zu einem stehenden Gewässer wird.

Manta Rota ▶ L 5

Bei Manta Rota endet der Bereich der vorgelagerten Laguneninseln. Von hier aus zieht sich direkt an der Küste ein hervorragender, langer Sandstrand entlang, der für Kinder gut geeignet ist. Der Ort selbst und die touristischen Einrichtungen am Strand sind nicht sonderlich ansprechend.

Die Lagunendörfer

Übernachten

Festung ganz privat – **Forte São João da Barra**: Cabanas, Tel. 918 05 55 33, www.fortesaojoaodabarra.com, DZ ab 150 €. Ein sehr besonderer Ort: In einer alten Festung, von der aus die Küste bei Cabanas bewacht wurde, kann man heute übernachten. Es gibt zehn Zimmer, baubiologisch und (innen-)architektonisch interessant gemacht, einen Pool und eine wunderbare Frühstücksterrasse, von der man Blick auf die Lagune und die vorgelagerten Inseln hat.

Essen & Trinken

Gutes Essen am Strand – **Chá com Água Salgada**: Praia da Manta Rota, wechselnde Öffnungszeiten, im Sommer teilweise bis 22 Uhr, 12–24 €. Ein stilvolles modernes Strandrestaurant, in dem Portugiesisches und Internationales auf der Speisekarte steht, in jedem Fall mit ausgewählten regionalen Produkten ideenreich zubereitet. Es gibt auch Kleinigkeiten und Salate.

Speisen in schönster Lage – **Costa: Fábrica**, Tel. 281 95 14 67, tgl. 9–16, 19–2 Uhr, im Winter Mo. geschl., 10–17 €. Einfaches Lokal mit großer Terrasse direkt am Wasser. Wenige, aber gute Gerichte, hauptsächlich Fisch.

Das kennt nicht jeder – **Marisqueira Fialho**: Tel. 281 96 12 22, bei Luz de Tavira (von der N 125 Ausschilderung nach Pinheiro oder Torre d'Aires folgen), Mo geschl., 9–18 €. Bei Portugiesen beliebtes, einfaches Restaurant, das ziemlich abseits an der Lagune liegt; zwar ohne Blick aufs Wasser, aber mit schöner Terrasse. Es gibt gute Meeresfrüchte.

Schönes Ambiente – **Casa Azul**: Cacela Velha, am Ortseingang, 7–14 €. In dem blau-weiß gestrichenen Haus stehen neben portugiesischen Gerichten auch leichte Salate auf der Karte. Man kann auf der Dachterrasse sitzen.

Nach einem langen Strandtag auf den Inseln verlassen die Badegäste die Fähre

Das Beste auf einen Blick

Grenzfluss Guadiana

Highlight!

Guadiana: Eine hochidyllische Landschaft erstreckt sich am Fluss! Gemächlich fließt der Grenzfluss dahin – am linken Ufer das spanische Andalusien, am rechten die portugiesische Algarve. Kaum zu glauben, dass es hier einmal Grenzstreitigkeiten gegeben hat, aber etliche alte Burganlagen bezeugen, dass am Guadiana in früheren Jahrhunderten tatsächlich schwere kriegerische Auseinandersetzungen stattfanden. S. 274

Auf Entdeckungstour

Flor de Sal – durch die silbrigen Gärten von Castro Marim: In den Lagunen im Osten der Algarve haben schon die Römer Meersalz gewonnen. Noch heute wird in den traditionellen Salzgärten der Algarve ein sehr hochwertiges Salz produziert, das naturbelassen und rein ist. Einen Einblick in die Herstellung von Meersalz und wertvollem Flor de Sal erhält man auf einer Tour durch die Salinen bei Castro Marim. S. 270

Durch die silbrigen Gärten von Castro Marim

Kultur & Sehenswertes

Vila Real de Santo António: Quasi am grünen Tisch ist diese Stadt im 18. Jh. geplant worden – eine typisch barocke Stadtanlage. S. 265

Castro Marim: Historisch spektakulär: In der Burg hatten die Christusritter, die sich gerade aus den Tempelrittern umorganisiert hatten, ihren ersten Sitz. S. 267

Mértola: Das alentejanische Städtchen thront in schönster Lage oberhalb des Guadiana. Hier sind ein paar Spuren aus maurischer Zeit erhalten. S. 280

Aktiv unterwegs

Am Fluss: Eine einfache Wanderung führt ab Laranjeiras in die Hügellandschaft am Ufer des Guadiana. S. 275

Über die Grenze: Eine ungewöhnliche Unternehmung ist die Fahrt mit einem kleinen Boot von Alcoutim hinüber nach Spanien. S. 279

Genießen & Atmosphäre

Luar de Rio in Alcoutim: Ein paar Tische und Stühle oberhalb des Flusses und ein schöner Blick auf den Guadiana und das andalusische Ufer. S. 277

Herdade Vale do Covo: Eine Oase der Ruhe! In dem abgelegenen Landhaus nordöstlich von Mértola kann man in fünf Zimmern wunderschön übernachten. Zum Frühstück gibt es Honig aus eigener Produktion. S. 281

Abends & Nachts

Monte Gordo: Der einzige Ort weit und breit mit einem ordentlichen Nachtleben – Kneipen und Bars, und wer das schnelle Geld machen möchte, geht ins Kasino. S. 267

Sterne gucken am Guadiana: Am Fluss gibt es nichts als den endlosen Gesang der Zikaden und den klaren Sternenhimmel. Also: Sternenkarte mitbringen und den Himmel entziffern lernen! S. 278

Die ruhige Seite der Algarve

Die östliche Grenzregion ist zugleich die unberührteste der Algarve. Von der unglaublichen Stille am Guadiana kann man an den turbulenten Touristenstränden nur träumen. Diesen Gegensatz bekommt man auf einer Fahrt von Vila Real de Santo António den Grenzfluss hinauf in die Ruhe von Castro Marim und Alcoutim hinein deutlich zu spüren. Während das Städtchen Vila Real de Santo António immer gut besucht ist – vor allem von Spaniern – und der quasi benachbarte Ferienort Monte Gordo mit seinem weißen Sandstrand und seinen Hochhäusern in den Sommermonaten ein kleiner Touristenmagnet hier im Osten der Algarve ist, ist weiter nördlich nichts als Einsamkeit zu finden. Bemerkenswerterweise mit kleinen Kultureinsprengseln. In Castro Marim und Alcoutim kann man Algarve-Geschichte nachspüren. In Castro Marim gibt es gleich zwei Burganlagen, in Alcoutim ebenfalls ein Kastell, in dem ein sehenswertes Museum eingerichtet ist, das Zeugnisse der Megalithkultur, Römisches und Arabisches zeigt.

Eindrucksvoller aber ist die Natur. Castro Marim liegt in einem Marschgebiet, einer von Salinenbecken durchzogenen Feuchtregion, in der u. a. Flamingos leben. Der Guadiana selbst ist hier ein stilles Naturidyll. Winzige Dörfer liegen am Ufer, auf der anderen, der andalusischen Seite sieht es nicht anders aus. In all die Ruhe auf portugiesischer Seite dringen ab und an sogar Alltagsgeräusche aus Spanien herüber. Still ist es auch in den Bergen westlich des Grenzflusses. Kaum ein Gehöft, kaum ein Dorf gibt es hier. Wer durch die Serra de Alcaria do Cume fährt, ist über weite Strecken gänzlich

Infobox

Reisekarte: ▶ K–M 1–5

Touristeninformation
Offizielle Postos de Turismo findet man in Monte Gordo, Castro Marim, Alcoutim und Mértola.

Internet
www.fun-river.com: Den Guadiana auf Bootsfahrten, mit dem Rad oder Kajak und bei Wanderungen kennenlernen.

Anreise und Weiterkommen
Auf der **Algarve-Autobahn** (A 22, IP 1, E 01) kommt man sehr schnell in das östliche Grenzgebiet. Wer weiter nach Spanien will, bleibt auf der E 01 und fährt über die Guadiana-Brücke nach Andalusien. Auf portugiesischer Seite führt die ausgebaute IC 27 in Richtung Norden (Alentejo). Sie geht weiter nördlich in die alte N 122 über.
Der **Busbahnhof** von Vila Real de Santo António liegt zentral, hier kommen Busse aus allen Algarve-Städten und Lissabon an.
Vila Real de Santo António ist Ausgangspunkt der Algarve-Bahnlinie. Der **Bahnhof** liegt etwas nördlich außerhalb des Zentrums.
Am **Fähranleger** in Vila Real de Santo António legen Boote ins spanische Ayamonte ab.

Praça do Marquês de Pombal in Vila Real de Santo António

allein in der Landschaft. Und schließlich erhält man eine kleine Kostprobe des benachbarten Alentejo: Fährt man den Guadiana weiter flussaufwärts, kommt man in den hübschen, über dem Fluss gelegenen Ort Mértola, der kulturell vor allem deshalb interessant ist, weil hier ein paar Spuren aus maurischer Zeit erhalten sind.

Vila Real de Santo António ▸ M 4

Mit Vila Real de Santo António ist bislang kaum ein deutscher Tourist so recht warm geworden. Dabei liegt die Stadt mit ihren knapp 10 000 Einwohnern eigentlich wunderschön an der breiten Mündung des Guadiana. Von der Uferstraße aus hat man einen herrlichen Blick über den Fluss hinüber auf den spanischen Grenzort Ayamonte und in die Weiten der andalusischen Landschaft. Spanien ist nahe. Anders als in früheren Jahrhunderten, als die benachbarten Länder verfeindet waren, gibt es heute einen regelmäßigen Fährverkehr zwischen Portugal und Spanien, außerdem verbindet eine Autobahnbrücke die beiden iberischen Länder.

Und unter der Woche kommen Spanier in Scharen über den Fluss, um in Vila Real de Santo António günstig einzukaufen. Die Atmosphäre im Ort ist insofern etwas künstlich, als das Eigenleben der Stadt durch den Einkaufstrubel fast völlig verdrängt wird. Nirgendwo kann man sich so gut mit Handtüchern und Haushaltstextilien eindecken wie in dieser Stadt. Einen längeren Urlaub verbringt man jedoch nicht hier, sondern eher in der benachbarten Retortenstadt Monte Gordo unmittelbar an der Küste. Vila Real de Santo António ist dagegen ein

Grenzfluss Guadiana

Ziel für Tagesausflüge, aber ein durchaus lohnendes.

Stadtgeschichte

Lange Zeit lebte die Stadt vornehmlich vom Fischereiwesen. Von dem einst blühenden und dann niedergegangenen Wirtschaftszweig zeugen die größtenteils stillgelegten Konservenfabriken südlich der Innenstadt an der Flussmündung.

Ein paar Worte noch zum Ortsnamen: Königliche Stadt, über die der hl. Antonius schützend seine Hand hält – so könnte man ihn übersetzen. Und da die portugiesische Bezeichnung so lang geraten ist – wohl auch, um sie von dem Ort Vila Real in Nordportugal zu unterscheiden –, kürzt man das Ganze kurzerhand ab: V.R.S. António liest man auf Straßenschildern oder im Zugfahrplan oder V.R.St. António und in extremen Fällen V.R.S.A. Nur etwas für Eingeweihte also, und damit in mancherlei Hinsicht typisch portugiesisch.

Stadtrundgang

Ein Bummel durch die im 18. Jh. unter dem Marquês de Pombal entworfene Stadt ist schnell gemacht. Man kann sich die rechteckige Schachbrettanlage regelrecht erwandern, die kleinstädtischen Straßen sind gradlinig um die zentrale, von Orangenbäumen umzogene **Praça do Marquês de Pombal** angeordnet. Rings um den Platz erstreckt sich eine kleine Fußgängerzone, die ambitioniert gestaltet ist, vor Geschäften und Gewerberäumen hängen blaue ›Zunftschilder‹, überall findet man Infos zur Stadtgeschichte.

In dem früheren Marktgebäude ist ein **Kulturzentrum** (Rua Dr. Teófilo Braga) mit einem recht interessanten Kulturangebot eingerichtet worden. Cafés und kleine Lokale an der Praça und in den umliegenden Straßen laden zum Ausruhen ein. Und schließlich bietet sich noch ein Gang über die **Avenida da República** an, die sich unmittelbar am Flussufer entlangzieht. Hier fällt das alte **Hotel Guadiana** auf, ein großes Jugendstilgebäude, das seit Jahren leersteht und eine Idee vom alten Charme des Grenzorts gibt.

Übernachten

Modern und einfach – **Arenilha Guest House:** Rua Dom Pedro V/Rua Gen. Humberto Delgado, Tel. 964 72 20 18, www.coracaodacidade.com, DZ 45–90 €. Angenehme, saubere Zimmer. Ein paar Straßen weiter in der Rua Sousa Martins 17 gibt es noch eine Unterkunft vom selben Betreiber: Residencial Coração da Cidade.

Essen & Trinken

Meeresfrüchte mit Flussblick – **Restaurante Ang:** Porto de Recreio, Gerichte ab 13 €. Gepflegtes Restaurant der Associação Naval am Flussufer. Viele Fischgerichte und gute Meeresfrüchte. Ein zweites, etwas einfacheres Ang (Snackbar-Restaurant) gibt es am anderen Ende der Marina neben dem Fähranleger. Hier sitzt man ebenfalls sehr schön mit Blick auf den Fluss und den Jachthafen. Auf der Karte stehen Fisch- und Fleischgerichte sowie eine große Auswahl an Paella ab 10 €.

Infos

Touristeninformation: Rua Dr. Sousa Martins (in der alten Markthalle), Tel. 967 58 32 52.
Bus: Der Busbahnhof liegt an der Avenida da República am Fähranleger.

Zug: Der Bahnhof liegt am Nordrand der Innenstadt in der Rua Dr. José de Campos Coroa.
Fährverkehr: Von Vila Real de Santo António nach Ayamonte verkehrt zwischen 10 und 17 Uhr eine kleine Autofähre.

Monte Gordo ▸ M 4

Wenige Kilometer westlich von Vila Real de Santo António liegt hinter einem ausgedehnten Pinienwald der Urlauberort, in dem Hochhausburgen die Silhouette bestimmen, wie man sie sonst nur an der Felsalgarve westlich von Faro findet.

Monte Gordo verfügt allerdings über einen hervorragenden kilometerlangen Sandstrand und ist insofern natürlich für Badetouristen sehr attraktiv. Wer außerdem reichlich Auswahl an Geschäften, Restaurants, Strandcafés und ein vielfältiges Unterhaltungsprogramm sucht, ist hier am richtigen Platz.

Übernachten

In der ersten Reihe – **Hotel Vasco da Gama:** Av. Infante Dom Henrique, Tel. 281 51 09 00, www.vascodagamahotel.com, DZ 60–190 € (je nach Blickrichtung und Saison). Das Vasco da Gama ist etwas kleiner und flacher als die ortsüblichen Hotels und steht direkt am Strand. Alle Zimmer haben einen Balkon; außerdem gibt's einen Swimmingpool, Tennis, Minigolf und einen Kinderspielplatz.

Essen & Trinken

Für Touristen – **Restaurante Jopel:** Neben dem Casino und der Touristeninformation, ab 7,50 €. Typisches Strandlokal mit großer Terrasse. Auf der Speisekarte (auch auf Deutsch) stehen überwiegend portugiesische Gerichte, aber es gibt auch Internationales wie Hamburger.

Aktiv

Schiff oder Jeep – **Rio Sul Travel:** Rua Tristão Vaz Teixeira 15 c, Tel. 281 51 02 00, Mobiltel. 962 01 21 12, www.riosultravel.com. Die Agentur Rio Sul Travel in Monte Gordo bietet Schiffsausflüge auf dem Guadiana nach Foz de Odeleite bzw. Kombinationen aus Jeepsafaris und Bootstouren an. Es gibt einen Pick-up-Service von diversen Orten und Hotels an der Algarve-Küste. Die Ausflüge sind nicht immer beschaulich, mit Stimmung an Bord muss man rechnen.

Abends & Nachts

Treffpunkt – **Bar 42:** Av. Infante Dom Henrique. Für alle, die nicht ins Casino wollen. Hier an der Hauptpromenade trifft man sich ab 22 Uhr.

Casino – Das einzige **Casino** an der östlichen Algarve mit buntem Unterhaltungsprogramm, Amerikanischem und Französischem Roulette sowie Spielautomaten.

Infos

Posto de Turismo: Av. Marginal, Tel. 281 54 44 95.

Castro Marim ▸ M 4

Am nördlichen Rand der sumpfigen Ebene heben sich zwei kleine Anhöhen heraus, auf denen der Ort Castro Marim entstanden ist. Zu römischer wie zu maurischer Zeit hatte die flussnahe Stadt eine gewisse Bedeutung. Der Guadiana war Handelsweg und

Grenzfluss Guadiana

Transporttrasse für Kupfer aus den Minen bei Mértola. Auch lag die Stadt an einer wichtigen Verbindungsstraße nach Mértola. Nach der Staatsgründung Portugals wurde Castro Marim dann ein wichtiger strategischer Ort zur Grenzsicherung.

Geschichte

Zwischen 1319 und 1356 kam Castro Marim für kurze Zeit eine entscheidende Rolle in der Politik der Ritterorden zu. 1319 wurde der Ort zum Sitz des Christusritterordens erklärt, der

Castro Marim wird von zwei Burgen bewacht

Castro Marim

gerade neu gegründet worden war. Der Christusritterorden war quasi eine Weiterführung des 1312 aus politischen Gründen vom Papst verbotenen Templerordens. Die portugiesischen Templer, die in der Templerburg von Tomar ansässig waren, organisierten sich um, nannten sich Christusritter und verlegten ihren Sitz nach Castro Marim. Nachdem sich die Lage beruhigt hatte, zogen sie 1356 wiederum nach Tomar. Der Werdegang des Christusritterordens war für die Geschichte Portugals und Europas von allergrößter Bedeutung: Die Christusritter führten im 15. und 16. Jh. die Weltmeerbesegelungen durch und leiteten damit die Entdeckung und Eroberung bis dahin fremder Länder ein. In ihrer Satzung hatten sie die Verteidigung des christlichen Glaubens sowie den Kampf gegen den Islam festgelegt, außerdem die Ausweitung des christlichen Portugal. Heinrich der Seefahrer war Großmeister des Ordens, und auch König Manuel I. und so berühmte portugiesische Seefahrer wie Vasco da Gama, Bartolomeu Dias und der Brasilienreisende Pedro Álvares Cabral gehörten dem Orden an.

Castelo

Travessa do Castelo, Nov.–März tgl. 9–17, April–Okt. 9–19 Uhr
Weithin sichtbar steht die Burg auf einer Anhöhe direkt über dem kleinen ruhigen Ort. Vom hübsch gestalteten Hauptplatz **Praça 1° de Maio** führen Treppen hinauf und an der Kirche **Nossa Senhora dos Mártires** aus dem 18. Jh. vorbei. Die Burgruine geht auf eine Anlage aus dem 13. Jh. zurück, die Afonso III. anstelle einer maurischen Burg errichten ließ – schließlich waren auf der anderen Seite des Guadiana die Mauren immer noch gefährlich nahe. Unter den Christusrittern wurde die Burg im 14. Jh. vergrößert. Innerhalb der Burgmauern ist noch eine kleine **Kirche** mit Renaissanceportal erhalten. In einem archäologischen **Museum** werden Exponate der Region gezeigt. Von den Mau- ▷ S. 274

Auf Entdeckungstour: Flor de Sal – durch die silbrigen Gärten von Castro Marim

Im flachen Küstenstreifen bei Castro Marim wird seit etwa 2000 Jahren Salz gewonnen. Schon die Römer ließen Meerwasser in kleinen Steinbecken verdunsten, um das auskristallisierte Salz zu ernten. Nach diesem Prinzip wird das ›weiße Gold‹ noch heute gewonnen. Auf dieser Tour kann man die Salzproduktion aus nächster Nähe erleben und sogar ein wenig selbst Hand anlegen.

Reisekarte: ▶ M 4
Dauer: 1–3 Std.
Info: Plan von Castro Marim im Posto de Turismo, Praça 1° de Maio 2–4
Parkmöglichkeit: am südlichen Ortseingang von Castro Marim an der Rua dos Combatentes unterhalb des Hügels mit der Windmühle und der kleinen Kapelle bzw. unterhalb des restaurierten Forte São Sebastião
Salmarim: Jorge Filipe Raiado, Tel. 966 922 437, www.salmarim.com

Wer mit dem Flugzeug nach Faro gekommen ist, hat die Salzgärten der Algarve vielleicht schon gesehen. Von oben erkennt man die flachen Salinen am besten. Oft schwebt der Flieger von Osten her im Landeanflug parallel zur Küste, und wer am Fenster sitzt, kann die länglichen, meist rechteckigen Becken deutlich ausmachen, die sich merkwürdig grafisch und künstlich aus dieser Küstenlandschaft herausheben.

Erste Annäherung von oben

Die algarvische Salzproduktion gibt es nur hier im Osten zwischen dem Guadiana und Faro, so auch bei Castro Marim. Hier befindet man sich inmitten von Salinen, meist ohne es zu merken. Schilder am Straßenrand machen auf die Anlagen aufmerksam, die für Motorfahrzeuge gesperrt sind. Auch Hunde haben keinen Zutritt.

Ein faszinierendes Bild der Salzgärten ergibt sich indes von oben. Vom Parkplatz aus geht es eine Treppe hinauf zum **Centro de Interpretação** in einem modernen Gebäude neben der **Windmühle.** Hier steht ein Modell des Küstenabschnitts bei Castro Marim, auf dem die vielen Salzbecken – große wie kleine – gut zu erkennen sind. Kenner wissen genau, welchem Produzenten welche Saline gehört. Man kann sich das Landschaftsmodell einfach so ansehen oder zudem einen Audioguide nehmen, der über die Geschichte von Castro Marim informiert.

Anschließend lohnt ein Blick vom **Forte São Sebastião** auf der anderen Seite der Straße (Zugang/Zufahrt über eine kleine Gasse vom Parkplatz hinter der Bushaltestelle). Von oben sieht man ebenfalls gut einzelne Salinenanlagen. In Richtung Guadiana liegen viele kleinere Salzbecken – die meisten gehören einzelnen Salzbauern, manche Kooperativen. Im Südwesten erkennt man deutlich seenartige Salinen, dort ist die größte Salzproduktion Portugals ansässig.

Inmitten schimmernder Salzgärten

Die Salzbecken kann man auch aus der Nähe ansehen, ein Weg führt direkt in die Salinenlandschaft. Er startet oben an der kleinen Brücke, die östlich des Mühlenhügels die Umgehungsstraße N 122 überquert, und ist dort als »**Percurso das Salinas Tradicionais**« ausgeschildert. Anfangs geht man über eine gepflasterte kleine Straße, die nach rechts biegt und an einigen größeren Becken vorbeiführt. Sie endet bei den Häuschen einer Fischfarm. Kurz zuvor nimmt man einen Weg nach links und kommt nun zu den kleineren Salzbecken, in denen je nach Jahreszeit und Wetter die unterschiedlichen Stadien der Salzbildung zu erkennen sind. Im

Spätsommer und Herbst sind die Salzschürfer am Werk, Salzberge sind neben den Becken angehäuft, teilweise ist das Salz schon in Säcke verpackt und wartet auf den Abtransport.

Das Prinzip, wie Salz aus Meerwasser gewonnen wird, ist uralt. Bevor das Meer- bzw. Lagunenwasser in die eigentlichen Salinenbecken fließt, wird es durch mehrere Vorbecken geleitet. Sand und andere Unreinheiten sedimentieren auf diesem Weg. In den Salinenbecken kommt das Wasser zum Stehen, erwärmt sich und verdunstet allmählich. Dabei bilden sich schwere Salzkristalle, die auf den Beckengrund absinken und nach ein paar Tagen von dort abgeschürft werden können. Das Salz wird zum Trocknen zunächst noch eine Weile am Beckenrand gelagert und erst dann verpackt.

In einigen Becken ist auch das silbrig schimmernde *flor de sal* auf der Wasseroberfläche zu erkennen. Es entsteht nur unter bestimmten Bedingungen an sehr warmen, trockenen und fast windstillen Tagen. Dann bilden sich feine, leichte Salzkristalle, die nicht auf den Boden sinken, sondern als dünne Schicht an der unbewegten Wasseroberfläche schwimmen. Die Salzkristalle werden nur wenige Stunden, nachdem sie entstanden sind, mit einer Art Käscher von der Oberfläche gezogen und an der Luft getrocknet. Die ›Salzblüten‹ sind komplett naturbelassen, aufgrund ihrer feine Konsistenz sehr schmackhaft und wertvoller als normales Meersalz. *Flor de sal* zergeht quasi auf der Zunge und erfreut sich nicht nur in Gourmetküchen immer größerer Beliebtheit.

Besuch beim Salzbauern

Wer einem engagierten Salzproduzenten über die Schulter schauen möchte, kann sich von **Jorge Filipe Raiado** durch seinen kleinen Salzgarten führen lassen. Jorge spricht Englisch und man vereinbart mit ihm telefonisch ein Treffen an seinen Salinen ganz in der Nähe des Parkplatzes. Er produziert *flor de sal* der Marke **Salmarim**, das er in schön designter Verpackung verkauft bzw. in wasserabweisenden Korkgefäßen – eine neue Idee zur Salzaufbewahrung, die hier im Süden Portugals auf der Hand liegt, wo Kork en masse wächst. Bei der Besichtigung der Saline darf man selbst auch einmal Hand anlegen, um die kostbare ›Salzblüte‹ von der Wasseroberfläche abzuschöpfen.

Was bei größeren Produzenten meist mit Maschinen geschieht, ist bei Jorge reines Handwerk, das weitgehend in Einklang mit der Natur steht. Seine Saison startet nicht – wie bei vielen anderen – an einem festgelegten Datum, sondern gegebenenfalls bestimmen die Vögel den Zeitpunkt: Wenn es Nester in seinem Gebiet gibt, lässt er die Jungen schlüpfen, bevor er seine Becken reinigt und flutet.

Er erklärt das Prinzip, nach dem er das Wasser im Frühjahr in seine Anlage und in die einzelnen Becken einfließen lässt. Geflutet werden kann alle zwei Wochen – wenn die Tide besonders hoch ist, also kurz nach Vollmond oder kurz nach Neumond. Unerfreulich ist für Jorge Regen im Hochsommer, der seine Salzblüte zerstört und Schlamm am Beckengrund aufwirbelt. Optimal sind dagegen heiße Tage, am besten mit einer minimalen Brise, bei der das *flor de sal* in einer Ecke des Beckens konzentriert wird.

Ein Clou seiner Marke ist das *flor de sal* mit Olive, Zitrone oder Oregano. Er berät seine Gäste gerne, welches Aroma am besten passt – je nachdem, welche Vorlieben man selbst beim Kochen hat.

Grenzfluss Guadiana

ern aus hat man einen schönen Blick über die flache Küste mit den Salinen (s. Entdeckungstour S. 270). Und zudem sieht man die Reste des Forte São Sebastião, das im 17. Jh. auf dem Nachbarhügel errichtet wurde.

Übernachten

Verstecktes Kleinod – **Casa Rosada:** Rua Dr. Silvestre Falcão 6–10, Tel. 281 54 42 15, www.casarosada-algarve.com, DZ 75–110 €. Eine sehr besondere Bed-&-Breakfast-Adresse unterhalb der Burg. Drei geschmackvolle Zimmer und ein hübscher kleiner Garten mit verschwiegenen Eckchen.

Für Individualisten – **Companhia das Culturas:** Fazenda S. Bartolomeu, Rua do Monte Grande, Tel. 281 95 70 62, companhiadasculturas.com, 80–100 €. Landhaus westlich von Castro Marim: ungewöhnliches, schönes Ambiente, mit Pool, Hamam, Yogaraum.

Infos

Posto de Turismo: Rua de S. Sebastião (Markthalle), Tel. 281 53 12 32.

Reserva Natural do Sapal de Castro Marim ▶ M 4

Nordwestlich von Vila Real de Santo António erstreckt sich bei Castro Marim das Naturschutzgebiet Reserva Natural do Sapal de Castro Marim, eine rund 20 km² große, feuchte Marschenregion, die von Nebenflüssen des Guadiana durchzogen wird. Im östlichen Teil, zum Guadiana hin, findet man zahlreiche Salinenbecken. Wegen einer vielfältigen und teilweise auch seltenen Flora und Fauna, die sich hier angesiedelt und bisher erhalten hat, ist das Gebiet als erste Region in Portugal schon 1975 unter Schutz gestellt worden. Der Sapal de Castro Marim ist wichtiges Brutgebiet bzw. Lebensraum für Störche, Fischadler, Reiher, Austernfischer und Schnepfen. Viele Vögel finden hier auf ihren jährlichen Zügen von und nach Afrika gute Bedingungen für einen Zwischenstopp.

Vogelbeobachtung in der Reserva Natural
Für Vogelkundler bieten sich vor allem die Wintermonate zur Beobachtung an. In den Sümpfen des Sapal de Castro Marim können dann auch Flamingos beobachtet werden. Drei ausgewiesene Lehrpfade führen durch das Gebiet, leider ist die Reserva aber von Straßen und Häusersiedlungen etwas umzingelt, sodass sich nicht überall Naturruhe einstellt.

Infos

Informationsstelle der Reserva Natural do Sapal de Castro Marim: Ca. 4 km nördlich von Castro Marim (Richtung Alcoutim, hinter der Brücke bei der Ausschilderung ›Reserva Natural‹ rechts abbiegen, der Weg führt nochmal zurück unter die Brücke durch); Infos und Karten, auf denen auch die Lehrwanderwege eingezeichnet sind, Tel. 281 51 06 80.

Den Guadiana entlang! ▶ M 4 – M 2

Wer sich für schöne Landschaften begeistern kann, kommt bei der Fahrt am Guadiana von Süd nach Nord voll auf seine Kosten. Viele Wege führen nach Alcoutim, aber dieser ist der

Den Guadiana entlang

schönste: Von Castro Marim aus fährt man zunächst auf der IC 27 in Richtung Norden. Vor Odeleite verlässt man die Schnellstraße an der Ausfahrt mit der Beschilderung Portela Alta, Almada de Ouro, Foz de Odeleite. Eine kleine Straße führt nun Richtung Osten durch eine Hügellandschaft – etwas unterhalb sieht man den Barragem de Odeleite liegen – und landet schließlich am Guadiana, und zwar etwa an der Stelle, an der die Ribeira de Odeleite in den Grenzfluss mündet. Nun geht es auf der unbelebten Straße über mehrere Kilometer direkt am Ufer des Guadiana entlang. Im April/Mai ist das Flussufer voll von Nachtigallen, die im Buschwerk sitzen und die schönsten Melodien singen. Man blickt hinüber auf das spanische Ufer und kommt durch so idyllische Flussdörfer wie Guerreiros do Rio oder Laranjeiras, die jeweils kleine Anlegestellen haben.

Wanderung am Guadiana bei Laranjeiras

Diese Dörfer lebten und leben mit dem Fluss, und in **Guerreiros do Rio** (Krieger am Fluss) gibt ein winziges Museum einen Einblick in dieses Dasein. In **Montinho das Laranjeiras** zeugen Ausgrabungen von römischen, maurischen und westgotischen Gebäuderesten früherer Ansiedlungen. Einziger Wermutstropfen in all der friedlichen Schönheit: So einladend der gemächlich dahinziehende Guadiana auch aussehen mag – baden sollte man nicht, denn der 830 km lange Fluss hat in seinem Verlauf, vor allem in Spanien, viele Fabriken gesehen.

Wanderung bei Laranjeiras ▶ M 2

Einfacher Rundweg, Länge ca. 8,5 km, Dauer 3 Std., Beschilderung Tour PR 1, festes Schuhwerk erforderlich

Die einfache und gut ausgeschilderte Wanderung startet an der Ortsdurchfahrt in **Laranjeiras** am Guadiana. Sie führt zunächst in Richtung Süden durch die Hügel oberhalb des Flusses und dann wieder hinunter zu der kaum befahrenen Straße am Guadiana entlang. Auf der Straße geht es durch **Guerreiros do Rio** bis **Álamo**. Von dort verläuft der Weg in westlicher Richtung durch die Hügel, an einer **Windmühle** vorbei bis **Corte das Donas**. Man durchquert das kleine Dorf und verlässt es in Richtung Norden.

Der Wanderweg erreicht schließlich das liebliche Tal des **Ribeira da Laranjeiras** und führt oberhalb des Ufers zurück in das gleichnamige Dorf. Unterwegs gibt es einige Punkte, von denen sich eine schöne Aussicht auf den Guadiana bietet, man kommt an Blumenwiesen, Baumgruppen und Obstgärten vorbei.

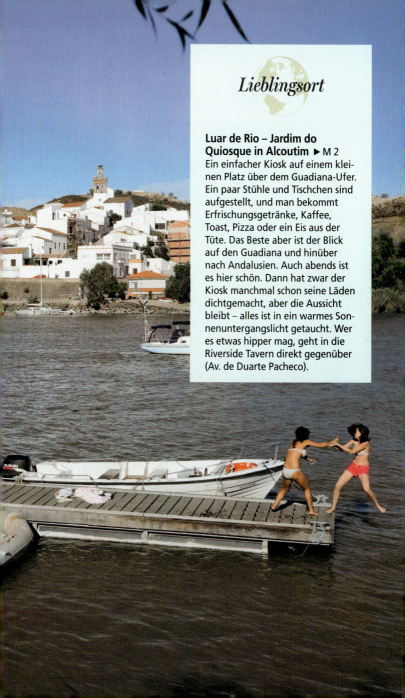

Lieblingsort

Luar de Rio – Jardim do Quiosque in Alcoutim ▶ M 2
Ein einfacher Kiosk auf einem kleinen Platz über dem Guadiana-Ufer. Ein paar Stühle und Tischchen sind aufgestellt, und man bekommt Erfrischungsgetränke, Kaffee, Toast, Pizza oder ein Eis aus der Tüte. Das Beste aber ist der Blick auf den Guadiana und hinüber nach Andalusien. Auch abends ist es hier schön. Dann hat zwar der Kiosk manchmal schon seine Läden dichtgemacht, aber die Aussicht bleibt – alles ist in ein warmes Sonnenuntergangslicht getaucht. Wer es etwas hipper mag, geht in die Riverside Tavern direkt gegenüber (Av. de Duarte Pacheco).

Grenzfluss Guadiana

Essen & Trinken

Regionstypische Küche – **Arcos do Guadiana:** Foz de Odeleite, an der Durchgangsstraße, Tel. 281 49 50 68, um 8 €. Einfaches und gutes Lokal mit einer kleinen Terrasse. Mutige wagen sich an die Açorda de Bacalhau.

Abends & Nachts

Für Sterngucker – In dieser Gegend gibt es kaum beleuchtete Orte – beste Bedingungen, sich den herrlichen Sternenhimmel anzusehen.

Alcoutim ▸ M 2

Alcoutim ist das einzige Städtchen in dieser abgeschiedenen Gegend. Es ist äußerst malerisch am Guadiana gelegen und erstreckt sich vom Ufer aus den Hang hinauf. Der Fluss zieht langsam vorbei, hin und wieder tuckert ein Boot durch das Wasser. Auf der anderen Seite sieht man das spanische Sanlúcar de Guadiana liegen, meist hört man Alltagsgeräusche herüberschallen: Stimmen, Hundebellen, Hämmern, das Bimmeln der Ziegenglocken.

Stadtgeschichte

Beide Orte sind mit Festungen ausgerüstet, und man kann sich mühelos vorstellen, dass es einst eine erbitterte Feindschaft zwischen der portugiesischen und der spanischen Stadt gegeben hat. Immer wieder war der Ort aber auch Schauplatz von Friedensbemühungen, so 1371, als Portugal und Kastilien hier einen Vertrag, den Frieden von Alcoutim, schlossen. Dabei trafen sich die Könige der beiden Länder genau in der Mitte auf dem Fluss, um das Abkommen zu besiegeln. Aber danach flackerten die Kämpfe immer wieder auf, insbesondere noch einmal fast drei Jahrhunderte später, als Portugal sich 1640 von der spanischen Fremdherrschaft gelöst hatte und bis 1668 kriegerische Konflikte schwelten.

Stadtrundgang

Einen Gang durch Alcoutim kann man gut unten im Ortskern an der **Praça da República** beginnen. Am Fluss gibt es eine kleine Fährstation, bei der man Fahrten auf dem Fluss bzw. Fährfahrten hinüber nach Sanlúcar de Guadiana buchen kann.

Pfarrkirche
Rua do Município
Unmittelbar nördlich der Fährstation steht oberhalb des Flussufers die Pfarrkirche. Auch wenn die Renaissancekirche oft geschlossen ist, lohnt es sich hinaufzugehen und vom Platz neben der Kirche den Blick aufs Wasser zu genießen. An schönen Sommertagen lässt es sich kaum vorstellen, dass der ruhig dahinziehende Guadiana den beschaulichen Ort immer wieder unter Wasser gesetzt hat.

Igreja da Misericórdia
Praça da República
Am Westende der Praça findet man an der Mauer der **Misericórdia-Kirche** die Markierung einer besonders hohen Flut im Jahr 1876, bei der u. a. Reste einer römischen Ansiedlung freigespült wurden.

Kastell und Núcleo Museológico de Arqueologia
Largo do Castelo, tgl. 8.30–16.30, Sommer bis 18 Uhr
Man sollte auf jeden Fall dem Kastell einen Besuch abstatten. Man geht einen kurzen Weg durch die Altstadtgassen hinauf. Da Alcoutim bereits

Alcoutim

unter den Phöniziern als Hafen diente und auch in späteren Jahrhunderten immer besiedelt war, ist anzunehmen, dass diese strategisch günstige Anhöhe immer schon in irgendeiner Form befestigt war. Sicher ist eine maurische Festung aus dem 11. Jh. belegt, deren Fundamente bei Grabungen sichtbar wurden. Aus dieser Zeit stammt wohl auch der Ortsname, der sich möglicherweise vom arabischen *al-katim* (fest verschlossen, undurchdringlich) ableitet.

Bis 1878 war das Kastell militärischer Stützpunkt. In angenehm gestalteten Räumlichkeiten ist ein kleines **Museum** eingerichtet, in dem archäologische Funde der Megalithkultur, aus römischer und arabischer Zeit und Grundmauern der maurischen Burg zu sehen sind.

Weiteres Sehenswertes

Von den Burgmauern aus hat man einen wunderbaren Blick über die Dächer von Alcoutim, auf den Fluss und hinüber zum anderen Ufer. Die **Ermida Nossa Senhora da Conceição** (Rua de Nossa Senhora da Conceição) liegt von der Burg aus gesehen etwas landeinwärts. Sie wurde im 16. Jh. mit einem manuelinischen Portal versehen, das trotz größerer baulicher Veränderungen an der Kirche heute noch erhalten ist.

An einem Seitenarm des Guadiana wurde die **Praia Fluvial** angelegt, ein bei Einheimischen beliebter künstlicher Strand zum Baden und Sonnenbaden, an dem im Sommer ab und zu auch Musikveranstaltungen stattfinden.

Übernachten

Privat und günstig – **Ilda Afonso:** Rua Dr. João Dias 10, Tel. 962 65 44 93, DZ 30 €. Einfache Privatunterkunft unten im Dorf nahe der zentralen Praça da República; alle Zimmer mit Bad.

Tolle Flusslage – **Pousada de Juventude Alcoutim:** Tel. 281 54 60 04, alcoutim@movijovem.pt, DZ 26–40 €. Sehr schön über dem Fluss gelegene, renovierte Jugendherberge.

Essen & Trinken

Einfach am Fluss – **O Soeiro:** direkt oberhalb des Anlegers, ab 6 €. Ein schlichtes Lokal, in dem ab und zu Flussaal auf der Karte steht.

Aktiv

Bootstouren und mehr – **Inland Adventures:** Tel. 289 38 88 57, Mobiltel. 922 17 31 83, www.facebook.com/Inlandadventures. Bootstouren, u. a. von Alcoutim bis Odeleite; auch in Verbindung mit Fahrradtouren.

Nach Spanien übersetzen – Man kann sich mit kleinen Booten von Fun River nach Sanlúcar übersetzen lassen (zwischen 10 und 15 Uhr etwa stdl.). Fun River hat eine Station unten am Anleger und veranstaltet auch Flussfahrten und Wanderungen und vermietet Räder und Kajaks; www.fun-river.com, Tel. 281 54 14 41.

Infos

Touristeninformation
Posto de Turismo: Rua 1° de Maio, Tel. 281 54 61 79.

Verkehr
Bus: Dreimal pro Woche ein Bus nachmittags von Vila Real de Santo António.
Boote: Vom Anleger fahren Boote halbwegs regelmäßig nach Sanlúcar.
Auto: Wem in dieser verlassenen Gegend das Benzin auszugehen droht, findet eine Tankstelle 6 km westlich

Grenzfluss Guadiana

Karg ist die Landschaft um Alcoutim

von Alcoutim an der Kreuzung der alten N 122 und der N 124 bei Corte de Seda. Weiter westlich in den Bergen kann man in Cachopo tanken.

Abstecher in die Berge ▸ J 3 – L 2

Wer ausreichend Zeit zur Verfügung hat, unternimmt von Alcoutim aus einen Abstecher in die Berge. Man muss sich zunächst in Richtung N 122/ IC 27 halten und an der Kreuzung weiter auf der N 124 in Richtung Westen fahren, die über Barranco do Velho, Alte und Salir nach Silves führt. Man kommt hier im Osten der Algarve in gottverlassene Gebiete, denn touristisch ist die Gegend bislang so gut wie gar nicht erschlossen. In dieser Bergregion sind noch versteckt ein paar Menhire und Dolmen *(antas)* der Megalithkultur erhalten. Die Straße passiert Bergdörfer – Giões, Martim Longo und Cachopo liegen an der Strecke.

In einigen Dörfern, die noch ein Stück abseits der Straße liegen, geben kleine Museen Einblick in das Alltagsleben in diesen abgeschiedenen Regionen des Landes. Lohnend ist die Pfarrkirche in **Martim Longo** – sofern sie geöffnet ist –, an den Wänden sind noch Fresken aus dem 16. Jh. erhalten.

Mértola im Alentejo ▸ K 1

Von Alcoutim aus fährt man eine landschaftlich sehr schöne Strecke über die N 122/IC 27 in Richtung Nordwesten nach Mértola. Wuchtige Eukalyptusbäume säumen die Straße, Zistrosenflächen ziehen sich über die sanft gewellten Böden. Das sehenswerte Städtchen liegt bereits im Alentejo, der portugiesischen Provinz, die nördlich an die Algarve angrenzt und

Mértola im Alentejo

sich bis in Höhe Lissabon nach Norden zieht. Die Grenze zwischen Algarve und Alentejo bildet der Rio Vascão, den man auf einer Brücke überquert. Mértola ist ausgesprochen idyllisch hoch über dem Ufer des Guadiana gelegen.

Am Flussufer sind noch Reste eines Turms aus römischer Zeit – **Torre Couraça** – erhalten. Archäologen entdeckten ein byzantinisches Mosaik aus dem 6. Jh., also aus der Zeit Justinians, der das byzantinische Reich vorübergehend bis Südportugal ausdehnen konnte.

Altstadt

Die Altstadt von Mértola liegt hoch oben zwischen dem Guadiana und der Ribeira de Oeiras, die hier in den Guadiana mündet. Schmale Gassen mit weiß gekalkten Häuschen ziehen sich den Hügel hinauf.

Mesquita
Largo da Igreja, Di–So 9.15–12.30, 14–17.15 Uhr
Auf halbem Weg zum Kastell steht die strahlend weiße Pfarrkirche, Mesquita (Moschee) genannt. Sie wurde im 13. Jh. nach der Vertreibung der Mauren an der Stelle einer bedeutenden Moschee gebaut und im 16. Jh. nochmals erneuert. Die Anlage der früheren Moschee ist im Innenraum noch deutlich zu erkennen, was an keiner anderen Stelle in Portugal der Fall ist. Der hallenartige Raum ist über nahezu quadratischem Grundriss hochgezogen und durch zierliche Säulen mit sehenswerten Kapitellen aus unterschiedlichen Epochen gegliedert. Die Decke setzt sich aus insgesamt 20 Gewölben zusammen.

Hinter dem Altar befindet sich eine muslimische Gebetsnische *(mihrab)*, die die Gebetsrichtung nach Mekka angibt. Die Seitentüren weisen den maurischen Hufeisenbogen auf und an der Außenfassade fallen die maurischen Zinnen sofort ins Auge.

Castelo
Largo da Igreja, Di–So 9.15–12.30, 14–17.15 Uhr
Oberhalb der Mesquita thront das Kastell. Bei Ausgrabungen legte man römische Mauerreste und verschiedene maurische Fundstücke frei, darunter islamische Keramiken, die z. T. noch aus dem 10. Jh. stammen und in Andalusien gefertigt wurden. Eine Zisterne versorgte die Bevölkerung der maurischen Kasbah mit Wasser. Im 13. Jh. wurde die Burg von den São-Tiago-Rittern übernommen und ausgebaut.

Mein Tipp

Stilvoll und ökologisch: Herdade de Vale Côvo
Die Agroturismo-Farm liegt ca. 19 km nordöstlich von Mértola bei Corte Sines. Der belgische Besitzer hat sich auf umweltverträglichen, ökologischen Anbau spezialisiert. Um das Haus herum wachsen Lavendel, Rosmarin, Eukalyptus und Zistrosen, aus denen er u. a. Duftöle herstellt, die man hier auch kaufen kann. Das einstige Jagdhaus aus den 1940er-Jahren ist sehr schön modernisiert worden, hat fünf Gästezimmer, zwei herrliche Wohnräume und einen Swimmingpool – zum Abkühlen an heißen alentejanischen Sommertagen. Corte Sines, Tel. 966 87 75 18 oder 286 61 61 81, www.herdade-valecovo.com, DZ 75 €.

Grenzfluss Guadiana

Eine kleine archäologische Ausstellung mit architektonischen Fragmenten aus westgotischer Zeit ist im Bergfried zu besichtigen, außerdem kann man den Turm besteigen. Von oben wie auch von den Kastellmauern bietet sich ein sehr schöner Blick über Mértola, auf den Guadiana und auf das Ausgrabungsgelände neben dem Kastell.

Museen und Ausstellungshaus
Di–So 9.15–12.30, 14–17.15 Uhr
Mértola ist bislang erstaunlich untouristisch, sodass man hier tatsächlich noch einen schönen Einblick in ein altes Alentejo-Städtchen bekommt. Mit Orangenbäumen bestanden ist die Praça de Luís de Camões. Hier findet man im **Núcleo Romano** (Praça de Luís de Camões) diverse römische Fundstücke.

Im **Museu de Arte Islâmica** (Rua Dr. António José de Almeida) am Südrand der Altstadt wird die wohl wichtigste Sammlung von Kunst aus dem islamischen Kulturkreis in ganz Portugal gezeigt. Zu sehen sind Architekturfragmente, Schmuck und Kunstgewerbe sowie eine der weltweit größten Sammlungen von islamischer Keramik vom 9. bis 13. Jh.

In der **Casa Amarela** (Rua Dr. António José de Almeida) am äußersten Ende der Altstadt ist das Centro de Estúdios Islâmicos e do Mediterrâneo eingerichtet worden. Hier werden Wechselausstellungen gezeigt. Einen Besuch lohnt im Altstadtkern auch das **Museu de Arte Sacra** (Rua Combatentes da Grande Guerra), außerdem kann man einen Blick von außen in eine alte Schmiede (Núcleo do Ferreiro) werfen.

Museum Paleocristão
Rossio do Carmo, Di–So 9.15–12.30, 14–17.15 Uhr
Das innenarchitektonisch interessante Museum liegt ein wenig außerhalb der Altstadtmauern in dem etwas neueren Teil von Mértola. Es wurde an der Stelle einer frühchristlichen Basilika errichtet, von der noch einige Säulenfragmente erhalten sind. Kernstück der Ausstellung sind 30 Grabplatten und Gedenktafeln aus dem 6. und 7. Jh. vom Friedhof des Städtchens.

Mina de São Domingos
▶ L 1

Einen Besuch lohnt die ehemalige Kupfermine etwa 15 km östlich. Sie ist als sehenswerte Industrielandschaft öffentlich zugänglich. Außerdem gibt es hier eine sehr schöne Übernachtungsmöglichkeit: Im ehemaligen Wohnhaus des Minenbesitzers wurde das Hotel São Domingos eingerichtet (www.hotelsaodomingosmertola.com).

Übernachten

Hotel und Archäologie – **Hotel Museu**: Rua Dr. Afonso Costa, Tel. 286 61 20 03, www.hotelmuseu.com, DZ 60 €. Ein ansprechendes kleines Hotel, in das Ausgrabungen integriert sind. Direkt nebenan hat derselbe Besitzer eine einfache Pension.

Mit Blick auf Stadt und Fluss – **Quinta do Vau**: Além Rio, Tel. 965 64 55 40, DZ ab 40 €. Auf der anderen Flussseite werden in einem modernen Landhaus acht Zimmer vermietet, man hat viel Ruhe, einen Pool und einen umwerfenden Blick.

Essen & Trinken

Bodenständig – **A Esquina**: Rua Dr. Afonso Costa 1, 9–13 €. Unten im neu-

Mértola im Alentejo

Idyllische Gasse in Mértola

eren Ortsteil am Kreisel findet man dieses Lokal, in dem gute Landküche, u. a. Wildschwein, geboten wird.
Alteingesessen – **Alengarve**: Av. Aureliano M. Fernandes, 6–10,50 €. Ebenfalls unten in der Stadt wird im stets gut besuchten Alengarve traditionell und regionstypisch gekocht.
Auf höherem Niveau – **O Brasileiro**: Cerro de São Luís, Hauptgerichte um 9,50 €. ›Der Brasilianer‹ ist über Mértolas Grenzen hinaus bekannt, liegt auf einer Anhöhe am nördlichen Ortsrand und bietet außer einem schönen Ambiente gehobene alentejanische Küche.
Ungewöhnlich – **Casa Amarela**: Estrada dos Celeiros 25, Além Rio, Tel. 918 91 87 77, ab 8 €. Unschlagbar ist der Blick von diesem Bar-Restaurant auf der anderen Flussseite hinüber auf die Stadt. Die Bar hat unregelmäßig bis spät in die Nacht geöffnet, das Restaurant, in dem es auch leichte vegetarische Gerichte gibt, ist meist nur nach Voranmeldung geöffnet – also ausprobieren!

Einkaufen

Der Geschmack des Alentejo – **Mértola com Gosto**: Largo Vasco da Gama. Köstliches Gebäck, Honig mit Mandeln und Pinien, Käse, Weine u. v. m.

Infos

Posto de Turismo: Rua da Igreja 31, in der Altstadt, auf dem Weg zu Kastell und Mesquita (bzw. Igreja), Tel. 286 61 01 09.
www.visitmertola.pt

Sprachführer Portugiesisch

Ausspracheregeln

Die Betonung liegt im Portugiesischen im Allgemeinen auf der vorletzten Silbe.

ão	wie nasales ›au‹
c	vor ›a, o, u‹ wie ›k‹; vor ›e, i‹ wie ›ss‹
ç	wie ›ss‹
-em/ -im/-om	am Wortende nasal gesprochen
es	am Wortanfang wie ›isch‹
g	vor ›a, o, u‹ wie ›g‹; vor ›e, i‹ wie ›sch‹
h	wird nicht gesprochen
j	wie ›sch‹
lh	wie ›lj‹
nh	wie ›nj‹
o	wenn unbetont, dann wie ›u‹
s	vor Konsonant wie ›sch‹; vor Vokal wie ›s‹

Allgemeines

Guten Morgen	bom dia
Guten Tag	boa tarde (ab mittags)
Gute Nacht	boa noite
Hallo!	olá!
Auf Wiedersehen	adeus, até logo
bitte	faz favor
danke	obrigado (als Mann) obrigada (als Frau)
ja/nein	sim/não
Entschuldigen Sie!	desculpe!
Wie bitte?	como?

Unterwegs

Haltestelle	paragem
Bus/Auto	autocarro/carro
Straßenbahn	eléctrico
Zug	comboio
Ausfahrt, -gang	saída
Tankstelle	posto de gasolina
rechts	à direita
links	à esquerda
geradeaus	em frente
Auskunft	informação
Telefon	telefone
Postamt	correios
Bahnhof	estação
Flughafen	aeroporto
Stadtplan	mapa da cidade
Eingang	entrada
geöffnet	aberto
geschlossen	fechado
Stadtzentrum	centro da cidade
Kirche	igreja
Museum	museu
Brücke	ponte
Platz	praça/largo
Strand	praia

Zeit

Stunde	hora
Tag	dia
Woche	semana
Monat	mês
Jahr	ano
heute	hoje
gestern	ontem
morgen	amanhã
morgens	de manhã
mittags	ao meio-dia
abends	à tarde/à noite
früh	cedo
spät	tarde
Montag	segunda-feira
Dienstag	terça-feira
Mittwoch	quarta-feira
Donnerstag	quinta-feira
Freitag	sexta-feira
Samstag	sábado
Sonntag	domingo

Notfall

Hilfe!	socorro!
Polizei	polícia
Arzt/Zahnarzt	médico/dentista
Apotheke	farmácia
Krankenhaus	hospital
Unfall	acidente
Schmerzen	dor
Panne	avaria

Übernachten

Hotel	hotel
Pension	pensão
Einzelzimmer/	quarto individual/
Doppelzimmer	com duas camas
mit/ohne Bad	com/sem casa de banho
Toilette	casa de banho
Dusche	duche
mit Frühstück	com pequeno almoço
Halbpension	meia-pensão
Gepäck	bagagem
Rechnung	factura

Einkaufen

Geschäft	loja
Markt	mercado
Lebensmittel	alimentos
Bank	banco
Kreditkarte	cartão de credito
Geld	dinheiro
Geldautomat	caixa automático
teuer/billig	caro/barato
Größe	tamanho
bezahlen	pagar

Zahlen

1	um/uma	17	dezassete
2	dois/duas	18	dezoito
3	três	19	dezanove
4	quatro	20	vinte
5	cinco	21	vinte-e-um
6	seis	30	trinta
7	sete	40	quarenta
8	oito	50	cinquenta
9	nove	60	sessenta
10	dez	70	setenta
11	onze	80	oitenta
12	doze	90	noventa
13	treze	100	cem, cento
14	catorze	101	cento e um
15	quinze	150	cento e cinquenta
16	dezasseis	1000	mil

Die wichtigsten Sätze

Allgemeines

Sprechen Sie Deutsch/Englisch?	Fala alemão/inglês?
Ich verstehe nicht.	Não compreendo.
Ich spreche kein Portugiesisch.	Não falo português.
Ich heiße ...	Chamo-me ...
Wie heißt Du/ heißen Sie?	Como te chamas/ se chama?
Wie geht es Dir/ Ihnen?	Como estás/está?
Danke, gut.	Bem, obrigado/-a.
Wie viel Uhr ist es?	Que horas são?

Unterwegs

Wie komme ich zu/nach ...?	Como se vai para ...?
Wo ist ...?	Onde está ...?
Könnten Sie mir bitte ... zeigen?	Pode-me mostrar ... , faz favor?

Notfall

Können Sie mir bitte helfen?	Pode-me ajudar, faz favor?
Ich brauche einen Arzt.	Preciso de um médico.
Hier tut es mir weh.	Dói-me aqui.

Übernachten

Haben Sie ein freies Zimmer?	Tem um quarto disponível?
Wie viel kostet das Zimmer pro Nacht?	Quanto custa o quarto por noite?
Ich habe ein Zimmer bestellt.	Reservei um quarto.

Einkaufen

Wie viel kostet ...?	Quanto custa?
Ich brauche ...	Preciso ...
Wann öffnet/ schließt ...?	Quando abre/ fecha ...?

Kulinarisches Lexikon

Zubereitung

assado	gebraten, auch: Braten
cozido	gekocht
doce	süß
estufado	geschmort
frio	kalt
frito	frittiert
grelhado/na brasa	gegrillt
guisado	geschmort
no espeto	am Spieß
no forno	im Ofen
picante	scharf
quente	warm, heiß
recheado	gefüllt

Suppen und Vorspeisen

azeitonas	Oliven
caldo verde	grüne Kohlsuppe
canja da galinha	klare Hühnersuppe mit Reis
chouriço	geräucherte Wurst
creme de marisco	(cremige) Meeresfrüchtesuppe
manteiga	Butter
pão	Brot
patê de atum/sardinha	Thunfisch-/Sardinenpaste
presunto	(roher) Schinken
queijo	Käse
sopa de legumes/peixe	Gemüse-/Fischsuppe

Fisch und Meeresfrüchte

amêijoa	Teppichmuschel
atum	Thunfisch
bacalhau	Stockfisch
besugo	Meerbrasse
camarão	Krabbe, kleine Garnele
carapau	Bastardmakrele, Stöcker
cherne	Silberbarsch
choco	Tintenfisch, Sepia
dourada	Zahn-/Goldbrasse
espardarte	Schwertfisch
gamba	Garnele
lagosta	Languste
lavagante	Hummer
linguado	Seezunge
lula	Kalmar
mexilhão	Miesmuschel
ostra	Auster
pargo	Seebrasse
peixe espada	Degenfisch
perceves	Entenmuschel
polvo	Krake
robalo	See- / Wolfsbarsch
salmão	Lachs
salmonete	Rotbarbe
sapateiro	Riesentaschenkrebs
sardinha	Sardine
sargo	Geißbrasse
tamboril	Seeteufel

Fleisch

bife	Steak, Schnitzel
borrego	Lamm
cabrito	Zicklein
coelho	Kaninchen
fígado, iscas	Leber
frango	Hähnchen
galinha	Huhn
javali	Wildschwein
lebre	Hase
leitão	Spanferkel
lombo	Lenden-, Rückenstück
pato	Ente
perdiz	Rebhuhn
peru	Pute
porco (preto)	(iberisches) Schwein
vaca	Rind
vitela	Kalb, Färse

Gemüse und Beilagen

abóbora	Kürbis
alho	Knoblauch
arroz	Reis
batatas cozidas/a murro/fritas	Salz-/Pellkartoffeln/Pommes frites

beringela	Aubergine	limão	Zitrone
brócolos	Brokkoli	maça assada	Bratapfel
cebola	Zwiebel	meloa/melão	Melone
cenoura	Karotte	morango	Erdbeere
cogumelos	Champignons	pêra	Birne
couve-flor	Blumenkohl	pêssego	Pfirsich
espinafre	Spinat	pudim flan	Karamellpudding
ervilhas	Erbsen	uvas	Weintrauben
favas	Saubohnen	salada de fruta	Obstsalat
feijão (verde)	(grüne) Bohnen		
grelos	Steckrübenblätter		
massas	Nudeln		
ovos	Eier		
pepino	Gurke		
pimento	Paprikaschote		
salada (mista)	(gemischter) Salat		

Getränke

água com/sem gás	Mineralwasser/stilles Wasser
aguardente (velho)	(alter) Branntwein
bagaço	Tresterschnaps
café/bica	Kaffee (Espresso)
café com leite	Milchkaffee
caneca	großes Fassbier
cerveja	Flaschenbier
chá (preto/verde)	Tee (schwarzer/grüner)
galão	Milchkaffee im Glas
imperial	kleines Fassbier
leite	Milch
macieira	Weinbrand
sumo de laranja	Orangensaft
vinho (branco/tinto/verde)	Wein (Weiß-, Rot-, junger)
vinho do Porto	Portwein

Nachspeisen und Obst

ameixa	Trockenpflaume
ananás/abacaxi	Ananas
arroz doce	Milchreis
bolo/torta (de amêndoa)	(Mandel-)Kuchen
cereja	Kirsche
figo	Feige
gelado	Eis
laranja	Orange
leite creme	karamellisierter Eierpudding

Im Restaurant

Ich möchte einen Tisch reservieren.	Queria reservar uma mesa.
Die Speisekarte, bitte.	A ementa, faz favor
Weinkarte	lista dos vinhos
Guten Appetit!	Bom apetite!
Es war sehr gut.	Estava óptimo.
Die Rechnung, bitte.	A conta, faz favor
Appetithappen	petiscos
Vorspeise	entradas
Suppe	sopa
Hauptgericht	prato principal
Nachspeise	sobremesa
Beilagen	acompanhamentos
Tagesgericht	prato do dia
vegetarisches Gericht	prato vegetariano
eine halbe Portion	uma meia dose
Gedeck	talher
Messer/Gabel	faca/garfo
Löffel	colher
Glas	copo
Flasche	garrafa
Salz/Pfeffer	sal/pimenta
Öl/Essig	azeite/vinagre
Zucker/Süßstoff	açúcar/adoçante
Kellner/Kellnerin	Senhor/Senhora

Register

Adega Cooperativa do Algarve 153, 217
Agroturismo 32, 281
Ährenfest 42
Aktivurlaub 38
Albergaria 32
Albufeira 157
Alcalar 139
Alcoutim 277, 278
Alentejo 265, 280
Algar Seco 154
Algarve 52
Algarveshopping 162
Algarvios 73
Al-Gharb 52, 54, 81
Algoz 165
Aljezur 106
Almancil 205
– São Lourenço 206
Alte 222
– Igreja Matriz 222
– Pólo Museológico Cândido Guerreiro e Condes de Alte 223
Alvor 139
Angeln 38, 121, 144, 167
Anreise 26
Apotheken 45
Aqualand 156
Araber 81
Architektur 140, 236
Armação de Pêra 156
Arrifana 108
Ärztliche Versorgung 45
Ausgrabungsstätten 78, 167, 198
Aussteiger 73
Autódromo Internacional Algarve 146
Autofahren 27, 29
Azulejo 91, 206

Bacalhau 35
Bahnfahren 25, 26, 27
Barock 88
Barragem da Bravura 139
Barranco do Velho 228
Barrocal 212
Basstölpel 67
Behinderte 49
Benagil 149, 154
Bevölkerung 53, 73
Birdwatching 66, 67
Boca do Rio 128
Bootstouren 38, 122, 138, 144, 146, 147, 148, 156, 196, 267, 279
Burgau 129
Busfahren 26, 27, 38

Cabanas 260
Cabo de São Vicente 61, 79, 122
Cacela Velha 260
Cachopo 280
Cafés 37
Caldas de Monchique 180
Caldo verde 35
Camping 33
Carrapateira 40, 109, 110
Carvoeiro 75, 153
Castro Marim 267, 270
Cataplana 36
Cerro da Vila 78, 167
Chouriço 35
Christusritterorden 55, 85, 119
Corte Sines 281
Costa Vicentina 102

Delfinbeobachtung 122, 144
Delfter Kacheln 90
Descobrimentos 85
Diktatur 57
Diplomatische Vertretungen 45
Dom Henrique 119

Ecovia do Litoral 39
Einreisebestimmungen 26
Eisenbahnlinie 56
Elektrizität 45
Entdeckungen 55, 85
Erdbeben 56, 83, 91, 107, 121, 135, 145, 146, 157, 158, 185, 215, 227
Ermida Nossa Senhora da Rocha 157
Erosion 61
Eselwandern 41
Essen und Trinken 34, 48
Estalagem 32
Estói 197
Eukalyptusbäume 64
EVA Transportes 27

Fábrica 260
Fado 92
Fähren 28
Fahrradfahren 39, 110, 173
Fahrradverleih 181, 255
Faro 56, 184, 185
– Alameda João de Deus 191
– Arco da Porta Nova 186
– Arco da Vila 186
– Arco do Repouso 186
– Capela dos Ossos 190
– Cidade Velha 185, 193
– Hafen 190
– Igreja da Misericórdia 191
– Igreja do Carmo 190
– Igreja São Pedro 190
– Jachthafen 195
– Jüdischer Friedhof 191
– Museu Marítimo 191
– Museu Regional do Algarve 190
– Nossa Senhora da Assunção 190
– Paço Episcopal 186

Register

– Sé 186
Feiertage 45
Felsargave 126
Felsküste 148
Fernsehen 47
Ferragudo 152
Festa da Grande Fonte 225
Festa dos Chouriços 43
Feste 42
Festival do Marisco 241
Fischindustrie 145, 235
Flamingos 67
Fliesen 91, 204
Flora 62
Flor de sal 270
Flugzeug 26
Flussfahrt 221
Fóia 176, 178
Fonte Benémola 227
Fortaleza de Beliche 61, 123
Fortaleza de Sagres 117, 119
Forum Algarve 196
Fremdenverkehrsämter 19
Fuseta 245

Geld 46
Geografie und Natur 52
Geschichte 52, 55
Gezeitenmühle 243
Gilão 247
Giões 280
Gold 88
Goldenes Zeitalter 55, 85, 140
Golf 38
Grenzfluss 264
Guadiana 39, 264, 274

Hauptstadt 184
Hausbau 236
Heinrich der Seefahrer 55, 85, 118, 131
Hochseefischen 38
Höhlen 148

Hostels 33
Hotels 31

Ilha da Culatra 245
Ilha de Armona 245
Ilha de Faro 191
Ilha Deserta 191
Ilha de Tavira 257, 258
Ilha do Farol 245
Industrialisierung 56
Informationsquellen 18
Internet 18, 31, 39
Internet-Cafés 46

Jardim das Oliveiras 179
Jeepsafaris 38, 267
Jorge, Lídia 19, 97, 166

Kajak 136, 138, 191, 197, 253, 255
Karneval 42
Kelten 54
Kinder 46
Klima 20
Kork 70, 229, 231
Küche 34
Kulinarische Spezialitäten 37, 287
Kurort 180
Küstenschutz 61

Lagoa 153
Lagoa dos Salgados 67, 157
Lagos 55, 120, 130
– Avenida dos Descobrimentos 134
– Centro de Ciência Viva Lagos 135
– Denkmal für Heinrich den Seefahrer 131
– Fortaleza Ponta da Bandeira 134
– Igreja de Santo António 132
– Igreja São Sebastião 135

– Museu de Cera dos Descobrimentos 135
– Museu Municipal de Lagos 132
– Praça do Infante 131
– Praça Gil Eanes 135
Lagune 58, 66, 139, 143, 157, 158, 167, 184, 191, 194, 209, 234, 242, 245, 247, 260
Laguneninseln 245
Landmärkte 9, 37, 46
Laranjeiras 275
Lesetipps 19, 97
Letzte Bratwurst vor Amerika 18, 123
Loulé 199
– Capela 202
– Igreja de São Clemente 202
– Markthalle 200
– Museu de Arqueologia 202
– Museu Galeria de Arte 202
– Nossa Senhora da Piedade 203
Luar de Rio 277
Lusitania 77
Luz 129
Luz de Tavira 260

Macchia 62
Mãe Soberana 42, 205
Majolika 90
Mandelbäume 64
Mandelblütenfest 42, 205
Manta Rota 260
Manuelinik 140
Markthallen 200, 240
Martim Longo 280
Mauren 54, 81
Maut 30
Medien 47
Medronho 36, 176
Meia Praia 40, 136

Register

Mértola 280, 281
Mietfahrzeuge 29
Milreu 78, 197
Mina de São Domingos 282
Minigolf 167
Moncarapacho 246
Monchique 174
Monte Gordo 267
Monumentos de Alcalar 139
Museu do Trajo 230

Nachtleben 44
Napoleon 56
Naturschutzgebiet 274
Natur- und Landschaftsschutz 58, 76
Nelkenrevolution 57
Nossa Senhora da Graça 120
Nossa Senhora da Guadalupe 113, 120
Nossa Senhora da Orada 165
Nossa Senhora da Piedade 203
Notruf 47

O Algar 149, 155
Ocean Revival 40
Odeceixe 102
Öffnungszeiten 48
O Infante 119
Ökosystem 58, 242
Olhão 235, 236
– Markthallen 240
– Museu da Cidade 239
– Nossa Senhora do Rosário 236, 239
Olhos de Água 166
Oliven 78
Olivenbäume 64
O Navegador 119
Orangenhaine 64
Organisierte Ausflüge 38

Outdoor-Aktivitäten 173, 174

Paderne 165
Parque Natural da Ria Formosa 58
Parque Natural do Sudoeste Alentejano e Costa Vicentina 59
Parque Zoológico de Lagos 136
Pedra da Carraça 108
Pedralva 112
Pelourinho 219
Pensionen 31
Plantagen 64
Ponta da Piedade 136
Ponta de Sagres 117, 120
Ponta do Altar 152
Portimão 144, 148
Português 95
Post 48
Pousadas 32
Praia da Albandeira 154
Praia da Amoreira 108
Praia da Angrinha 152
Praia da Arrifana 108
Praia da Balança 136
Praia da Baleeira 121
Praia da Barriga 113
Praia da Boneca 136
Praia da Bordeira 110
Praia da Coelh 162
Praia da Cordama 113
Praia da Dona Ana 136
Praia da Falésia 40, 61, 166, 168
Praia da Figueira 128
Praia da Galé 40, 162
Praia da Ingrina 128
Praia da Mareta 121
Praia da Marinha 154
Praia da Nossa Senhora da Rocha 157
Praia da Rocha 147
Praia de Odeceixe 103, 105

Praia de Porto de Mós 40, 136
Praia de Vale Centianes 154
Praia do Amado 110, 111
Praia do Belich 121
Praia do Camilo 136
Praia do Canavial 136
Praia do Carvalho 154
Praia do Castelejo 60, 113, 114
Praia do Castelo 162
Praia do Evaristo 160, 162
Praia do Martinhal 121
Praia do Molhe 152
Praia do Pintadinho 152
Praia dos Arrifes 162
Praia dos Caneiros 152
Praia dos Tomates 168
Praia do Tonel 121
Praia do Vale da Azinhaga 153
Praia do Vau 150
Praia do Zavial 128
Praia Grande 152
Praia Manuel Lourenço 162
Praia Nova 157
Preise 48
Privatzimmer 32
Purpurhuhn 67

Quarteira 167
Querença 227
Quinta de Marim 242
Quinta do Lago 38, 209

Radio 47
Reconquista 55
Reiseinfos von A bis Z 45
Reisekosten 48, 49
Reisezeit 20, 31
Reiten 39, 138

Register

Religion 53
Republik 57
Reserva Natural do Sapal de Castro Marim 58, 274
Residencial 32
Restaurantes 37
Restaurationskriege 56
Ria de Alvor 143
Ria Formosa 58, 194, 242, 253, 255
Ribeira de Bensafrim 135
Rio Arade 146, 148, 221
Rocha Brava 154
Rocha da Pena 224
Romarias 42
Römer 54, 77, 198, 244
Rota da Cortiça 229
Rota Vicentina 41, 116
Rundreisen 23

Sagres 117
Salema 127
Salinen 78
Salir 226
Salzgärten 244, 252, 270
Salzgewinnung 270
Sandalgarve 234
Santa Bárbara de Nexe 199
Santa Bernarda 148
Santa Luzia 257
São Bartolomeu de Messines 221
São Brás de Alportel 229, 230
Sardinen 68
Sardinenfabriken 145
Sardinenfestival 43
Sardinhada 43
Scherenstühle 175
Schiffsverkehr 28
Schnorcheln 40
Seehandelsmacht 84
Seekajak 121

Serra de Monchique 39, 172
Sicherheit 49
Silva, Aníbal Cavaco 166
Silves 213
– Casa da Cultura Islâmica e Mediterrânic 219
– Castelo 214
– Cruz de Portugal 219
– Markthalle 219
– Museu Municipal de Arqueologia 219
– Sé 214
Sklavenhandel 86
Slide & Splash 156
Souvenirs 37, 175
Spa 181
Spanien 56
Sport 38
Sprache 53, 78, 95, 285
Staat und Verwaltung 52
Steckbrief 53
Störche 66
Sudoeste-Festival 106
Surfen 40, 110, 112, 121, 130, 191

Tauchen 40, 121, 122, 138, 156
Tavira 247
– Burggarten 251
– Capela São Brás 252
– greja da Misericórdia 250
– Nossa Senhora da Consolação 250
– Núcleo Islâmico 252
– Palácio da Galeria 251
– Ponte Romana 249
– Santa Maria do Castelo 251
– Wasserturm 251
Taxi 28

Telefonieren 49
Thermalbad 181
Torre de Aspa 116
Tourismus 53, 73, 75
Trilho Ambiental do Castelejo 116
Trinkgeld 49
Turismo-de-Habitação 32
Turismo de Portugal 19
Turismo Rural 32

Übernachten 31, 48

Vale da Telha 107
Vale do Lobo 209
Veranstaltungen 42
Verkehrsmittel 27
Via Algarviana 41
Vila do Bispo 112, 116
Vilamoura 78, 166
Vila Real de Santo António 265
Vinzenz, hl. 79
Vögel 66, 243, 274
Vogelbeobachtung 66, 274

Wald 62
Wandern 40, 64, 110, 116, 143, 154, 173, 174, 178, 196, 209, 224, 227, 275
Wassersport 121, 197
Wein 36, 37, 78, 216
Westgoten 54
Wetter 20
Windsurfen 40, 191, 197
Wirtschaft 53
Wracktauchen 40
Wurstfest 43

Xelb 55, 81

Zeitungen 47
Zimmerpreise 32
Zoomarine-Park 164
Zugvögel 67

Autorin/Abbildungsnachweis/Impressum

Die Autorin: 1986 war Eva Missler zum ersten Mal an der Algarve, Anfang der 1990er-Jahre wohnte sie in Lissabon. Seitdem zieht es sie mindestens einmal im Jahr in den Südwesten Europas. Sie hat mehrere Reiseführer geschrieben und Rundfunkbeiträge über Länder und Leute produziert. Die Algarve gehört nach wie vor zu ihren Lieblingsregionen, weil sie für jede Stimmungslage etwas bietet: Trubel und Einsamkeit, raue Natur und liebliche Gartenlandschaften, grandiose Felsküsten und ruhige Laguneninseln.

Abbildungsnachweis

Corbis, Berlin: S. 86 (Historical); 82 (Simoni/Harding)

DuMont Bildarchiv/Ostfildern: S. 9, 70, 183 li., 187, 254 (Lubenow); 35, 40, 50/51, 63, 66, 77, 96, 106, 127, 152, 163, 181, 182 li., 196, 203, 233 li., 238, 246/247, 256, 263 li., 265, 268/269, 283 (Widmann)

Getty Images, München: Titelbild (Slow Images)

Lydia Hohenberger/Jürgen Strohmaier, Lissabon: S. 210 re., 226

Huber-Images, Garmisch-Partenkirchen: S. 250/251 (Howard)

laif, Köln: S. 111, 170 li., 173 (Amme); 75 (Gerald); Umschlagklappe vorn (Huber); 273 (Kirchgessner); 223 (Langrock/Zenit); 72 (Ogando); 21 (Volk)

Look, München: S. 11, 58 (age-fotostock); 7 (Fleisher); 60, 80 (Richter); 236 (Rötting_Pollex); 89, 130/131 (Travelstock 44)

Mauritius Images, Mittenwald: S. 13 u. li., 192/193 (Howard); 90, 171 li., 174 (Imagebroker)

Eva Missler, Stuttgart: S. 6, 13 u. re., 76, 168/169, 270, 292

picture alliance, Frankfurt a. M.: S. 43, 98/99, 124 re. 134, 151 (Lou Avers)

Thomas Rötting, Leipzig: S. 12 (4x), 13 o. li., 13 o. re., 16/17, 22, 28, 33, 47, 79, 84/85, 100 (2x), 101 li., 104/105, 109, 114/115, 118, 120, 124 li., 125 li., 128, 140, 141, 142, 148, 156, 160/161, 164, 170 re., 177, 178, 182 re., 200/201, 205, 206, 208, 210 li., 211 li., 213, 215, 230, 232 (2x), 240, 242, 258/259, 261, 262 (2x), 276/277, 280

Friedrich Stark, Dortmund: S. 117

Stockfood, München: S. 216 (Schirnharl); 218 (MaXx Images)

Visum, Hannover: S. 93 (Goettlicher)

Waterframe, München: S. 69 (Banfi)

Kartografie

DuMont Reisekartografie, Fürstenfeldbruck
© DuMont Reiseverlag, Ostfildern

Titelbild: Carvoeiro liegt in einer schönen Strandbucht
Umschlagklappe vorn: Felsküste bei Lagos

Hinweis: Autorin und Verlag haben alle Informationen mit größtmöglicher Sorgfalt geprüft. Gleichwohl erfolgen alle Angaben ohne Gewähr. Bitte schreiben Sie uns! Über Ihre Rückmeldung und Ihre Verbesserungsvorschläge freuen wir uns: **DuMont Reiseverlag,** Postfach 3151, 73751 Ostfildern, info@dumontreise.de, www.dumontreise.de

5., aktualisierte Auflage 2016
© DuMont Reiseverlag, Ostfildern
Alle Rechte vorbehalten
Redaktion/Lektorat: C. Wagner, S. Pütz
Grafisches Konzept: Groschwitz/Blachnierek, Hamburg
Printed in China